SVEN RUDLOFF

VIVA BRITANNIA 2

MEHR WISSENSWERTES VON DER INSEL

Bibliographische Informationen der Deutschen Bibliothek
Die Deutsche Bibliothek verzeichnet diese Publikation in der Deutschen Nationalbibliographie; detaillierte Informationen sind im Internet unter http://dnb.ddb.de abrufbar.

Foto Sven Rudloff von Alexander Vejnovic

Rudloff, Sven:
Viva Britannia 2. Mehr Wissenswertes von der Insel
1. Auflage, Hannover: jmb-Verlag, Dezember 2015

jmb-Verlag. Jens Bolm.
Rotekreuzstr. 25, 30627 Hannover
Gestaltung durch den Verlag
Gesamtherstellung: Pressel, Remshalden

ISBN 978-3-944342-74-0

Dieses Buch ist einem der treusten Viva-Britannia-Hörer gewidmet – meinem Vater, Bernd Rudloff. Er verstarb überraschend am 19. September 2014 im Alter von 67 Jahren. Mein Vater arbeitete jahrzehntelang in der mittleren Datentechnik, und ihm habe ich es auch zu verdanken, schon früh mit PCs in Berührung gekommen zu sein, und sogar einen iMac besaß er lange vor mir. Ohne ihn wäre ich sicher nicht so begeistert von technischem Fortschritt, kritischem Denken, gutem Essen, dem Reisen, und dem Klugscheißen. Kurzum: Ohne meinen Vater gäbe es auch Viva Britannia sicher nicht. Nicht nur dafür: Danke, Papa. Wir vermissen Dich.

INHALT

VORWORT*)

Die Deutschen haben es schon gut. Deutschland ist eine der wohlhabendsten Nationen der Welt, mit einem der besten Ausbildungs- und Erziehungssysteme und einem der glücklichsten Völker. Aber, wie man an der Beliebtheit von *Viva Britannia* sieht, haben die Deutschen das Verlangen, über ihre eigenen Landesgrenzen hinweg eine Kultur zu erforschen, die der ihren ähnliche Werte und Ideale teilt.

Als britischer Staatsbürger finde ich die Besessenheit der Deutschen mit Großbritannien verwunderlich, wenn auch schmeichelhaft. Ich glaube, wir haben viel mehr miteinander gemeinsam, als es bei vielen unserer europäischen Nachbarn der Fall ist, und möglicherweise sogar mehr, als man auf den ersten Blick bemerkt.

Unsere Herkunft ist zu beachtlichen Teilen die gleiche: unsere Sprachen haben gemeinsame germanische Wurzeln, unsere königlichen Dynastien haben einander gegenseitig frisches Blut geliefert, durch die Außenposten der Hanse in England bestanden starke Handelsverbindungen, und sogar auf kultureller Ebene fand stets ein Austausch statt, sei es durch Händel, der die Londoner Aristokratie mit seiner Kunst beglückte, oder durch David Bowie, der Meisterwerke der Rockmusik in Berlin aufnahm.

Selbst heute noch sind Deutschland und Großbritannien führende Handelspartner; eine Viertelmillion Briten und Deutsche haben vorübergehend oder sogar dauerhaft ihren Wohnsitz ins jeweils andere Land verlegt, und noch nie war das Interesse der Briten am Oktoberfest oder das der Deutschen am Yorkshire Pudding größer als heute.

---

*) Übersetzung aus dem Englischen von Jasmina Grosic

In einer Welt, die häufig das, was uns trennt, zu betonen scheint und in der diejenigen mit den kleinsten Geistern die lautesten Stimmen haben, müssen wir unbedingt unsere Gemeinsamkeiten erkennen und verstehen, wie viel Gutes wir bewirken können, wenn wir zusammen arbeiten. Damit meine ich, dass wir über denkfaule stereotype Vorstellungen und klischeehafte Beschreibungen hinaus schauen und uns aus ganzem Herzen an der warmen Freundschaft zwischen unseren beiden Nationen erfreuen sollten.

Bei Sven, der Sie vertrauenswürdig durch das komplexe Labyrinth der britischen Kultur und Psyche führt, sind Sie da in besten Händen.

Zum ersten Mal stieß ich Ende 2013 auf *Viva Britannia* und war angenehm überrascht davon, wie tief Svens Verständnis geht. Natürlich bestand für mich auch kein Anlass zum Zweifel, aber ich bin bisher andauernd mit dem, was die Deutschen so an Mythen über Briten mit sich tragen, konfrontiert worden.

Haben die Briten eigentlich keine Landesküche? Trinkt Ihr immer nur Tee? Ist Euer Bier immer warm? Wo lebst Du, in London oder in Schottland? Regnet es da unten eigentlich die ganze Zeit? Seid Ihr alle vernarrt in die Queen?

Also, liebe Freunde, steigen Sie aus Ihrem schwarzen Taxi aus, befreien Sie sich von Ihrem Regenschirm und freuen Sie sich darauf, etwas über kulturelle Glanzlichter Großbritanniens wie William Shakespeare und Douglas Adams zu lernen. Lassen Sie sich von der englischen Sprache und Geschichte verzaubern, kommen Sie mit auf einen Sprung nach Cornwall und einen Spaziergang durch London – oder lassen Sie sich von den schauerlichen Geistergeschichten aus Edinburgh einen Schreck einjagen. *Viva Britannia* blickt hinter das typische, denkfaule Bild von trübem Wetter und noch trüberer Bewirtung und präsentiert Ihnen die Wahrheit über das Vereinigte Königreich von Großbritannien und Nordirland.

Vielleicht sind Sie, liebe Leser, sich der Schönheit und Vielfalt des Vereinigten Königreichs schon längst bewusst. Oder falls das im Moment noch nicht der Fall ist, dann bald!

Viel Spaß beim Schmökern!

Daniel Winter
"This Week in Germany"-Podcast
http://thisweekingermany.de
Berlin, Juli 2015

EINLEITUNG für Neulinge

Ihr kennt weder den *Viva-Britannia*-Podcast noch das erste Buch? Dann ist diese Einleitung für Euch.

Wer ist der Autor?

Mein Name ist Sven Rudloff, und ich bin ein deutscher Diplom-Psychologe Jahrgang 1973, der seit langem in einem internationalen Umfeld in der Energiewirtschaft tätig ist. In diesem Zusammenhang habe ich von 2007 bis 2010 auch vier Jahre in Großbritannien gelebt und gearbeitet. Seit 2011 bin ich wieder zurück in Deutschland und widme mich beruflich der internen Unternehmenskommunikation.

Was ist ein Podcast?

Ein Podcast ist eine Art Radiosendung, die ins Internet gestellt wird, so dass man sich diese zeitunabhängig herunterladen und anhören kann. Viele Podcasts haben eine eigene Internetseite, auf der man sich Sendungen direkt im Browser anhören kann. Alternativ kann man Programme wie iTunes oder spezielle Podcast-Apps nutzen, um Podcasts zu abonnieren, so dass neue Folgen automatisch auf den eigenen Computer oder das Smartphone heruntergeladen werden, und man sie sich anhören kann, wo immer man ist. Podcasts sind in der Regel kostenlos.

Was ist Viva Britannia?

Viva Britannia ist mein eigener Podcast, den ich Anfang 2013 ins Leben gerufen habe. Etwa alle zwei Wochen veröffentliche ich eine neue Episode, jeweils mit einem Thema rund um Großbritannien. Dabei will ich Informatives mit Interessantem und meinen persönlichen Erfahrungen verbinden. Ich will überraschende Verbindungen aufzeigen und bei den Recherchen auch selbst immer noch Neues lernen. *Viva Britannia* soll über Wikipedia und typische Reiseführer hinausgehen. In der Regel bestreite ich die Folge alleine, ab und zu lade ich mir aber auch Experten zu bestimmten Themen ein.

Zu jeder Podcast-Folge gibt es auf der Website www.vivabritannia.de auch immer noch sogenannte *shownotes* – eine kurze Beschreibung der in der Episode behandelten Stichworte, mit Links zu weiterführenden Quellen. Auf der Website gibt es ab und zu auch Hinweise zu Neuerungen oder zu Veranstaltungen im Zusammenhang mit *Viva Britannia*.

Daneben findet man *Viva Britannia* auf Twitter unter @vivabritannia, und auch auf Facebook gibt es eine eigene Seite. Hier kündige ich nicht nur neue Folgen an, sondern teile auch Fundstücke im Netz mit einer Verbindung zu Großbritannien.

Durch Kommentare auf der Website oder Facebook, durch Tweets oder E-Mails an mail@vivabritannia.de können Hörerinnen und Hörer mit mir in Kontakt treten, sie geben mir Feedback zu Folge und schlagen Themen für neue Episoden vor. Manche lassen mir durch *Flattr* oder als offizielle Unterstützer auf *Patreon* auch Spenden zukommen, oder schicken mir gelegentlich als Dankeschön etwas von meiner Amazon-Wunschliste. Denn obwohl *Viva Britannia* natürlich mein Hobby ist, kosten mich Recherche, Aufnahme und Drumherum Zeit und Geld.

Was finde ich in diesem Buch?

Immer wieder haben mich Anfragen erreicht, ob ich die Texte zu den Podcast-Episoden nicht auch veröffentlichen möchte, wo ich doch schon (fast) alle Folgen vorschreibe. Solche Anfragen kamen teils von Englisch-Lehrern, die *Viva Britannia* als Unterrichtsmaterial einsetzen, und teils von Hörern, die Großbritannien-interessierte Freunde und Bekannte haben, die aber keine Podcasts hören.

Also habe ich mich Anfang 2014 alle Texte der im ersten Jahr von *Viva Britannia* erschienen Folgen anhand der zahlreichen Kommentare, Anmerkungen und Ergänzungen überarbeitet. So wurde aus den Folgen 0 bis 25 des Podcasts das Buch "Viva Britannia. Wissenswertes von der Insel", erschienen im März 2014.

Inzwischen ist wieder deutlich mehr als ein Jahr ins Land gegangen, und in diesem vorliegenden Buch findet Ihr nun alle Inhalte der Podcast-Folgen 26 bis 50 in überarbeiteter Fassung. Fehler sind – soweit mir bekannt – korrigiert, und Ergänzungen an entsprechender Stelle eingebaut. Und da ich inzwischen natürlich im Podcast auch Themen ergänzt habe, die schon im ersten Buch behandelt wurden, gibt es zum Schluss in Kapitel 23 sogar noch eine Sammlung bunter Ergänzungen zu Band 1.

Ich hoffe, dass dieses Buch *Viva-Britannia*-Neulinge vielleicht auch zum Podcast-Hören anregt. In jedem Fall: Viel Spaß beim Lesen!

Sven Rudloff
Düsseldorf, Juli 2015

EINLEITUNG für alte Hasen

Ihr hört regelmäßig den *Viva-Britannia*-Podcast oder kennt das erste Buch? Dann ist diese Einleitung für Euch.

Was finde ich in diesem Buch?

Das erste Buch umfasste die Inhalte aller 26 Folgen des ersten Jahres von *Viva Britannia* – also inklusive der Nullnummer alle Folgen des Jahres 2013. Genauso findet Ihr nun in diesem zweiten Buch die Inhalte aller 25 Folgen des zweiten Jahres von *Viva Britannia* – also der Folgen 26 bis 50 –, natürlich wieder in überarbeiteter Fassung. Fehler sind – soweit mir bekannt – korrigiert, und Ergänzungen an entsprechender Stelle eingebaut. Und da ich inzwischen natürlich im Podcast auch Themen ergänzt habe, die schon im ersten Buch behandelt wurden, gibt es zum Schluss in Kapitel 23 sogar noch eine Sammlung bunter Ergänzungen zu Band 1.

Was hat sich 2014 insgesamt bei Viva Britannia getan?

Im Jahr 2014 hat sich *Viva Britannia* schön weiter entwickelt. Technisch hat sich schon einiges zum Jahresbeginn getan: Da habe ich alle Folgen aus 2013 noch einmal neu veröffentlicht, und zwar mit besserer Audioqualität und mit Kapitelmarken. Seitdem sind diese beiden Features der Standard. Produziert habe ich die meisten Folgen mit einem Tascam-US-800-Audiointerface; das Modell ist offiziell nicht mehr auf dem Markt, aber Ralf Stockmann hat es mir mit seiner YouTube-Serie *Ultraschall* schmackhaft gemacht, und dank eBay habe ich ein gebrauchtes Gerät ergattert. Überhaupt hat mir Ralf mit seinem *Ultraschall*-Projekt wie vielen anderen Podcastern die Angst vor der sehr mächtigen und standardmäßig sehr hässlichen Audio-Software *Reaper* genommen. Inzwischen möchte ich dieses Setup aber nicht mehr missen, insbesondere bei Aufnahmen mit mehreren Sprechern.

Eine weitere technische Neuerung kam im Mai: Seitdem gibt es für die Besitzer von Android-Geräten eine eigene *Viva-Britannia*-App. Die ist kostenlos und lädt automatisch die jeweils neueste Folge für den zeitsouveränen Hörgenuss. Diese App verdanken wir der Initiative von Toby Baier vom *Einschlafen-Podcast* und der Arbeit von Daniel Oeh, dem Macher des Android-Podcatchers *AntennaPod*. Ich musste nur noch ein wenig selbst Hand anlegen, und fertig war ein neuer Weg zu *Viva Britannia* mit möglichst niedriger Einstiegshürde.

Was hat sich inhaltlich getan? Wie geplant habe ich 25 weitere Folgen veröffentlicht. Eine davon war eine Dankeschön-Episode, drei waren Gespräche mit Gästen – mit dem Ehepaar Williams, den Hoaxillas und mit Erik Wenk. Die beiden Sendungen Nummer 33 und 44 waren planmäßig die *Bits&Bobs*-Lumpensammler-Folgen, und mit Folge 48 habe ich gewissermaßen meinen ersten Reisebericht vorgelegt. Ansonsten konnten sich die Hörer hoffentlich über 18 bunt gemischte Themen-Folgen freuen, zu Land, Leuten, Kultur und Geschichte.

Die Folgen selbst waren merklich länger: Hatte ich mich 2013 noch zwischen 15 und 20 Minuten pro Episode eingependelt, waren es letztes Jahr eher 20 bis 30 Minuten, und einzelne Interviews waren sogar über 40 Minuten lang. Ich will aber keineswegs regelmäßig lange Sendungen produzieren. Ein Interview darf sicher gerne mal länger sein, aber ich persönlich mag Formate, bei denen ich eine Folge in einer oder maximal zwei Fahrten zwischen Wohnung und Arbeitsstelle durchhören kann. Dennoch ist dieses Buch noch einmal deutlich umfangreicher als das erste, und wie es derzeit aussieht, wird das für 2015 auch nicht dünner werden.

Apropos erstes Buch: Im Dezember 2013 war ich mir mit meinem Verleger Jens Bolm handelseinig, zu Neujahr haben wir es angekündigt, und am 1. März feierte es bei einer Lesung in Hamburg Premiere. Viele Hörer hatten es vorbestellt, und mittlerweile ist schon die zweite, leicht korrigierte Auflage im Handel. Neben der Premierenlesung in Hamburg gab es im Mai auch noch eine zweite Lesung und ein Hörertreffen in München – immer eine schöne Gelegenheit, einigen von Euch auch einmal persönlich zu begegnen.

Was hat sich 2014 sonst noch bei Sven getan?

Daneben ist auch in meinem sonstigen Leben einiges passiert. Eigentlich hatte ich im November 2013 eine neue Arbeitsstelle in Hannover angetreten. Ich hatte mir vorgestellt, jeweils montags morgens von Düsseldorf nach Hannover zu fahren, und donnerstags abends zurück; das Wochenende würde ich dann wahlweise in Düsseldorf oder in Aachen bei meiner Liebsten verbringen. Alles nicht wirklich ideal, aber wenigstens hat man während langer Zugfahrten und an einsamen Abenden in Hannover Zeit, seinen Podcast zu schreiben und aufzunehmen.

Das mit dem Podcast-Schreiben war auch prima, aber schon früh entdeckte ich, dass das mit dem Aufnehmen in Hannover nicht klappen sollte – es hallte einfach zu sehr in meiner Zweitwohnung. Die Rettung kam aber gewissermaßen durch eine Umstrukturierung bei meinem Arbeitgeber, die dazu führte, dass ich meist ohnehin nur zwei Tage in der Woche in Hannover war, dafür zwei Tage in Essen, und einen Tag im *home office*. So hatte ich zwar noch einen weiteren Standort mehr, aber dafür mehr Zeit im Rheinland und mehr Abende in meiner privaten Podcast-Kemenate.

Ein weiterer Nebeneffekt dieser Umstrukturierung: Seit Anfang 2015 arbeite ich ganz offiziell wieder dauerhaft in Rhein-Ruhr. Parallel hat meine Liebste eine neue Stelle in der Nähe von Düsseldorf angetreten, und das alles hat dazu geführt, dass wir dort im Herbst eine neue, gemeinsame Wohnung bezogen haben. Seit Weihnachten haben Anja und Sven erfolgreich die Anzahl ihrer Wohnungen von dreien auf eine reduziert – Hallelujah!

Dafür verstarb im September – wie der Widmung zu entnehmen ist – überraschend mein Vater. Er hatte zwar schon lange an den Spätfolgen von Diabetes gelitten, hielt sich aber trotz einer Rückkehr an die Dialyse immer wacker. Sein Herztod kam plötzlich. Der einzige wirklich dunkle Schatten in einem sonst sehr schönen Jahr.

Wie geht es weiter?

Wie gehabt. Auch für 2015 stehen wieder 25 neue Folgen im Kalender, also sollte auch einem dritten Buch nichts im Wege stehen. Bisher habe ich auch brav alle zwei Wochen meine geplanten *Viva-Britannia*-Folgen veröffentlicht. Berufliche und private Verpflichtungen haben lediglich dazu geführt, dass dieses Buch deutlich später fertig wird als ursprünglich geplant. Aber was länger währt, wird hoffentlich gut: Ich hoffe, dass dieses Buch für alle *Viva-Britannia*-Hörer und -Nur-Leser eine angemessene Schriftfassung des zweiten Jahrgangs ist. In jedem Fall: Viel Spaß beim (Nach-)Lesen!

Sven Rudloff
Düsseldorf, Juli 2015

1 MAẞE*)

Von Miles, Pints, Pounds and Farthings

Welchen alten imperialen Maßeinheiten begegnet man heute noch im Insel-Alltag? Ein Kapitel voller geschichtlicher Wirrungen und sinkendem Silbergehalt. Wo Karl der Große auf kleine Sterne trifft, Kapitän Nemo mehr weit als tief taucht, die Amerikaner lieber mit Wein als Bier rechnen, und britische Straßenschilder die europäische Psyche verwirren. Ganz ohne ein Quentchen Skrupel.

Dieses Kapitel entstand zu Beginn eines neuen Jahres, des Jahres 2014. Wobei es ja vollkommen willkürlich ist, wann wir ein Jahr beginnen lassen. Oder was wir unter der Länge eines Jahres verstehen. So begann das letzte chinesische Kalenderjahr – das *Jahr des Holz-Pferdes*, kein Witz – an unserem 31. Januar 2014, und endete am 18. Februar 2015. Das chinesische *Jahr des Holz-Pferdes* war in unserem Verständnis also fast drei Wochen länger als ein Jahr.

Maße. Was so trocken klingt, dazu habe ich im ersten Buch schon die eine oder andere launige Andeutung gemacht. Zwar nutzen die Briten im Gegensatz zu den Amerikanern offiziell metrische Maßeinheiten, aber einiges ist im britischen Alltag noch immer anders als auf dem europäischen Kontinent – da ist von Pints Bier die Rede, Straßenschilder geben die Entfernung in Meilen an, der Kollege sagt, dass er über Weihnachten einen *stone* zugenommen hat, und manch älterer Brite redet gelegentlich noch von *shillings*.

Schauen wir also einmal, was man zum Thema Maße wissen sollte, um als Gast auf der Insel nicht vollkommen

---

*) Quellen: Folgen "VB026 Maße" vom 12.01.2014, "VB033 Bits & Bobs 3" vom 21.04.2014

verwirrt zu sein. Und zu dem einen oder anderen Thema gibt es auch – wie so häufig – überraschende Geschichten zu entdecken.

Kalender

Als erstes muss ich noch einmal auf das Jahr zurückkommen beziehungsweise auf Kalender. Ich hatte das krumme englische Steuerjahr schon einmal erwähnt, aber bei meinen Recherchen habe ich noch ein paar weitere Details aufgespürt. Daher das Thema jetzt noch einmal im Zusammenhang.

Im Mittelalter richtete sich der Kalender in den meisten europäischen Ländern nach religiösen Feiertagen. In Großbritannien begann spätestens seit dem 12. Jahrhundert das Jahr mit dem 25. März. Im Englischen wird dieser Tag *Lady Day* genannt, im Deutschen die "Verkündigung des Herrn" oder "Mariä Verkündigung". An diesem Tag wird in der christlichen Kirche dem Moment gedacht, an dem Maria durch einen Engel ihre Schwangerschaft mit Jesus verkündet wurde.

Der *Lady Day* ist einer der vier sogenannten *quarter days*, also Quartalstage. Das sind vier religiöse Feiertage, die jeweils etwa drei Monate auseinanderliegen. Zudem liegen sie alle nah an den Sonnenwenden beziehungsweise Tag- und Nachtgleichen, also an den vier Tagen des Jahres, an denen entweder der Tag maximal lang ist, oder die Nacht, oder sich Tag und Nacht die Waage halten. Diese astronomisch bedeutsamen Tage eigneten sich schon immer gut, um das Jahr in vier etwa gleiche lange Teile zu teilen. Die vier englischen *quarter days* sind im einzelnen eben der *Lady Day* am 25. März, dann am 24. Juni der *Midsommer Day* (an dem in der Kirche Johannes dem Täufer gedacht wird), am 29. September *Michaelmas* (an dem dem Erzengel Michael gedacht wird) und dann natürlich der 25. Dezember – *Christmas*.

Über Jahrhunderte hinweg wurden auf der Insel die *quarter days* verwendet, um die Dauer von Verträgen festzulegen. Mieten, Pachten und Steuern waren an diesen Tagen fällig, Zwischenbilanzen mussten erstellt werden, und neue Bedienstete wurden an diesen Tagen eingestellt. Damit erklärt sich auch die Tradition der *Christmas boxes* am *Boxing Day*, dem 26. Dezember – zu dieser Zeit endete ohnehin ein Beschäftigungsquartal für Bedienstete, also gaben die Dienstherren anlässlich der Weihnacht einfach noch etwas auf den Lohn obendrauf.

Und der *Lady Day* eignete sich auch besonders deswegen für die Neuverteilung von Pachtland, weil in der Landwirtschaft Ende März relativ wenig zu tun ist. So hatten die Pächter falls notwendig Zeit, um mit ihren Familien die eine Pacht aufzugeben und zu ihrem neu gepachteten Stück Land umzusiedeln.

1582 verfügte Papst Gregor dann nicht nur eine Reform des alten Julianischen Kalenders, sondern legte den Beginn des Kalenderjahres auch auf den 1. Januar. Das galt aber erst einmal natürlich nur für die Kirche. Die ersten Staaten, die dem Beispiel mit ihren zivilen Kalendern folgten, waren vornehmlich katholische Ländern wie Spanien. Das letzte europäische Land, das die gregorianische Kalenderreform vollzog, war Griechenland im Jahr 1923. In den fast 350 Jahren dazwischen gab es in Europa zwei große parallel existierende Kalender – und dazu kamen dann natürlich noch regionale und zeitweilige Varianten, zum Beispiel der französische Revolutionskalender.

Einige Länder änderten den offiziellen Jahresbeginn zunächst unabhängig von der Annahme des gregorianischen Kalenders. So legte Schottland den Beginn seines

Kalenderjahres bereits im Jahr 1600 auf den 1. Januar, behielt aber auch weiterhin den Julianischen Kalender. Erst im Jahr 1752 wechselte Großbritannien als ganzes auf den Gregorianischen Kalender. Bis dahin galt in England und Wales auch immer noch der *Lady Day* als Beginn des Jahres und damit des Steuerjahres. Zum Kalenderwechsel 1752 lagen julianischer und gregorianischer Kalender bereits elf Tage auseinander. Mit dem Jahr 1800 sollten es dann sogar zwölf Tage sein, weil im alten julianischen Kalender der 29. Februar 1800 als Schalttag existiert hätte, im neuen gregorianischen aber nicht mehr. Die britischen Steuerbehörden und die Landbesitzer wollten wegen der Kalenderumstellung aber nicht auf elf beziehungsweise zwölf Tage Steuer oder Pacht verzichten, und so wurde einfach der Beginn des Steuerjahres entsprechend 1752 erst um elf Tage auf den 5. April und dann 1800 noch einen Tag weiter auf den 6. April verschoben. Und dabei ist es bis heute geblieben – auf eine neuerliche Korrektur für das Jahr 1900 hat man verzichtet.

Das krumme Datum für Steuern und alte Pachtverträge ist aber nicht das einzige Überbleibsel des julianischen Kalenders auf der Insel: In Gwaun Valley, einem kleinen Tal in Wales, will man die "verlorenen" Tage der Kalenderreform bis heute nicht wahrhaben. Dort feiert man sowohl Neujahr am 1. Januar als auch *Hen Galan* – das "alte Neujahr" – zwölf Tage später, am 13. Januar. Kinder ziehen dann von Haus zu Haus, singen alte walisische Weisen, und die Erwachsenem danken es ihnen mit Süßem und Geld. Na dann, "Prost Hen Galan"!

Imperial units vs. metrisches System

Damit aber genug der Kalenderei. Kommen wir zu dem, das man natürlicherweise mit der Insel und Maßangaben verbindet – die sogenannten *imperial units*, die Maßeinheiten des Britischen Empires.

Und da fangen die Probleme schon an. Denn so etwas wie Meilen, Pfunde und Pinten gibt es schon seit dem Mittelalter, oft unter ähnlichen oder gar gleichen Namen in verschiedenen Ländern und Landstrichen, aber mit unterschiedlichen Bedeutungen und Umrechnungsregeln. Vor der Französischen Revolution hatte mindestens jedes Land sein eigenes System an Maßeinheiten. Immer wieder gab es Ideen, alle Maßsysteme vollständig auf dem Dezimalsystem aufzubauen, oder Maßeinheiten über Ländergrenzen hinweg zu vereinheitlichen. Das hätte einerseits dem internationalen Handel geholfen, andererseits profitierten zu viele geschickte Kaufleute von unterschiedlichen Definitionen der gleichen Einheit. Besonders große Unterschiede zwischen regionalen Definitionen innerhalb von Frankreich sollen sogar mit ein Grund für die französische Revolution gewesen sein.

Es ist also nicht verwunderlich, dass sich ausgerechnet die Franzosen daran machten, ein neues, einheitliches Maßsystem auf Dezimalbasis einzuführen. Sie nahmen dabei auch Kontakt mit den Briten und Amerikanern auf, aber die hatten kein Interesse. Dennoch verbreitete sich das französische Konzept eines metrischen Systems, dem wir heute den Meter, den Liter und das Kilogramm zu verdanken haben, auch dank Napoleon Anfang des 19. Jahrhunderts in Teilen Europas und der Welt.

Aber auch die Briten blieben nicht untätig. Um innerhalb von Großbritannien und dem gesamten Commonwealth für einheitliche Maße zu sorgen, wurde im Jahr 1824 der *Weights and Measurements Act* verfügt – ein Gesetz, das die Definition unzähliger Maßeinheiten für das gesamte Reich festlegte. Und diese Einheiten sind es, was man heute im eigentlichen Sinne unter *imperial units* versteht.

Imperial units vs. US-customary units

Der Unterschied ist wichtig, denn die *imperial units* unterscheiden sich manchmal von den gleichnamigen amerikanischen Einheiten. Natürlich haben die britischen Auswanderer nach Amerika auch ihre damaligen Maßeinheiten mitgebracht, aber nach der Unabhängigkeit der USA von Großbritannien sahen die Amerikaner keine Notwendigkeit, im 19. Jahrhundert irgendwelchen britischen Neu-Definitionen zu folgen. Sie entwickelten ihre Maßeinheiten unabhängig von den Briten weiter, und so kommt es zu einigen Unterschieden. Die amerikanischen Einheiten werden offiziell *US customary units* genannt. Besonders bei Kochrezepten ist es da immer mal wieder wert zu prüfen, ob man ein amerikanisches oder britisches Kochbuch vor sich hat – wobei die aktuellen britischen Kochbücher mittlerweile auch immer dezimale Einheiten mit angeben.

Metrisierung

Denn: Offiziell beginnend im Jahr 1965 hat Großbritannien stufenweise das metrische System eingeführt. Dieser Prozess wird als *metrication* oder "Metrisierung" bezeichnet und sollte eigentlich bis 2010 abgeschlossen sein. Bis dahin liefen Übergangsregelungen, nach denen imperiale und metrische Einheiten parallel verwendet werden durften. Tatsächlich werden fast alle Geschäftsaktivitäten auf der Insel heute mit metrischen Einheiten durchgeführt. Aber an vielen Stellen findet man Angaben noch in beiden System, und im allgemeinen Sprachgebrauch sind einige ausgewählte *imperial units* nach wie vor sehr häufig. 2007 hat die EU die Übergangszeit für die Umstellung dann auch auf unbestimmte Zeit verlängert, so dass sich an dieser Situation in naher Zukunft nichts ändern wird.

Gehen wir die wichtigsten Lebensbereiche also einmal durch, damit Ihr gewappnet seid.

Längen: Miles und Yards

Auf britischen Straßenschildern sind Entfernungen nach wie vor in Meilen und Yards (Schritten) angegeben. Eine Meile sind 1,6km, und ein Yard sind etwa 90cm. Das kann für uns Europäer ein paar interessante psychologische Effekte mit sich bringen. Wenn wir auf einem Straßenschild sehen, dass eine Ausfahrt "5" entfernt ist, assoziieren wir automatisch 5km, und wir wissen aus Erfahrung, wie weit 5km sind. In Großbritannien kommt uns die Strecke subjektiv sehr lang vor, denn wir fahren ja 5 Meilen, also 8 Kilometer. An der Ausfahrt selbst erleben wir dann aber plötzlich einen umgekehrten Effekt. Da sind wie in Deutschland Schilder, die angeben, dass die Ausfahrt 300, 200, 100 Einheiten entfernt ist. Das sind aber 300, 200, 100 Yards – und die sind um 10% kürzer als unsere Meter. Subjektiv rasen diese Schilder also an uns vorbei. Diese beiden entgegengesetzten Effekte – subjektiv lange Entfernungen in Meilen, subjektiv kurze Entfernungen in Yards – konnte ich auch noch nach Jahren täglicher Autobahnfahrten spüren; man weiß irgendwann, wie weit sich eine Meile oder 100 Yards anfühlen, aber so ganz wird man den Unterschied nicht los.

Die Sache mit den Meilenangaben im Verkehr unterscheidet im übrigen Großbritannien von Irland. Dort geben die Schilder wie bei uns Kilometer an. Auch das hat mich dann wieder bei Irlandbesuchen verwirrt. Also, immer schön aufpassen!

Längen: Feet und Inches

Auch die kleineren Längenangaben *foot* (zu Deutsch Fuß) und *inch* (zu Deutsch Zoll) sind noch im Gebrauch.

Wie jeder weiß, der sich nur ein wenig mit Typographie oder Dokumenten-Design auseinandergesetzt hat: Ein Zoll entspricht 2,54 Zentimetern. Das ist auch der Standard-Rand bei einem Microsoft-Word-Dokument. 12 Zoll sind ein Fuß, also etwa 30 Zentimeter. 3 Fuß sind dann ein Yard, und 1.760 Yards sind eine Meile.

Bei diesen ganzen Längenangaben gibt es nach einer Übereinkunft der Briten und Amerikaner seit 1959 übrigens nur noch minimale Unterschiede – im täglichen Gebrauch kann man sie vernachlässigen.

Feet begegnet man auf der Insel vor allem in zwei Zusammenhängen: Zum einen kennt eigentlich jeder Brite seine Körpergröße in Fuß und Zoll. Allerdings kennt er sie auch in Zentimetern, denn zum Beispiel der Hausarzt muss Angaben in Krankenakten verpflichtend im metrischen System machen.

Der andere Zusammenhang ist für europäische Einwanderer schon etwas komplizierter: Wenn die Größe von Wohnungen oder Häusern nicht ohnehin in der Anzahl der Schlafzimmer angegeben wird – siehe Kapitel 2 im ersten Buch –, findet man in Immobilienanzeigen keine Quadratmeter sondern Quadratfuß. Das entspricht weniger als einem Zehntel der gleichen Angabe in Quadratmetern. Wenn man das also weiß, kann man sich einigermaßen zurechtfinden. Aber ich garantiere Euch: Wenn Ihr mal in die Verlegenheit kommt, werdet Ihr die Umrechnung ohnehin noch einmal nachschlagen.

Längen: Leagues

Um mit gleich zwei häufigen Missverständnissen aufzuräumen, noch eine letzte Anmerkung zu Längenmaßen: "20.000 Meilen unter dem Meer" ist der deutsche Titel eines bekannten Romans von Jules Verne. Der Titel bezieht sich aber weder auf Meilen noch auf eine Meerestiefe. Sowohl im französischen als auch im englischen Titel ist nicht von 20.000 "Meilen" sondern von 20.000 *leagues* die Rede, zu Deutsch "Leugen". Das ist ein altes Maß, dass mehrere Seemeilen meint. Die genaue Umrechnung schwankt mal wieder je nach Quelle irgendwo zwischen 2 und 7 Kilometern. Im allgemeinen geht man aber von 3 Seemeilen also etwa fünfeinhalb Kilometern aus. Das ist die Entfernung, bis zu der ein mittelgroßer Mensch, der am Strand steht, ein Schiff noch sehen kann, bevor es hinter dem Horizont verschwindet. Jules Verne geht in seinem Buch von vier Kilometern pro Leuge aus. Der korrekte metrische Titel seines Romans wäre daher "80.000 Kilometer unter dem Meer". Das ist mehr als das Sechsfache des Erddurchmessers. Aber Verne meint damit auch gar keine Tiefe – die größte Meerestiefe, die er in seinem Roman angibt, sind 16 Kilometer. Stattdessen bezieht sich der Titel auf die Strecke, die Kapitän Nemo mit seinem U-Boot Nautilus in den Weltmeeren zurücklegt – also etwa zwei Mal um die Erde. Alles klar?

Volumina: Fluid Ounces, Pints und Gallons

Wo wir gerade über das Meer sprechen, kommen wir doch mal zu den Maßen für Flüssiges. Also so etwas wie Liter. Oder eben Pint. Traditionell wird Bier und Cider auf der Insel nach wie vor in Pints und Half-Pints ausgeschenkt, und auch Milchpackungen gibt es in Vielfachen von Pints. Ansonsten sind für die Angabe von Volumina durchweg wirklich Liter üblich. Ab und zu sprechen Briten im Zusammenhang mit dem Treibstoffverbrauch von Autos auch noch von Gallonen – obwohl an den britischen Tankstellen schon seit 30 Jahren Benzin nur noch in Litern abgegeben wird. Aber manche Bräuche sterben eben langsam.

Die Gallone ist auch das alte Ausgangsmaß für das Volumen-System. Eine britische Gallone (oder genauer *ale gallon*) entspricht 4,5 Litern. Eine Gallone besteht aus acht Pints, und ein Pint besteht aus 20 Flüssigunzen (*fluid ounces*). Damit hat ein britisches Pint 570 Milliliter und eine britische Flüssigunze 28 Milliliter.

Die USA hingegen verwenden eine andere alte Definition von Gallone, eine *wine gallon* – diese entspricht nur knapp 3,8 Litern. Damit sind ein amerikanisches Pint auch nur 470 Milliliter. Dafür rechnen die Amerikaner auf ein Pint nicht 20 Flüssigunzen wie die Briten sondern nur 16, so dass sie am Ende mit 29 Millilitern fast bei den britischen 28 herauskommen. Na, seht Ihr jetzt, warum ein einheitliches metrisches System viel praktischer ist?

Aber alles, was man sich für den praktischen Gebrauch merken muss: Wenn man auf der Insel ein Pint bestellt, bekommt man deutlich mehr als einen halben Liter. In den USA bekommt man weniger als einen halben Liter.

Gewichte: Pounds und Stone

Jetzt fehlt noch das britische Pfund. In mehrerlei Hinsicht. Zunächst einmal das Gewicht: Wie bei der Körpergröße mit Feet und Inches kennen die meisten Briten auch ihr Körpergewicht nicht nur in Kilogramm, sondern auch in Stone und Pounds. Ein Pfund ist etwas weniger als ein halbes Kilo, genauer gesagt 450 Gramm. Und 14 Pfund, also etwa sechseinhalb Kilo, sind ein Stone. Ich weiß nicht warum, aber irgendwie scheint ein Stone sehr häufig das zu sein, was Menschen gerne an Gewicht abnehmen möchten. Jedenfalls kann ich mich an diverse entsprechende Aussagen von Kollegen erinnern, und auch Werbungen für Diätprogramme arbeiten auf der Insel lieber mit Stone als Kilogramm.

Kaliber

Im Zusammenhang mit dem englischen Pfund hat mich Thomas Schmidt aus Köln auch noch auf eine andere Kuriosität aufmerksam gemacht. Weltweit werden die Geschosskaliber einer Waffe in amerikanischen Zoll oder Millimetern gemessen. Der Wert gibt schlicht den Durchmesser des Geschosses an. Zum Beispiel hat ein Revolver mit dem Kaliber .44 einen größeren Geschossdurchmesser als einer mit dem Kaliber .357. Nur bei englischen Flinten geht man einen Sonderweg: Das Kaliber gibt hier nicht direkt eine Größe an, sondern die Anzahl der Kugeln, die man passend für diese Waffe aus einem englischen Pfund Blei gießen kann. Eine Flinte mit dem Kaliber 16 hat also kleinere Geschosse als eine mit Kaliber 12, und 16 Geschosse der ersten Waffe wiegen so viel wie 12 Geschosse der zweiten – genau ein Pfund. Die Engländer wieder...

Sonstige Gewichtseinheiten und Apothekermaße

Bevor ich zum Abschluss auf das britische Pfund im monetären Sinne komme: Natürlich gab es im imperialen System noch viel mehr Maße, darunter einige obskure. Im Laufe der Zeit wurden sie aber immer weniger gebraucht, und im praktischen Leben auf der Insel begegnet man ihnen heute kaum noch. Schön zu wissen, dass die Länge eines Cricket-Pitches mit zwanzig Metern genau einer *chain* entspricht, oder dass acht Stone ein *hundredweight* sind, oder zwei Gallonen ein *peck* und vier *pecks* ein *bushel.* Das alles müsst Ihr aber nicht wissen – und wenn Ihr beim Lesen von Charles Dickens mal über ein solches Wort stolpert, schlagt es halt nach. Und im übrigen gab es – wie auch im Rest Europas – neben dem "normalen" Maßsystem parallel auch immer ein eigenes für Apotheker. Diesen traditionellen Apothekermaßen haben wir so schöne Begriffe wie Quentchen oder Skrupel zu verdanken. Das würde jetzt aber wirklich zu weit führen.

Geld: Pounds, Shillings und Pence

Widmen wir uns stattdessen noch kurz dem "anderen" Pfund – dem Geld. In verschiedenen Ländern wird die nationale Währung als "Pfund" bezeichnet, aber der offizielle Name für das britische Pfund ist *Pound Sterling*. Es ist eine der ältesten noch im Gebrauch befindlichen Währungen. Sie geht bis auf die Angelsachsen zurück. Ende des 8. Jahrhunderts führte König Offa auf der Insel eine Währung aus Silbermünzen ein. In Anlehnung an das Währungssystem, das zuvor Karl der Große in seinem Reich umgesetzt hatte, wurde ein abgewogenes Pfund Silber in 240 kleine Münzen aufgeteilt, sogenannte Pennies oder Pence. Man vermutet, das die Pennies umgangssprachlich schnell als "kleine Sterne" bekannt wurden, also als *star-lings*. Ein *pound of starlings* wurde irgendwann zum *pound sterling*.

Auch die anderen Münzgrößen und die Abkürzungen für die Münzen wurden von Karl dem Großen übernommen. Diese waren lateinischen Ursprungs. Die dem Pfund entsprechende Einheit bei Karl dem Großen war die *Libra*, die "Waage", abgekürzt mit einem großen L. Hieraus wurde später das heutige Pfund-Zeichen: ein L mit einem Querbalken. Der Penny war ein *denarius*, abgekürzt mit einem kleinen "d". Zwischen Penny und Pfund gab es noch den Shilling. Ein Shilling entsprach zwölf Pence. Bei Karl dem Großen hieß diese Einheit *solidus*, abgekürzt entweder mit einem kleinen "s" oder einfach einem Schrägstrich. Deshalb heißt auch heute noch der Schrägstrich, den Ihr auf der Tastatur über der "7" habt, in der Typographie "solidus".

In den folgenden Jahrhunderten gab es dann als kleinere Münz-Einheiten noch *half pennies* sowie Viertel-Pennies. Aber weil sich *fourthling* für Viertel-Penny schlecht aussprechen lässt, wurde daraus schnell *farthing*.

Lange Zeit waren diese ganzen Münzen wirklich aus Silber, aber nach und nach nahm ihr Silberanteil immer mehr ab, und stattdessen wurde mehr Kupfer verwendet, oder die Münzen wurden insgesamt kleiner. Im 17. Jahrhundert wurde mit der *guinea* auch erstmals eine britische Münze aus Gold geprägt, ursprünglich mit dem Wert eines Pfunds. Dann aber begann der relative Wert von Gold und Silber auf der Insel schnell stark zu schwanken, auch wegen des zunehmenden Handels mit den Chinesen, die nur Silber als Bezahlung für ihre Waren akzeptierten. So wurde immer mehr Silberwährung aus Großbritannien abzogen, und selbst der große Isaac Newton konnte als zeitweiliger Meister der staatlichen Münze das Problem der Wertschwankungen nicht in den Griff bekommen. Auch zu diesem Thema kann ich wieder einmal den "Barock-Zyklus"von Neil Stephenson empfehlen, in dem es unter anderem um die zunehmenden internationalen Währungsströme zur Zeit der Aufklärung geht.

Pfund, Schilling und Pence gab es als Währungssystem auf der Insel grundsätzlich unverändert für mehr als 1.000 Jahre. Zwischendurch gab es neben half-pennies, farthings und guineas noch diverse andere Mode-Einheiten, die sich aber nicht dauerhaft durchsetzten.

Und dann kam der 15. Februar 1971. Am *Decimal Day* wurde der Shilling abgeschafft, und seitdem besteht ein Pfund Sterling aus 100 Pence, nun abgekürzt mit einem kleinen "p". Heute gibt es Pence-Münzen in den gleichen Werten wie die Euro-Cents, also mit den Werten 1, 2, 5, 10, 20 und 50. Dazu kommen 1- und 2-Pfund-Münzen. Banknoten gibt es zu 5, 10, 20 und 50 Pfund. Größere

Werte gibt es im normalen Umlauf nicht. Wer also 1.000 Pfund in Scheinen bezahlen will, muss schon zwanzig 50-Pfund-Noten hinblättern.

Das Schöne an den britischen Münzen: Sie lassen sich sehr gut unterscheiden, anhand von Größe, Form, Farbe und Gewicht. Die 20-Pence-Münzen sind zum Beispiel achteckig und die 50-Pence-Münzen siebeneckig. Und die Pfund-Münzen sind schön dick und schwer. Außerdem hat man sich beim Neudesign der Münzen im Jahr 2008 etwas Besonderes überlegt: Die Rückseiten der unterschiedlichen Pence-Münzen ergeben, wenn man sie richtig zusammenlegt, das königliche Wappen. Und wer dafür eine Vorlage braucht: Auf der Rückseite der Pfund-Münzen ist das Wappen vollständig dargestellt.

Mit der Dezimal-Umstellung mag es zwar einiges an Charme verloren haben, aber das Pfund Sterling stellt immer noch etwas Einzigartiges dar. Also kein Wunder, dass die Briten sich so sehr gegen die Einführung des Euros wehren.

Gesetzliche Zahlungsmittel

Wobei sich die Briten untereinander auch gerne einmal über die national unterschiedlichen Pfund-Banknoten streiten und ihnen gegenseitig den Status eines gesetzlichen Zahlungsmittels absprechen.

Historisch nahm Geld in den meisten Ländern lange allein die Form von Münzen an, die von einer zentralen königlichen Münze ausgegeben wurden. Banknoten hingegen sind eine Erfindung der Renaissance, und lange Zeit hatten alle möglichen Geschäftsbanken die Möglichkeit, eigene Banknoten herauszugeben – daher ja auch ihr Name. Nach und nach wurde dieses Recht von Privatbanken aber immer weiter eingeschränkt, und heute werden in den meisten Ländern auch Banknoten von einer zentralen staatlichen Stelle herausgegeben – einer Zentralbank.

So spielte sich das im Prinzip auch auf der Insel ab. Allerdings wurde das Recht der Ausgabe von Pfundnoten nur in England und Wales vollständig auf die *Bank of England* als Zentralbank beschränkt. Nach wie vor gibt es in Schottland drei und in Nord-Irland vier Geschäftsbanken, die eigene Pfundnoten herausgeben können. Diese sehen etwas anders aus, haben aber den gleichen Wert wie die englischen Banknoten. Ihr gesetzlicher Status und ihre Akzeptanz innerhalb Großbritanniens sind etwas kompliziert, und das ganze ist auch von vielen Missverständnissen begleitet.

Hierbei wird oft der Begriff des *legal tenders*, des gesetzlichen Zahlungsmittels, ins Spiel gebracht, aber gerne falsch. Denn eigentlich bezieht sich dieser Begriff nur darauf, was zum Begleichen einer Schuld von Gesetztes wegen als direktes Zahlungsmittel von allen Beteiligten anerkannt werden muss. Selbst in Deutschland sind das nur Geldmünzen. Banknoten, Schecks, Überweisungen, Kartenzahlung und ähnliches haben unterschiedliche gesetzliche Relevanz. Im täglichen Geschäftsgebaren ist uns das heute aber oft egal, denn diese Zahlungsmittel sind im gegenseitigen Einverständnis akzeptiert.

Rein praktisch bedeutet das für die britischen Banknoten folgendes: Englische Banknoten werden in ganz Großbritannien anerkannt. Schottische Banknoten sind noch nicht einmal in Schottland selbst vor dem Gesetz *legal tender*, aber sie werden in Schottland und von den meisten anderen britischen Geschäften als praktisches Zahlungsmittel anerkannt. Ein englischer Ladenbesitzer kann die Annahme schottischer Banknoten verweigern, aber das geschieht sehr selten. Englische Banken und

Postämter nehmen schottische Banknoten immer an. Für nordirische Banknoten gilt das gleiche, aber sie sind außerhalb Nordirlands so selten anzutreffen, dass sie häufiger von englischen Händlern zurückgewiesen werden als schottische.

An dieser Stelle muss ich einmal mehr daran erinnern, das Großbritannien nicht eine einzelne Nation ist, sondern ein Staat aus mehreren Nationen, mit ihren eigenen Parlamenten, Gesetzen und Sportmannschaften. Trotz vieler Gemeinsamkeiten ist es ein Vereinigtes Königreich, und nicht *ein* Königreich.

2 SHERLOCK HOLMES*)

Der bekannteste Detektiv der Literaturgeschichte

Das Zeichen der Drei: In bester Arbeitsteilung mit Hoaxilla und dem Einschlafen-Podcast geht es um den britischen Meisterdetektiv und seine vielfältigen Inkarnationen. Wie Arthur Doyle seinen Professoren und verlassenen Schiffen Neues andichtete. Warum Holmes seine Kleidung einem Zeichner verdankt und eine Bausparkasse seine Post beantwortete. Von Gastauftritten, Geschlechtsumwandlungen, verheimlichten Drogenproblemen, gefälschten Fotos und verkannten Soziopathen.

Auf vielfachen Wunsch geht es in diesem Kapitel um einen der wohl bekanntesten fiktiven Briten der Literaturgeschichte – Sherlock Holmes. Das Thema lag Anfang 2014, als ich die entsprechende Folge des Podcasts schrieb, nahe, wurde damals doch gerade der langerwartete dritte Schwung an Folgen der BBC-Serie *Sherlock* ausgestrahlt, mit Benedict Cumberbatch als Holmes und Martin Freeman als Dr. Watson.

Dieser Anlass führt dann aber auch dazu, dass sich gleich drei deutsche Podcasts dem Thema widmeten, wenn auch aus unterschiedlicher Perspektive. In bester *Viva-Britannia*-Manier geht es hier im folgenden um die wesentlichen Hintergründe zu Sherlock Holmes und seinen diversen Inkarnationen. Dabei machen wir auch einen kurzen Ausflug in die Psychologie der Figur. Auch zu Holmes' Schöpfer, Sir Arthur Ignatius Conan Doyle, verliere ich ein paar Worte. Für mehr Details und vor allem Doyles Vorliebe für Übernatürliches sei aber auf Folge 145 des *Hoaxilla*-Podcasts verwiesen; Alexa und

---

*) Quellen: Folgen "VB027 Sherlock Holmes" vom 26.01.2014, "VB033 Bits & Bobs 3" vom 21.04.2014

Alexander machen da einen viel besseren Job als ich.*) Und wer schließlich in die eigentlichen Geschichten mit Sherlock Holmes einsteigen möchte, dem sei die Folge 268 vom *Einschlafen-Podcast* empfohlen. Dort liest Toby Baier den Anfang der allerersten Sherlock-Holmes-Geschichte "Eine Studie in Scharlachrot" (Englisch: *A Study in Scarlet*) von 1887.**)

Arthur Conan Doyle

Arthur Doyle war bei der Veröffentlichung von *A Study in Scarlet* 28 Jahre alt. Er wurde 1859 in Edinburgh geboren. Dank der finanziellen Unterstützung reicher Verwandter besuchte er von Jesuiten geführte Privatschulen in England und in Österreich. Dann kehrte er in seine Heimatstadt zurück, um Medizin zu studieren. Während seiner Studienzeit begann Doyle dann auch, Geschichten zu schreiben, von denen aber kaum welche veröffentlicht wurden. Direkt nach seinem Studium war er zunächst als Schiffsarzt tätig, erst auf einem grönländischen Walfänger und dann bei einer Reise nach Westafrika. Ab 1882 ließ sich Doyle als Arzt nieder, aber die Praxis lief schleppend, und so hatte er Zeit, weiter seinem Hobby als Autor zu frönen.

Der Fall der Mary Celeste

1884 machte erstmals eine von Doyles Kurzgeschichten Schlagzeilen, allerdings erschien sie anonym. In *J. Habakuk Jepheson's Statement* verarbeitete Doyle Erlebnisse aus seiner Zeit auf See und Elemente des tatsächlichen Falls der *Mary Celeste*. Dieses Segelschiff war zwölf Jahre zuvor im Atlantik treibend aufgefunden worden, und von der Mannschaft fehlte jede Spur. Bis heute ist

*) www.hoaxilla.com/hoaxilla-145-sir-arthur-conan-doyle/

**) einschlafen-podcast.de/podcast/ep-268-medienkonsum-und-sherlock-holmes/

nicht ganz klar, was dazu führte, dass sie das Schiff damals verließ. Die wahrscheinlichste Theorie ist, dass sich Teile des geladenen Alkohols verflüchtigt haben, und es vielleicht sogar zu einer Verpuffung kam, die die Crew so erschreckte, dass sie das Schiff aufgaben.

Doyle jedenfalls schmückte diese Episode für seine Kurzgeschichte aus. Zum Beispiel schrieb er, dass alle Rettungsboote noch an Bord gewesen seien, und das Schiff vollkommen intakt. Tatsächlich fehlte das einzige Rettungsboot, was darauf hindeutete, dass die Crew das Schiff auf diesem Weg verließ, und zudem hatte es deutlich Wasser geschlagen. Auch schrieb Doyle nicht von der *Mary Celeste* sondern der *Marie Celeste*. Zu seiner Überraschung übernahmen spätere Zeitungsberichte zu dem realen Schiffsunglück Inhalte seiner Kurzgeschichte als Fakten, bis hin zur veränderten Schreibweise des Schiffsnamens. Wie beschrieben trug das alles aber nicht zu Doyles Berühmtheit bei: Seine Kurzgeschichte war anonym veröffentlicht worden, und Zeitgenossen schrieben sie zunächst Robert Louis Stevenson oder Edgar Allan Poe zu.

Veröffentlichungsgeschichte

Doyles Durchbruch kam tatsächlich erst mit Sherlock Holmes. *A Study in Scarlet* erschien 1887 in *Beeton's Christmas Annual*. Der Roman bekam gute Kritiken, und der Verleger wollte eine Fortsetzung. *The Sign of Four* erschien allerdings erst drei Jahre später. Zu diesem Zeitpunkt zerstritt sich Doyle auch mit seinem Verleger, weil er sich übervorteilt sah. In den folgenden drei Jahren erschienen 24 Kurzgeschichten mit Sherlock Holmes erst als Groschenhefte in der Publikation *The Strand Magazine*, und schließlich gesammelt in zwei Büchern.

Obwohl Doyle mit Sherlock Holmes sehr erfolgreich war, wollte er eigentlich mehr Historienromane schreiben, und so entschloss sich Doyle, seine Romanfigur umzubringen. 1893 lässt er Holmes in der Kurzgeschichte *The Final Problem* gemeinsam mit seinem Widersacher Professor Moriarty die Reichenbach-Wasserfälle im Berner Oberland in der Schweiz hinunterstürzen. Ein Aufschrei geht über die Insel, und viele tragen schwarze Armbinden auf der Straße als Zeichen der Trauer. Aber Doyle lässt sich nicht erweichen.

Fast zehn Jahre dauert es, bis mit *The Hound of the Baskervilles* ein neuer Sherlock-Holmes-Roman erscheint, der aber zeitlich vor der Episode an den Reichenbachfällen spielt. Erst 1904 lässt Doyle Holmes in der Kurzgeschichte *The Empty House* wieder "auferstehen" – Sherlock Holmes sei damals in Wahrheit gar nicht mit Moriarty die Wasserfälle hinabgestürzt, sondern habe die Gelegenheit genutzt, um vor mächtigen Feinden unterzutauchen. Bis 1927 erscheinen über 30 weitere Kurzgeschichten und ein vierter Roman, *The Valley of Fear.* 1930 stirbt Arthur Doyle schließlich im Alter von 71 Jahren an einem Herzinfarkt.

Illustrationen von Sidney Paget

Ein Detail am Rande: Die meisten Veröffentlichungen zu Sherlock Holmes wurden von dem Zeichner Sidney Paget illustriert. Ihm verdanken wir viele Einzelheiten zu unserem heutigen Bild von Sherlock Holmes, die Doyle in seinen Texten gar nicht so beschrieben hat. Besonders Holmes Kleidung mit einem sogenannten Inverness-Mantel und einer Jagdmütze stammt allein aus den Zeichnungen Pagets.

Professor Challenger

Sherlock Holmes ist bei weitem Doyles bekannteste Schöpfung. Allerdings schuf er auch die Figur des Professor Challenger, eines ungestümen Abenteurers, der vor allem durch den vielfach verfilmten Roman *The Lost World* bekannt wurde. Hier findet eine Expedition auf einem afrikanischen Hochplateau überlebende Dinosaurier und eine Rasse von Affenmenschen. Professor Challenger ist in seiner Persönlichkeit das genaue Gegenteil von Sherlock Holmes.

Reale Vorbilder

Sowohl Sherlock Holmes als auch Professor Challenger haben ihre Vorbilder in ehemaligen Hochschullehrern von Arthur Doyle. Wie ich bereits in Kapitel 3 des ersten *Viva-Britannia*-Buchs zu Edinburgh schilderte, war Professor Joseph Bell der "wahre" Sherlock Holmes. Der Medizinprofessor gilt als Vater der Forensik, der durch genaue Beobachtung von Details Schlüsse auf das Leben und Ableben seiner Patienten zog. Interessant dabei: Bell unterstützte auch gelegentlich die schottische Polizei als Berater. So etwas wie rigorose Spurensicherung war für die damalige Polizeiarbeit etwas Neues, und so ist es nicht verwunderlich, dass Doyle, der in seiner Zeit an der Universität als Sekretär für Bell gearbeitet hatte, diesen als Vorbild für eine neue Art des Ermittlers nahm. Die Entlehnung war für Alumni der Universität Edinburgh so offensichtlich, dass Robert Louis Stevenson nach dem Lesen von *A Study in Scarlet* an Doyle schrieb: "Könnte dies mein alter Freund Joe Bell sein?". Tatsächlich bestätigte Doyle in Briefen an seinen ehemaligen Vorgesetzten Bell, dass Sherlock Holmes auf ihm basierte, und Bell war sehr stolz darauf.

In gleichem Maße soll die Figur des Professor Challenger auf Doyles realem Medizin- und Chemieprofessor William Rutherford basieren. Das wäre dann aber eine eher unrühmliche Hommage, wird Challenger zwar als einfallsreich beschrieben, aber auch als ein imposanter Hüne, der selbstgefällig, beleidigend und stur auftritt. Gegen ihn ist selbst der sozial kühle Holmes ein Teddybär.

Dr. Watson

Es gibt einige Elemente aus den Geschichten, die man in fast allen Film- und Fernsehvarianten wieder findet. So lebt Sherlock Holmes mit seinem Freund Dr. Watson, einem ehemaligen Militärarzt, in einer Wohnung unter der Adresse 221B Baker Street in London. Dr. Watson ist auch ausdrücklich Holmes Biograph: Von den 56 Kurzgeschichten und 4 Romanen werden alle bis auf vier aus der Sicht von Watson geschildert – zwei, in denen Watson gar nicht vorkommt, werden von Holmes erzählt, und zwei sind in dritter Person geschrieben. Und in der eingangs erwähnten modernen Holmes-Interpretation "*Sherlock*" führt Watson zwar kein Tagebuch mehr, aber dafür schreibt er ein Blog über Holmes' Fälle.

221B Baker Street

Die Adresse 221B Baker Street gab es zu Lebzeiten von Doyle gar nicht. Die Straße wurde erst in den 1930ern erweitert, und die Bausparkasse Abbey National zog in den neuen Block mit den Hausnummern 219-229. Über Jahre beschäftigte Abbey National eine Vollzeitkraft, um Post, die an 221B adressiert war, zu beantworten. 1990 eröffnete dann in der Nähe das Sherlock Holmes Museum und brachte eine Plakette mit der Hausnummer 221B an seinem Gebäude an. Es entbrannte ein jahrzehntelanger Rechtsstreit zwischen Abbey National und dem Museum, wer Post an diese Adresse erhalten darf. 2005 schloss Abbey National die Niederlassung in der Baker Street, und seitdem hat das Sherlock Holmes Museum die Hausnummer für sich – obwohl sie sich zwischen den Häusern 237 und 241 Baker Street befindet...

Weitere Charaktere

Unter den weiteren Standardcharakteren sind die Haushälterin Mrs. Hudson, die sich um die beiden Protagonisten kümmert, und Inspektor Lestrade von Scotland Yard, als die typische Verbindung zur Polizei. Lestrades Namen hat Doyle wiederum von einem Studienkollegen entlehnt, Joseph Alexandre Lestrade.

Dann wäre da noch Holmes sieben Jahre älterer Bruder Mycroft, der aber erst sehr spät in den Geschichten auftaucht. Er wird als noch intelligenter als Holmes beschrieben, aber mit weniger Antrieb. Mycroft arbeitet für die britische Regierung in einer nicht näher beschriebenen Funktion als "wandelnde Datenbank".

Professor James Moriarty ist der Erzfeind von Sherlock Holmes – ein hochintelligenter Krimineller, der vor allem im Hintergrund arbeitet. Tatsächlich kommt Moriarty nur in zwei Geschichten vor, und Doyle hat ihn vor allem eingeführt, um den Rahmen für Holmes Tod in *The Final Problem* zu schaffen. In späteren Interpretationen bekommt Moriarty meist eine viel prominentere Rolle.

Letzteres gilt auch für die bekannteste der wenigen Frauenfiguren bei Sherlock Holmes – Irene Adler. Die amerikanische Opernsängerin kommt nur in der Geschichte *A Scandal in Bohemia* als Klientin vor. Doyle beschreibt, dass sie einen bleibenden Eindruck auf Holmes gehabt hätte, und in modernen Neuinterpretationen fällt ihr oft die Rolle von Holmes Liebesobjekt zu.

Bekannte Interpretationen

Das "Guiness-Buch der Rekorde" führt Sherlock Holmes als den meist-porträtierten Charakter der Filmgeschichte, den mehr als 70 Schauspieler in über 200 Filmen dargestellt haben. Ende der 1890er gab es erste Theaterproduktionen, dann bald Stummfilme.

In den 1940ern wurden in den USA mit großem Budget 14 Schwarzweiß-Filme mit Basil Rathbone in der Hauptrolle produziert. Sie gelten als Meilensteine und waren gewissermaßen auch die erste moderne Neuinterpretation der Originalgeschichten, da die Filme nicht um die Jahrhundertwende spielen, sondern tatsächlich in der Nachkriegszeit.

Der erste Holmes auf Farbfilm wurde von Peter Cushing 1959 dargestellt, mit Christopher Lee als Professor Moriarty. Diese Filme der britischen *Hammer Productions* hatte ich bereits in Kapitel 19 (Gruseliges) des ersten *Viva-Britannia*-Buches erwähnt.

Was Basil Rathbone in den 1940ern war, das war Jeremy Brett in den 1980ern und 1990ern. Über zehn Jahre hinweg produzierte der Fernsehsender ITV Granada unter dem Titel *The Adventures of Sherlock Holmes* 41 Folgen mit den besten Sherlock-Holmes-Geschichten. Der Bühnenschauspieler Brett war so ehrgeizig, den authentischsten Holmes aller Zeiten darzustellen, dass er sich intensiv mit Arthur Conan Doyle, der Geschichte der Figur, und sämtlichem Originalmaterial auseinandersetzte. Legendär ist sein *Baker Street File*, eine 77 Seiten lange, detaillierte Zusammenfassung von Holmes Persönlichkeit, die Jeremy Brett bei den Aufnahmen immer als Referenz mit sich führte.

In den letzten Jahren sind insbesondere vier Interpretationen des klassischen Materials zu erwähnen.

House

In Kapitel 3 des ersten Buches hatte ich auch bereits darauf verwiesen, dass der Charakter von Dr. Gregory House aus der gleichnamigen Arztserie auf Sherlock Holmes basiert. Ein brillianter Forensiker, dem es aber an sozialem Feingefühl mangelt, und der ein Drogenproblem hat. Tatsächlich spritzt sich Holmes in Doyles Geschichten immer wieder Kokain intravenös – zu seiner Zeit war diese Droge legal. Gleichzeitig lehnt er den Besuch in einer typischen Opiumhöhle ab. Noch heute unterscheiden sich die diversen Interpretationen darin, wie sie mit diesem Aspekt von Holmes Charakter umgehen.

Filme von Guy Ritchie

Im Kino durfte letztens Robert Downey Jr. unter der Regie von Guy Ritchie zwei Mal Sherlock Holmes geben. In den fast schon als Steampunk-Action-Komödie zu bezeichnenden Verfilmungen ist Holmes ein brillianter Detektiv, aber auch ein trunkener Raufbold. Man kann fast die Grenzen verschwimmen sehen zwischen Downeys Darstellung von Sherlock Holmes und Tony Stark aus *Iron Man*. Immerhin spielen Guy Ritchies Verfilmungen um die Jahrhundertwende.

Sherlock

Demgegenüber spielen die beiden aktuellen Fernsehinkarnationen von Holmes in der Gegenwart. BBCs *Sherlock* startete 2010 und hatte bisher im Abstand von zwei Jahren jeweils drei Folgen. Die Serie wird geschrieben von *Doctor-Who*-Showrunner Steven Moffat sowie Mark Gatiss, der in der Serie auch die Rolle von Holmes Bruder Mycroft verkörpert. Nicht zuletzt durch die Seltenheit neuer Folgen ist *Sherlock* immer ein Ereignis. Der derzeit allgegenwärtige Benedict Cumberbatch spielt einen kühl-analytischen aber offenbar komplett drogenfreien Holmes, und Martin Freeman brilliert als sein treuer Gefährte. Keine Frage, die meisten Folgen, die allesamt auf klassischen Geschichten basieren, sind toll, aber bei nur neun Folgen insgesamt sind zwei oder drei Ausreißer schon ärgerlich. Manche Kritiker begehen sogar vermeintliche Blasphemie, wenn sie meinen, dass das Serienformat von *Sherlock* zu sehr auf Publicity und zu wenig auf Charakterentwicklung ausgerichtet ist, und dann lieber aktuelle amerikanische Holmes-Kost empfehlen.

Elementary

Da läuft nämlich derzeit mit *Elementary* eine weitere moderne Interpretation. Holmes ist noch immer Brite, aber er ist nach New York geflüchtet, wo er von der ehemaligen Chirurgin Joan Watson beim Weg aus seiner Drogensucht begleitet wird. Lestrade, Mycroft, Moriarty und Irene Adler kommen auch alle irgendwann vor, aber ebenfalls geschickt neu verpackt. Jonny Lee Miller als Holmes und Lucy Liu als weiblicher Watson haben eine von Sherlock Holmes vertraute aber auch erfrischend neue Dynamik. Und bei einem klassischen US-Serienformat mit mehr als zwanzig Folgen pro Staffel bleibt auch viel mehr Zeit für langfristige Entwicklungen, und gelegentliche qualitative Ausreißer bei einzelnen Folgen sind besser zu verkraften. Ich jedenfalls finde *Elementary* auch einen Blick wert – vor allem auch um die lange Zeit zwischen den *Sherlock*-Staffeln zu überbrücken.

"Elementary, my dear Watson"

Der Serien-Titel *Elementary* lässt natürlich die berühmte Redewendung "*Elementary, my dear Watson*" anklingen – nur ist deren Existenz eine Legende. Das ist vergleichbar mit dem Spruch "*Beam me up, Scotty*" bei *Star Trek*. Auch wenn die einzelnen Elemente der Redewendung hier und da auftauchen, kommt sie in Gänze nie so vor. So sagt Holmes in Arthur Conan Doyles Geschichten gelegentlich "*Elementary*" oder recht häufig "*my dear Watson*", aber nie zusammen. Erst in den Verfilmungen und in einer Sherlock-Holmes-Geschichte, die von Doyles' Sohn geschrieben wurde, wird sie verwendet. Erst seitdem kann man sie zum Kanon zählen.

The Great Game

Und zum Thema Sherlock-Holmes-Kanon möchte ich noch das sogenannte "große Spiel" erwähnen, das *Great Game*. So bezeichnen Sherlock-Holmes-Enthusiasten seit über einhundert Jahren ihren Zeitvertreib, die Gestalten von Holmes und Watson als historische Personen zu sehen, und anhand von Hinweisen aus Doyles Geschichten und geschichtlichen Fakten der Zeit ihre Biographien zu rekonstruieren. Eine der ersten großen "Spielerinnen" in diesem Sinne war die Krimi-Autorin Dorothy Leigh Sayers (ausgesprochen "Siers" und nicht "Säi-ers"). Das Spiel beginnt mit einfacheren Fragen wie dem Geburtsdatum von Sherlock Holmes oder den Universitäten, die Holmes und Watson besucht haben, und reicht bis hin zur Rekonstruktion ihrer gesamten Familie.

Das *Great Game* ist vor allem ein intellektueller Zeitvertreib, aber die Grenzen zu neuen schriftstellerischen Abenteuern sind fließend. So hat der Science-Fiction-Autor Philip José Farmer mit der sogenannten "Wold-Newton-Familie" in den 1970ern ein Konzept geschaffen, um verschiedenste literarische Figuren zu Mitgliedern einer gewaltigen Familie zu machen – und Sherlock Holmes ist eines der prominentesten Mitglieder der Familie. Demnach schlug im Jahr 1795 ein Meteorit nahe des Ortes Wold Newton in Yorkshire ein, dessen Radioaktivität die Passagiere einer vorbeifahrenden Kutsche genetisch verändert hat. Viele Nachkommen dieser Personen zeigen ungewöhnliche Intelligenz und Stärke, die sie entweder für das Gute oder Böse einsetzen. Zu ihnen gehören unter anderem auch Tarzan, Professor Moriarty, Allan Quartermain, Fu Manchu, Phileas Fogg und James Bond. Alles hängt zusammen.

Stephen Fry

Vor dem Hintergrund der "Wold-Newton-Familie" mag man auch die Rolle von Stephen Fry im Sherlock-Holmes-Universum sehen. Der britische Schauspieler Stephen Fry hat ja auf der Insel lange erfolgreich mit Hugh Laurie vor der Kamera gestanden, bevor der in den USA als Doktor House bekannt wurde. Nur leider kam Sherlocks Bruder Mycroft nie bei *House* vor. Allerdings war das mal geplant – und Stephen Fry sollte diese Gastrolle spielen. Wegen anderer Verpflichtungen Frys kam es jedoch nicht dazu. Stattdessen spielte Stephen Fry dann die Rolle des Mycroft Holmes im zweiten Sherlock-Holmes-Film von Guy Ritchie, an der Seite von Robert Downey Jr. Alles klar?

Holmes Vorgehen

Das Besondere an Sherlock Holmes ist sein methodisches Vorgehen. Aufbauend auf dem Vorbild von Joseph Bell beschreibt Doyle Holmes als jemanden, der sehr genau auf Details achtet und analytische Methoden einsetzt. Dies führte sogar dazu, dass die *Royal Society of Chemistry* Sherlock Holmes 2002 mit einer Mitgliedschaft ehrte, für seine Verdienste um Forensik und analytische Chemie in der Literatur. Er ist die einzige fiktive Gestalt, der diese Ehre bisher zuteil wurde.

Legendär ist ein Gespräch, bei dem Watson Holmes scheinbar übernatürliche geistige Fähigkeiten bewundert. Holmes erklärt daraufhin, dass er keine besonderen Fähigkeiten besitze, sondern nur die jedem Menschen zu eigene Beobachtung bewusst einsetze. "Wie viele Stufen sind es hinauf in unsere Wohnung?", fragt Holmes den verdutzten Watson. Jeden Tag gehe er diese Treppe mehrmals, aber er wisse die Antwort nicht. "Du siehst", sagt Holmes, "aber Du beobachtest nicht."

Diese gezielte Aufmerksamkeit für das, was ist und was man tut, ist aktuell auch unter dem Stichwort *mindfulness* oder "Achtsamkeit" wieder in aller Munde. Die amerikanische Psychologin Maria Konnikova beschreibt in ihrem Buch *Mastermind: How to think like Sherlock Holmes*, wie Holmes Fertigkeiten mit aktuellen Erkenntnissen der Hirnforschung zusammenpassen, und mit unserem Wissen, wie Aufmerksamkeit und Gedächtnis eigentlich funktionieren.

Bei Holmes ist die Kehrseite dieser Medaille seine oft kühle bis beleidigende Art im Umgang mit anderen Menschen. Er ist so fokussiert auf die Fakten, dass seine Umgangsformen leiden. In der Serie *Sherlock* beschreibt sich Holmes gar selbst als *high-functional sociopath* – einen gut angepassten Soziopathen. Das ist psychologisch aber vollkommen falsch. Ein Soziopath – oder Psychopath im allgemeinen Sprachgebrauch – trägt im wahren Leben eine Maske, hat kein Mitgefühl und zeigt keine Reue. Das ist nicht Sherlock Holmes. Der hat Gefühle und kann sich auch in andere Menschen hineinversetzen, aber er versucht, seine Analysen nicht von Gefühlen beeinflussen zu lassen. Das lässt ihn für den Durchschnittsmenschen weniger emotional erscheinen. Man könnte Holmes höchstens eine Persönlichkeit auf dem autistischen Spektrum wie etwa Asperger zuschreiben, aber keine soziopathische Persönlichkeit. Das wäre dann eher Professor Moriarty.

Britische Krimi-Autoren, die Doyle nachfolgen, hatten offenbar auch den Eindruck, dass Sherlock zwar analytisch brilliant, aber wenig sympathisch ist. Entsprechend finden sich bei Agatha Christie mit Miss Marple und Hercule Poirot oder bei Dorothy Sayers mit Lord Peter Wimsey Detektive, die wieder weniger auf Forensik und mehr auf Einfühlung setzen.

Doyles Spiritismus

Interessanterweise hat sich Holmes Schöpfer in seinem späteren Leben als nicht sonderlich analytisch erwiesen. Der Agnostiker Doyle glitt Anfang des 20. Jahrhunderts nach mehreren Todesfällen in seiner Familie in die Depression, und er rettete sich in den Spiritismus. Er glaubte an die Existenz einer jenseitigen Welt, und dass man mit ihr Kontakt aufnehmen könne. Doyles Freundschaft mit dem bekannten Bühnenmagier Harry Houdini – einem erklärten Gegner betrügerischer Spiritisten – zerbrach deswegen. Auch war Doyle von der Echtheit der *Cottingley Fairies* überzeugt – zwei Töchter eines Fotografen hatten mehrere Aufnahmen mit vermeintlichen Feengestalten gemacht. Viele Zeitgenossen vermuteten bereits damals eine Fälschung, aber zugegeben haben das die beiden Mädchen erst viele Jahre später.

Wie eingangs erwähnt beschäftigen sich Alexa und Alexander Waschkau in Folge 145 des *Hoaxilla*-Podcasts genauer mit Arthur Conan Doyle und diesen Aspekten seines Lebens. Und mit Folge 90 haben sie auch schon eine ganze Episode zu Harry Houdini gemacht. Hört doch mal rein.

Urheberrechte

Und wo ich wieder bei den überraschenden "Partner"-Podcasts für dieses Thema angekommen bin, zum Schluss noch ein Wort zu den Urheberrechten von Sherlock Holmes. Toby Baier streift dieses Thema auch in seinem *Einschlafen-Podcast*.

Grundsätzlich sind die englischen Originalgeschichten zu Sherlock Holmes in Großbritannien bereits seit über 30 Jahren gemeinfrei. Was die deutschen Übersetzungen betrifft, kommt es auf die individuellen Übersetzungen an. Viele davon sind ebenfalls gemeinfrei, weil die Übersetzer bereits seit langem verstorben sind. Manche Geschichten wurde aber später neu übersetzt, und hier gilt entsprechend noch das Urheberrecht der Übersetzer.

In den USA war der Fall bisher etwas kompliziert. Grundsätzlich sind die vor 1923 erschienenen Geschichten auch dort gemeinfrei. Allerdings haben die Erben von Doyle 1980 die Gelegenheit einer Gesetzesänderung genutzt, um alle Geschichten, die im letzten erschienenen Sammelband *The Case Book of Sherlock Holmes* vorkommen, mit einem 95jährigen Copyright zu belegen. Die Sherlock-Holmes-Gelehrte Lesley Klinger hat gegen die Ungleichbehandlung dieser Texte geklagt und kürzlich in erster Instanz recht bekommen. Daher kann man sich mal ein wenig aus dem Fenster lehnen und sagen: Wenn es sich um die englischen Originaltexte handelt, dürft Ihr sie vervielfältigen und die dort vorkommenden Charaktere nutzen, wie Ihr wollt.

In diesem Sinne: Lest mal schön und schaut die vielfältigen Verfilmungen zum bekanntesten Detektiv der Insel. "*Elementary, by dear readers.*"

3 EINKAUFEN*)

Zwischen Sandwich-Theke, Tütengebühr und Hoflieferanten

Ein Kapitel für den selbstsicheren Einkauf in britischen Supermärkten. Welche Ketten gibt es, und wo bekommt man was? Wie bewegt man sich sicher vom Parkplatz bis zur Kasse, ohne einer britischen Institution auf die Füße zu treten? Von Hypermarkets, Logofarben und Lebensmittelampeln. Von Kooperativen, Partnerschaften und gescheiterten Auslandsgeschäften. Wo vermeintliche Schuhläden Medikamente herstellen, man sein eigener Kassierer ist und Hoflieferanten ein halbes Jahr Urlaub machen. Ten items or less.

Jetzt werden wir wieder ganz praktisch, mit vielen Eindrücken und Hinweisen, die ich in meiner Zeit auf der Insel zu einem lebenswichtigen Thema sammeln konnte: Dem Einkaufen. Bisher hatte ich nur mal nebenbei die vergleichsweise langen Ladenöffnungszeiten erwähnt, die Regelungen zum Verkauf von Alkohol, und den Ansturm der Briten auf Elektronikgeschäfte am 2. Weihnachtsfeiertag. In diesem Kapitel gehen wir mal richtig shoppen.

Ladenöffnungszeiten

Zugegeben, die Ladenöffnungszeiten unter der Woche unterscheiden sich heute kaum noch zwischen Großbritannien und Deutschland. Allerdings gibt es auf der Insel auch immer wieder Supermärkte, die 24 Stunden lang geöffnet haben. Und das eigentliche Schmankerl ist die Tatsache, dass insbesondere Supermärkte auch sonntags geöffnet sind, wenigstens vom späten Vormittag bis zum

---

*) Quellen: Folgen "VB028 Einkaufen" vom 09.02.2014, "VB033 Bits & Bobs 3" vom 21.04.2014

späten Nachmittag. Die ganze Insel stürzt also nicht notwendigerweise samstags in die Läden.

Tesco

Wie in Deutschland gibt es auch in Großbritannien mehrere große Supermarktketten, die auf ein unterschiedliches Publikum beziehungsweise Preisniveau ausgerichtet sind. Die häufigsten, denen Ihr begegnen werdet, sind *Tesco*, *Sainsbury's* und *ASDA*.

Tesco ist mit weitem Abstand der Platzhirsch. Die britische Traditionsmarke mit dem blau-roten Logo ist nach Wal-Mart heute das zweitgrößte Handelsunternehmen der Welt. Es begann 1919 mit einigen Marktständen, die der polnische Emigrantensohn Jack Cohen in London betrieb. Zehn Jahre später eröffnete Cohen das erste Ladenlokal, und im Laufe der Zeit erweiterte er sein Geschäft massiv, insbesondere auch durch den Aufkauf anderer Ladenketten. Aus den USA importierte Cohen in den 1950ern die Idee von Selbstbedienungsläden. Auch bei anderen Innovationen war Tesco immer einer der ersten – seien es Eigenmarken, Kundenkarten-Programme, Selbstbedienungskassen oder Partnerschaften mit Ölunternehmen, um neben einem Supermarkt den Kunden auch gleich eine Tankstelle und Autowaschanlage zu bieten.

Heute hat Tesco in Großbritannien einen Marktanteil von 30%. Die über 3.000 Geschäfte gehören je nach Größe und Konzept zu einer von sechs Marken. *One Stop* und *Tesco Express* sind ganz kleine Läden. In Innenstädten findet man häufig die mittelgroßen *Tesco Metro*-Geschäfte, und echte Supermärkte, die meist in Gewerbeparks liegen, sind dann *Tesco Superstores* und *Tesco Extras*. Letztere haben im Durchschnitt mehr als 6.000 Quadratmeter Fläche und gelten damit in Deutschland schon als Warenhaus. Der größte *Tesco Extra* hat sogar über 17.000 Quadratmeter Fläche. Das entspricht etwa 20 typischen deutschen Stadtteilsupermärkten.

Außerhalb der Insel ist Tesco vor allem in Asien und Osteuropa vertreten. Nach Großbritannien stehen die meisten Tesco-Shops in Thailand, Südkorea und Polen. Allerdings macht der Konzern auf der Insel immer noch drei Viertel seines Geschäfts.

Tesco hat etwas Einmaliges geschafft: Das Unternehmen konnte Eigenmarken für alle Qualitäts- und Preisniveaus etablieren. Man bekommt in den Geschäften normale Tesco-Qualität, besonders hochwertige *Finest*-Produkte und besonders günstige *Value*-Produkte. Die meisten Wettbewerber kann man mehr oder weniger nur einem Preisniveau zuordnen. Für den Kunden und Besucher auf der Insel heißt Tesco: Hier bekommt man eigentlich alles zu einem fairen Preis, und wenn man mehr ausgeben möchte, kann man das auch.

Sainsbury's

Tescos größter Wettbewerber ist Sainsbury's. Das Unternehmen mit orangefarbenem Logo ist fünfzig Jahre älter als Tesco und war bis Mitte der 1990er der Marktführer auf der Insel. Tatsächlich hat Sainsbury's auch etwas früher als Tesco das Selbstbedienungskonzept eingeführt. Allerdings zögerte die Sainsbury-Familie dann mit dem Aufkauf anderer Ladenketten und konzentrierte sich auf organisches Wachstum. Lange Zeit wollte sie neben dem klassischen Lebensmittelgeschäft nicht in andere Bereiche expandieren, und auch gegen ein Kundenkarten-Programm haben sie sich lange gesträubt. So geriet Sainsbury's gegenüber Tesco immer mehr ins Hintertreffen, und 1996 war es dann vorbei mit der Marktführerschaft. In den letzten zehn Jahren ging es wieder aufwärts, und heute hat Sainsbury's mit seinen 1.100 Ladenlokalen gut 18% Marktanteil.

Mein lokaler Supermarkt auf der Insel war lange Zeit ein Sainsbury's, und ich kann nichts Schlechtes darüber sagen.

ASDA

ASDA ist die Nummer 3 und der Billigheimer unter den britischen Supermärkten. ASDA wirbt auch konsequent mit den niedrigsten Preisen – und damit implizit auch meist geringerer Qualität. Seit 1999 gehört ASDA zu Wal-Mart, behielt auf der Insel aber seinen eigenen Namen. Das Namenslogo ist grün. Warum erwähne ich das immer mit den Farben? Weil sich die Logos und Farbschemata der drei größten Supermarktketten so schön unterscheiden. Man kann oft schon von Ferne gut erkennen, welchen Laden man vor sich hat. Blau/Rot ist Tesco, Orange ist Sainsbury's und Grün eben ASDA.

Morrisons

Der Vollständigkeit halber seien neben den drei Marktführern noch die Nummern 4 und 5 auf der Insel erwähnt.

Nummer 4 ist *Morrisons*, mit einem grün-gelben Logo und etwa 10% Marktanteil. Wie Tesco ist auch Morrisons in den letzten Jahren auf Einkaufstour gewesen. Ursprünglich stammt die Kette aus dem britischen Norden, aber mit der Übernahme der Läden der bekannten Marke *Safeway* sind sie nun auf der ganzen Insel gut vertreten.

The Co-operative Group

Der Kleinste der "großen Fünf" ist schließlich die *Cooperative Group* mit unter 5% Marktanteil. Wie die ähnlich klingenden Unternehmen *coop* in Deutschland und der Schweiz handelt es sich hierbei um eine Verbraucher-Genossenschaft, die eine Vielzahl von Geschäften betreibt. *The co-operative* landet im Bereich frische Lebensmittel allerdings regelmäßig recht weit hinten.

Natürlich findet man auch Niederlassungen von Aldi und Lidl auf der Insel. Sie sind noch seltener, holen in den letzten Jahren aber immer mehr auf.

Der Einkauf beginnt

Nach der ganzen Theorie aber nun zur Praxis. Was fällt einem denn nun so auf, wenn man in einem britischen Supermarkt einkaufen geht? Und hier meine ich vor allem einen der größeren Supermärkte in einem Gewerbegebiet.

Tankstelle und Parkplatz

Die Tankstellen hatte ich bereits erwähnt. Bei vielen großen Tesco-, Sainsbury's- und Morrisons-Geschäften steht eine oft günstig zwischen Einfahrt und Parkplatz. So kann man sich entscheiden, ob man schnell vor oder nach dem Einkauf auch gleich noch tanken oder sein Auto waschen möchte.

Auf den großen Parkplätzen ist dann erst einmal Vorsicht geboten. Denn was ich bei meinem allerersten *Viva-Britannia*-Thema zum Autofahren nicht erwähnt habe: Eine "Rechts-vor-Links"- oder besser gesagt "Links-vor-Rechts"-Regel gibt es auf der Insel nicht. Wo die Vorfahrt nicht durch Schilder oder Ampeln geklärt ist, müssen sich Autofahrer im Zweifelsfall verständigen, wer zuerst fährt.

Einkaufswagen und Geldautomat

Hat man dann sicher geparkt, schnappt man sich einen Einkaufswagen. Wie in Deutschland muss man die in der Regel mit einer Pfundmünze auslösen. Dafür bekommt man in der Regel aber auch einen für deutsche Verhältnisse riesigen Einkaufswagen.

Die Supermärkte akzeptieren natürlich auch Kartenzahlung, aber wer aus irgendeinem Grund schnell noch Bargeld braucht, kann sich meist bei einem der Geldautomaten bedienen, die neben dem Eingang zu finden sind. Das ist auch eine Hilfe, wenn man einfach so auf der Insel unterwegs ist, und einen Geldautomaten braucht: Sowohl größere Tankstellen als auch eben Supermärkte haben einen, der auch außerhalb der Öffnungszeiten zugänglich ist.

Sandwich-Theke

Betritt man dann einen Supermarkt, stolpert man gleich zu Beginn meist über einen eigenen Bereich mit Zeitschriften und Zigaretten, einer Kühltheke mit Sandwiches, Salaten und Getränken und einer eigenen Kasse. Dieser Kiosk im Supermarkt ist für all diejenigen gedacht, die sich nur schnell eine Zeitung oder einen Snack holen möchten, ohne durch den ganzen Laden zu laufen, oder die schnell Lotto spielen wollen. Dementsprechend ist es natürlich auch absolut verpönt, andere Produkte bei dieser Kasse bezahlen zu wollen, als der Kiosk in der Auslage hat – da muss man sich dann schon bei einer der regulären Kassen anstellen.

Produktauswahl

Grundsätzlich haben britische Supermärkte eine größere Produktauswahl als deutsche. In den Regalen findet man unzählige Sorten an Lebensmitteln einer Kategorie. Insbesondere bei Frühstücksflocken, Brotaufstrichen und Kartoffelchips war ich erst einmal überfordert. Wie in deutschen Supermärkten gibt es sowohl Kühltheken zur Selbstbedienung als auch spezielle Fleisch-, Fisch- und Käsetheken, an denen man bedient und beraten wird. Nicht selten gibt es bei den Fleischtheken auch eine eigene Braterei mit frisch Gegrilltem sowie eine Kuchentheke.

Womit wir wieder beim britischen Brot wären: Es ist OK, aber oft nur für einen Tag oder zwei. Wenn man festeres Vollkornbrot oder gar Schwarzbrot sucht, wird man aber oft in der Spezialitäten-Ecke fündig, wo es auch eine große Auswahl an Reformware wie Gluten-freien Lebensmitteln gibt.

Inhaltsstoffe

Apropos Inhaltsstoffe: Es gibt zwar keine national einheitliche Lebensmittel-Ampel, aber fast jeder Hersteller und jede Supermarktkette hat ähnliche Wege, um die Inhaltsstoffe deutlich darzustellen. Man erkennt insbesondere bei Fertiggerichten – die im übrigen ausgezeichnet sei können –, wie viel Fett, Kohlenhydrate und Eiweiß sie enthalten, und ob das im Verhältnis zum Tagesbedarf viel oder wenig ist. Allergene sind deutlich ausgezeichnet, und auch Vegetarier und Veganer finden sich gut zurecht.

Haushaltswaren und Medikamente

Neben Lebensmitteln und Getränken bekommt man in den meisten Supermärkten nicht nur Kosmetik und Putzmittel, sondern auch CDs, DVDs, Computerspiele, Standard-Elektrogeräte bis hin zu Mikrowelle, Staubsauger und den gelegentlichen Fernseher, sowie Kleidung. Mit anderen Worten: Wenn man nur mal eben einen Fön,

Toaster oder das neueste Playstation-Spiel braucht, kann man sich den Weg in ein Fachgeschäft oft sparen.

Das gleiche gilt im übrigen auch für Medikamente. Rezeptfreie Medikamente wie Kopfschmerztabletten, Erkältungsmittel oder leichte Cortisonpräparate kann man sich im Supermarkt einfach aus dem Regal nehmen. Für rezeptpflichtige Medikamente gibt es eine eigene Theke, bei der man sie gegen Rezept ausgehändigt bekommt – ein separater Weg zur Apotheke ist für Standardmedikamente also auch nicht notwendig, und im Zweifelsfall kann der Apotheker im Supermarkt Sonderwünsche auch über Nacht bestellen.

Boots

An dieser Stelle ein kurzer Sprung aus dem Supermarkt hinaus: Das britische Synonym für Drogerie- und Apothekenfachgeschäfte ist die Kette *Boots*. Der Marktführer mit seinem blau-weißen Logo ist in jeder Innenstadt zu finden. Es ist Mitte des 19. Jahrhunderts aus einer kleinen Apotheke in Nottingham hervorgegangen und war zwischenzeitlich sogar in der Pharmaforschung tätig. So wurde der Wirkstoff Ibuprofen, der Grundlage für viele Schmerz- und Entzündungshemmer ist, in den 1950ern in den Laboren von Boots entdeckt. Mittlerweile konzentriert sich das Unternehmen aber auf den Verkauf von Kosmetika, Medikamenten und Wellness-Produkten. In den größeren Niederlassungen von Boots kann man auch seine Sehkraft testen oder seinen Cholesterinspiegel messen lassen, sich seine Grippeimpfung abholen oder einen Rauchentwöhnungskurs machen.

Supermarktkassen

Jetzt aber zurück in den Supermarkt – wir müssen ja noch bezahlen. Typischerweise haben britische Supermärkte Kassen über die gesamte Länge des Geschäftes.

Neben den normalen Kassen findet man auch zunehmend einzelne Kassen, die explizit nur für Kleinsteinkäufe gedacht sind; Schilder zeigen dann an, dass man sich hier nur mit *10 items or less* – also "10 Produkten oder weniger" – anstellen soll.

Und dann sind da noch die *self-checkouts* – Kassen zur Selbstbedienung. Man scannt seine Produkte selbst, zahlt am Automaten bar oder mit Karte, und zieht seiner Wege. Natürlich sind diese Selbstbedienungskassen auch überwacht – ein Angestellter steht bereit, um einem zu helfen, um bestimmte beschränkte Produkte wie Alkohol frei zu geben, und um allein durch seine Anwesenheit Kunden daran zu erinnern, nicht zu schummeln. Über diese Art der Kassen wurde natürlich auch viel Häme ausgegossen – die automatischen Ansagen der Kassen können schon etwas nerven. Aber wenn man nur einige wenige Artikel einkauft und an einem Samstagmittag unterwegs ist, können sie einem die Zeit beim Bezahlen schon deutlich verkürzen.

Einkaufstüten

Und das bringt uns zum letzten Teil im Einkaufsprozess: Den Einkaufstüten. Zu meiner Zeit auf der Insel war ich schockiert, wie viele Tüten die Briten verwenden, um ihre Einkäufe zu verpacken. An jeder Kasse gibt es einen großen Spender für mittelgroße, halbtransparente Einmal-Tüten, ähnlich wie denen, die man bei uns nur an den Gemüsetheken findet. Von denen braucht man dann auch eine ganze Menge, um den Inhalt eines kompletten Einkaufswagens zu verstauen. Und natürlich waren diese Tüten traditionell kostenlos.

Das hat sich aber bereits vor einigen Jahren zu ändern begonnen. Den Anfang machten Supermarktketten selbst, indem sie größere und festere Tüten oder Stofftaschen zum Verkauf anboten, und Kunden einen kleinen Rabatt gewährten, wenn sie ihre eigenen Taschen verwenden. Seit 2011 sind Geschäfte in Wales dazu verpflichtet, Kunden mindestens 5 Pence pro Einmaltüte zu berechnen. Das gleiche gilt seit 2013 in Nordirland und seit 2014 auch in Schottland. Für England soll eine ähnliche Regelung ab Herbst 2015 gelten. Die bisherigen Erfahrungen in Wales und Nordirland sind sehr positiv – der Gebraucht der Einmaltüten ist deutlich zurückgegangen, und die Gebühr für diejenigen, die doch noch verwendet werden, kommt wohltätigen Zwecken zu.

Marks & Spencer

Zum Schluss dieses Kapitels möchte ich Euch noch vier weitere Ladenketten ans Herz legen, die als besonders britisch gelten.

Die Warenhauskette *Marks & Spencer* spricht etwas gehobeneres Publikum an. Sie hat ihre Wurzeln bei einem Kurzwarenhändler, und Kleidung ist auch nach wie vor der Schwerpunkt von M&S. Am bekanntesten sind mittlerweile aber die M&S-Lebensmittelabteilungen, deren verführerische Produkte besonders zur Weihnachtszeit massiv im britischen Fernsehen beworben werden. Ab und zu findet man kleine M&S-Läden auch an Autobahnraststätten – eine hervorragende Gelegenheit, schnell einen guten, frischen Salat, ein hochwertiges Sandwich oder ein englisches Dessert zu ergattern. Marks & Spencer mag auch vielen Deutschen etwas sagen – lange versuchte das Unternehmen, im europäischen Ausland zu expandieren. Diese Strategie wurde aber 2001 aufgegeben, und die deutschen Filialen unter anderem in Köln, Essen, Dortmund und Frankfurt am Main wurden wieder geschlossen.

John Lewis hat sich hingegen nie außerhalb der Insel versucht; die meisten der etwa 40 Niederlassungen befinden sich in englischen Innenstädten. Bei John Lewis bekommt man vor allem Kleidung, Haushaltswaren und Möbel. Unter dem Label *Waitrose* betreibt das Unternehmen auch eine eigene Lebensmittelkette mit 300 Geschäften, inklusive eines renommierten Lieferdienstes.

Wie Marks & Spencer sprechen John Lewis und Waitrose etwas gehobeneres Publikum an; für einzelne Produktgruppen sind sie sogar offizieller Lieferant des königlichen Hofes. Vergleicht man allerdings die Preise von Waitrose mit denen von Tesco, unterscheiden die sich nicht wirklich. Dass man bei John Lewis und Waitrose gute Qualität zu einem fairen Preis bekommt, haben sie auch zu einem Prinzip gemacht: John Lewis Motto "*Never knowingly undersold*" heißt: Das Unternehmen beobachtet sehr genau, zu welchen Preisen Wettbewerber ein Produkt anbieten, und passt den eigenen Preis entsprechend an – und zwar sowohl für Ladengeschäfte als auch den Online-Shop.

Eine weitere Besonderheit bei John Lewis ist die Gesellschaftsform. Eigentümer ist die *John Lewis Partnership*, und die Partner sind – die Mitarbeiter. Als Mitarbeiter von John Lewis ist man Miteigentümer, und die Beteiligung der Mitarbeiter an Unternehmensentscheidungen ist kein Lippenbekenntnis. Die Sozialleistungen bei John Lewis sind legendär, von der Betriebsrente bis hin zu einem sechsmonatigen bezahlten Urlaub nach 25 Jahren Unternehmenszugehörigkeit. Alle Partner – vom Top-Manager bis zum Kassierer – erhalten den gleichen Prozentsatz ihres Gehalts noch einmal als jährlichen Bonus, abhängig vom Unternehmenserfolg. Das alles trägt zur starken Identifikation der John-Lewis-Mitarbeiter mit ihrem Unternehmen bei, und das wiederum kommt den Kunden in einem außerordentlichen Service zugute. Sowohl von der Betriebsführung als auch der ehrlichen Dienstleistungsorientierung könnte sich manch deutsches Unternehmen eine Scheibe abschneiden.

Argos

Und dann ist da noch die sehr spezielle britische Handelskette Argos. Die größeren Läden mit dem rot-weißen Logo findet man meist in Gewerbegebieten, aber kleinere gibt es auch in Innenstädten. Das Geschäftskonzept kann man sich in etwa vorstellen als Versandhandel aus einem Katalog, nur ohne Versand. Argos veröffentlicht zwei Mal im Jahr einen großen Katalog mit über 1.500 Seiten an Gemischtwaren – von Haushaltswaren und Elektronik über Kleidung und Schmuck bis hin zu Möbeln. Diese Dinge kann man entweder schriftlich oder per Internet in einen bestimmten Laden bestellen und dann dort abholen. Oder aber – und das ist der übliche Weg – man fährt zu Argos, wühlt dort vor Ort im Katalog, bestellt und bezahlt, und bekommt dann eine Wartemarke. Zehn Minuten später kann man seine Ware an der Ausgabe in Empfang nehmen.

Das alles klingt auf den ersten Blick etwas seltsam und umständlich, aber das Konzept eignet sich hervorragend, um schnell alltägliche Waren zu kaufen, ohne entweder unzählige Geschäfts abklappern zu müssen, oder eine Bestellung über das Internet aufzugeben und dann auf die Lieferung zu warten. Und für Argos lohnt es sich, weil die Geschäfte vor allem aus günstiger Lagerfläche bestehen, und so gut wie keine aufwändigen Displays gestaltet werden müssen.

Nichtsdestotrotz ist Argos wohl eines der eigentümlichsten und britischsten Geschäftskonzepte, das es meines Wissen außerhalb der Insel auch sonst nicht wirklich gibt.

4 ALTES*)

Ein deutsch-britisches Paar zur Liebe der Briten zu Altem, ihre Freundlichkeit und schicke Trunkenheit

Miriam bekommt endlich ihr vorgeschlagenes Thema und Rupert Stress am Valentinstag. Wir sprechen über Wochenenden mit alten Nylonstrümpfen, SS-Uniformen und Spitfires, über Antikläden und Auktions-TV-Shows. Es geht um neue alte Hotels und fehlende Rollläden, und um falsche Haushälterinnen, zuvorkommende Autofahrer, verliebte Kassierer und gar nicht so zurückhaltende Briten in ihren tollkühnen Outfits.

Dieses Kapitel ist wieder einmal eine Premiere: Nach meinem ersten "Experteninterview" mit Raphael Klein zum Thema *Doctor Who***) hatte ich angekündigt, dass ich mich zukünftig immer mal wieder mit Menschen unterhalten möchte, die ein besonderes Verhältnis zu Großbritannien haben. Den Anfang machen hier nun Miriam und Rupert Williams. Und wem Miriams Name aus früheren Kapiteln bekannt vorkommt, wird auch ahnen, über welches Thema wir unter anderem sprechen. Viel Spaß mit dem Interview, das am Valentinstag 2014 stattgefunden hat!

Vorstellung

Sven: Dann freue ich mich, Miriam und Rupert, dass es heute geklappt hat. Zum Einstieg: Wer seid ihr und welches Verhältnis habt ihr zu Großbritannien?

Rupert: Ich heiße Rupert Williams, komme ursprünglich aus England, aus dem Lake District. Ich wohne seit

---

*) *Quellen: Folgen "VB029 Altes (mit Miriam und Rupert Williams)" vom 23.02.2014, "VB033 Bits & Bobs 3" vom 21.04.2014*

**) Nachzulesen in Kapitel 20 im ersten *Viva-Britannia*-Buch

27 Jahren in Deutschland – länger als in England gelebt habe. Ich fühle mich wohl hier, und ich kann sagen, dass hier meine Heimat ist; ich vermisse England natürlich auch, aber so weit weg ist es nicht. Ich liebe England und ich liebe auch Deutschland.

Sven: Und Miriam, du bist Deutsche und hast einen englischen Mann?

Miriam: Genau. Ich habe durch viele Zufälle Rupert kennen gelernt, und durch ihn viele andere Briten und ihre Kultur und alles was dazugehört, auch das Essen.

Sven: Das berühmte englische Essen, über das ich auch schon mal berichtet hatte, das eigentlich ganz gut ist und gar nicht seinem schlimmen Ruf gerecht wird.

Rupert: Jawohl!

Miriam: Genau. Rupert und ich sind jetzt seit 17 Jahren zusammen.

Rupert: Wir sind, das kann man schon sagen, jedes Jahr ein paar Mal in England unterwegs – entweder um Eltern zu besuchen oder einfach nur als Urlaub.

Die Liebe der Brite zu Altem

Sven: Miriam hatte sich vor einiger Zeit schon mal als Hörerin von *Viva Britannia* gemeldet. Der Name wird dem einen oder anderen auch bekannt vorkommen, weil du ein Thema angeregt hattest, zu dem ich einfach noch nicht gekommen bin, obwohl ich da inhaltlich vollkommen mit dir übereinstimme und mittlerweile auch selber schöne viele Beispiele habe: das Thema ist die Liebe der Briten zu Altem, insbesondere im Vergleich dazu wie vielleicht auch die Deutschen mit ihrer Vergangenheit umgehen. Woran machst du diese Liebe der Briten zu Altem fest?

Miriam: Mir fällt in England immer wieder auf, dass man Wert darauf legt, Altes zu erhalten: Alte Flugzeuge, alte Schiffe, alte Dampfloks und all diese Dinge, die auch immer öffentlich wieder sichtbar sind. Ob es jetzt Flugshows sind oder auch in Museen, es wird ganz toll dargestellt, auf Schiffe kann man draufgehen, kann sie sich im Detail anschauen. Etwas Vergleichbares, so sehr, wie es die Briten machen, gibt es in Deutschland einfach nicht. Das fällt mir auf, und ich finde es schön – und ich finde es schade, dass in Deutschland an so etwas das Interesse nicht so groß ist. Die Deutschen haben auch schöne, alte Flugzeuge gebaut, aber das Interesse daran ist nicht so groß wie in England.

Neue Gebäude auf Alt gemacht

Sven: Oder es wird in Deutschland, genau wie du sagst, eben nicht so viel Aufwand betrieben, es so in den Vordergrund zu stellen. Irgendwann ist mir das aufgegangen, interessanterweise im Zusammenhang mit Hotels. Wenn man auf der Reise in Großbritannien unterwegs ist und dann ein *Bed&Breakfast* hat, das ein bisschen plüschiger wirkt, als man das in Deutschland gewohnt ist, dann hat das einen gewissen Charme. Aber dann fiel mir irgendwann auf, dass selbst Hotels, die neu gebaut werden, zwar natürlich eine komplett neue Baumasse sind, aber man sie ganz gern doch ein bisschen auf alt macht. Es scheint, dass Altes für die Briten auch eine gewisse Wertigkeit mit sich bringt. Es darf durchaus bequem sein, aber mit so ein bisschen altem Touch. Und dann das, was du sagst: das Gefühl, dass alte Gebäude oder Traditionen auch ein bisschen stärker in den Vordergrund gestellt werden, als es in Deutschland der Fall ist. Denkmalschutz haben wir zwar auch, aber da ist dann vielleicht eine Plakette am

Haus und das war es dann; ansonsten bekommt man da meistens nicht viel von mit.

Alte Baumasse

Miriam: Man muss auch sagen, die Engländer haben auch mehr Altes, es wurde in manchen Gebieten halt im Krieg nicht so viel zerbombt wie in Deutschland. Alte Städte gibt es massenhaft in England, wie York und Chester, Cambridge, Oxford und Canterbury.

Sven: Ich glaube die einzige Stadt in Deutschland, wo mir das mal deutlich aufgefallen ist, ist Lüneburg. Als ich dort zu Besuch war, und wir auch eine Stadtführung mitgemacht haben, sagte die Stadtführerin, Lüneburg habe es – auch durch die Bedeutung der lokalen Salzvorkommen – immer geschafft, sich während Auseinandersetzungen wie dem Dreißigjährigen Krieges mit Armeen gut zu stellen, und man habe auch sehr viel Glück gehabt, dass es nie ein größeres Feuer gab, und es deswegen noch so viel sehr alte Baumasse im Stadtzentrum gäbe. So etwas ist in der deutschen Geschichte selten der Fall. In Großbritannien war das offenbar häufiger der Fall, oder es wird viel stärker in Stand gehalten und restauriert, das ist zumindest mein Eindruck.

1940-Wochenenden und Nazi-Uniformen

Miriam: Was ich einmal durch Zufall erlebt habe – mittlerweile weiß ich, dass es davon viel mehr gibt – war ein „1940-Wochenende“. Wir waren in Haworth in Yorkshire, und an diesem Wochenende geht man durch diesen kleinen Ort, und alle Männer sind als Soldaten verkleidet, und die Damen tragen – wenn sie überhaupt Strumpfhosen anhaben – alte Nylonware mit der dicken schwarzen Naht hinten, oder sie sind als Arbeiterinnen verkleidet; eben alles so, wie es 1940 war. Das zu sehen ist total witzig und völlig ungewohnt. Ich habe noch nie gehört, dass es so etwas in Deutschland gibt. Für mich war es auch interessant, weil witzigerweise, was hier verboten ist, in England ja heiß begehrt ist – da stehe ich als Deutsche plötzlich einem deutschen Offizier mit Hakenkreuzbandage oder jemandem in SS-Uniform gegenüber. Weil so etwas den Hauch des Bösen hat, ist das bei den Engländern gerade besonders begehrt, so eine Rolle einmal für ein Wochenende zu verkörpern. Das zu sehen, war für mich schon interessant, weil man sich besser vorstellen kann, wie es damals war, dass – wenn mal zwanzig oder so Uniformierte vor einem stehen – einen diese Uniformen beeinflussen, man da schon ein bisschen Gehirngewaschen wird, und man mehr Verständnis dafür entwickelt, dass damals die Leute sich haben so mitreißen lassen.

Sven: Da gibt es auch die bekannte Geschichte von Prinz Harry, der mit so einer Uniform mal auf einer *fancy dress party* auftauchte. Ich habe in den *fancy dress shops*, also in den Kostümverleihen, wo man sich für solche Parties Kostüme besorgen kann, natürlich auch alle möglichen Militäruniformen gesehen, inklusive deutsche Uniformen aus der Nazi-Zeit. Da muss man manchmal schlucken. Und ebenso, wie du auch schon sagtest, wenn mal irgendwo Flugshows stattfinden. Ich hatte in Nottingham einen deutschen Kollegen, der war mal am Wochenende mit englischen Freunden unterwegs. Irgendwo in der Nähe muss eine Flugshow gewesen sein, und Spitfires flogen über sie hinweg. Da drehte sich tatsächlich einer von den jüngeren Engländern zu meinem deutschen Kollegen um und meinte: "Weißt du wo die hinfliegen? Die fliegen runter nach Coventry, um das zu Ende zu bringen, was ihr damals nicht geschafft habt." Das hat der aber wirklich scherzhaft gemeint.

Ressentiments gegen Deutsche

Sven: Ich muss gleichzeitig sagen, dass es in den ganzen vier Jahren, die ich in Großbritannien war, nur eine einzige Situation gab, wo mal jemand negativ darauf abgehoben hat, dass ich Deutscher bin, und das war ein Kommentar zu einem YouTube-Video, wo derjenige sich zu etwas hat hinreißen lassen. Ansonsten habe ich nie irgendwelche Ressentiments oder irgendwie Vorurteile zu spüren gekriegt, im Gegenteil. Ich hatte es auch schon einmal erzählt: Im Zusammenhang mit dem *Poppy Day* – dem *Remembrance Day**) im November – wenn in Großbritannien zu Ehren der Kriegstoten Mohnblumen am Revers getragen werden. Da fühlte ich mich dann erst mal ein bisschen komisch, weil ich natürlich gleich wieder dachte: "OK, das ist eine Erinnerung an den Zweiten Weltkrieg, und ich bin jetzt hier als Deutscher." Und meine Kollegen sagten dann: "Nein, da musst du dir überhaupt keine Gedanken machen – wir gedenken hier *allen* Kriegstoten, auch nicht nur den englischen oder nur denen aus dem Zweiten Weltkrieg oder aus dem Ersten Weltkrieg. Es gibt vielleicht einzelne, die das so sehen, aber es ist eben ein Feiertag für alle Kriegstoten." Und so steckte ich mir dann auch eine Mohnblume an und fühlte mich immer noch ein bisschen *undercover* dabei – aber es war dann vollkommen normal und vollkommen OK.

Nachstellung von Schlachten

Rupert: Unsere Liebe zu Kriegen ist schon bekannt in England. Und von klein an guckt man im Fernsehen Kriegsfilme. *Dam Busters, Battle of Britain*, und so weiter. Bei uns ist das relativ normal. Wir schämen uns nicht, logischerweise als Gewinner vom Ersten und Zweiten Weltkrieg, diese Tradition und dieser Stolz wird gepflegt.

---

*) Volkstrauertag

Auch in Form von Flugshows und *reenactments*[*]. Und als Deutscher kann ich das teilweise verstehen, dass es irgendwie ein bisschen komisch rüberkommt, aber bei uns ist es völlig normal – und es ist nicht böse gemeint.

Sven: Gibt es bei *reenactments* dann auch so etwas, dass historische Schlachten nachgestellt werden von irgendwelchen Kostümfans?

Rupert: Ja, vom *English Civil War*[**] gibt es ein paar *reenactments*, aber vom Zweiten Weltkrieg gibt es vor allem Flugshows mit Messerschmitts und Spitfires.

Kostümierte Fremdenführer

Sven: Es gehört ja fast schon zum guten Ton, wenn bei Stadtführungen oder in Museen die Führer entsprechende Kostüme tragen. Nach der Sherlock-Holmes-Folge von *Viva Britannia*[***], hatte mir Thomas Schmidt aus Köln geschrieben, dass im *Sherlock Holmes Museum* in London die Illusion aufrecht erhalten werden soll, dass es sich bei 221B Baker Street um ein echtes Wohnhaus handelt: Eine Mrs. Hudson öffnet und lässt einen wissen, dass Holmes und Watson gerade mal das Haus verlassen haben, aber bestimmt gleich zurück sind, und dass man gerne im Studierzimmer warten kann. Und dort brennt dann auch der Kamin und es riecht nach Pfeifenrauch. Die Illusion funktioniert auch, solange nicht zu viele Besucher da sind. Und das Gleiche hat man in anderen Museen auch, wenn dann irgendwelche Darsteller Könige spielen, die über die Schwierigkeiten ihrer Regentschaft berichten oder ähnliches. Und auch so etwas sieht man in Deutschland eher selten.

---

*) Nachstellen historischer Ereignisse

**) Englischer Bürgerkrieg 1642-1649

***) Siehe Kapitel 2

Rupert: Außer vielleicht im Checkpoint Charlie in Berlin.

Flugschauen

Miriam: Rupert hat eine gewisse Liebe zu Flugzeugen aus dem Zweiten Weltkrieg, also vor allem Lancaster-Bombern und Spitfires, und als ich ihn kennengelernt habe, konnte ich nicht so viel damit anfangen. Dann hat er zu mir gesagt: Ich will unbedingt nach England, da gibt es eine Flugshow, die heißt *Flying Legends,* und da fliegen solche alten Flugzeuge. Und ich dachte mir, wenn ich schon mal zu einer Flugshow gehe, dann möchte ich eigentlich moderne Kampfflugzeuge sehen, aber ich habe mich dazu überreden lassen. Dann sind wir dort hingefahren und ich war unglaublich beeindruckt, weil alles so schön dargestellt wird und eben nicht nur die Flugzeuge da rumstehen, sondern die Leute auch dementsprechend gekleidet sind, das hatte ich nicht erwartet, also dass da auch eine alte Messerschmitt steht und die Engländer deutsche Uniform anhaben, und auch die Flugzeuge haben mich sehr beeindruckt, der Klang – das war wirklich Wahnsinn. Und es waren unheimlich viele Leute da aus aller Welt und ich habe dann durch Rupert erfahren dass das die berühmteste Flugshow ist.

Sven: Letztendlich ist das natürlich auch nachvollziehbar. Wir haben auch die Vereinigungen, die sich für historische Automobile interessieren, die die alten Fahrzeuge auf Vordermann bringen und die dann ihre Oldtimer-Treffen machen. Und wenn ich geschichtsbegeistert bin und mich für Flugzeugtechnik interessiere und für die Geschichte dahinter, dann versuche ich natürlich auch möglichst viel Geschichtstypisches um meine restaurierten Maschinen herum zu bauen.

Antikläden und Auktionshäuser

Sven: Die Liebe der Briten zu Altem äußert sich auch an ganz vielen anderen Stellen. Das hatte Miriam auch in ihrer ursprünglichen Nachricht an mich angesprochen: Es gibt wahnsinnig viele Antikläden, Auktionshäuser und Fernsehsendungen zum Thema. Gut, letztere gibt es im deutschen Fernsehen, so wie "Kunst und Krempel". Im englischen Fernsehen gibt es da *Antiques Roadshow...*

Rupert: ... und *Flog it!*

Sven: Oh ja, *Flog it!* – eine Sendung, wo es einen kleinen Wettbewerb zwischen den Beteiligten gibt, in Antikläden für einen günstigen Preis etwas zu erstehen und dann möglichst gewinnbringend auf einer Aktion wieder an den Mann oder die Frau zu bringen. Manchmal hat es da Schätzchen, und manchmal läuft es eben auch mal nicht so, wie man denkt.

Wohnhäuser

Miriam: Was mir immer auffällt – es kommt darauf an, wo man in Deutschland ist –, aber wenn Häuser gebaut werden, der Stil in Deutschland ist schon recht kühl, klinisch: Die Häuser sind alle viereckig, weiß, und auch innen sind sie oft alle sehr ähnlich. In England sagen zwar auch viele Leute, dass alle Häuser gleich aussehen, aber ich finde, sie haben schöne Erker, teilweise kleine Bleiverglasungen in Fenstern, auch bei neuen Häusern. Es gibt in jedem Wohnzimmer einen Kamin, und das ist in Deutschland gar nicht so. Und in Deutschland, wenn man im November bei Regenwetter durch die Straßen läuft, dann sind überall diese grauen Rollläden, die das ganze Bild noch verstärken. Das finde ich ein bisschen schade. Energiekosten hin oder her, natürlich spart so ein Rollladen, wenn es kalt ist, aber wenn man so durch eine

Straße läuft, und da sind vielleicht ein paar Vorhänge oder man auch mal reingucken kann in ein Wohnzimmer, das ist einfach gemütlicher; da ist es angenehmer, durch die Straßen zu laufen. Holland ist ja auch bekannt dafür, keine Rollläden zu haben.

Rupert: Die Vorhänge in England sind dann meistens offen, dass man reinschauen kann. Es sieht gemütlicher aus und lebendig. Man sieht, dass Leute dort wohnen, und das finde ich schön. Gerade an Weihnachten, wenn überall der Weihnachtsbaum steht.

Miriam: Ich weiß, in Norddeutschland haben wir Reetdächer und die Häuser sind auch eher verklinkert, das ist ein ganz anderer Stil, oder in Bayern, mit viel Holz – aber in Summe gesehen, finde ich es bei uns auf jeden Fall kühler von der Bauweise her. Und ich habe auch das Gefühl, dass man hier in Deutschland lieber ein altes Haus abreißt und irgendeinen modernen Klotz hin baut, der überall an die Grundstücksgrenze stößt und nur noch so viel Platz lässt, wie erlaubt ist. Eher als dass man vielleicht das alte Haus versucht umzubauen und zu modernisieren; das wird in England schon häufiger gemacht, darüber gibt es ja auch jede Menge Fernsehsendungen.

Freundlichkeit im Straßenverkehr

Sven: Wenn wir das Thema "Liebe zu Altem" ein bisschen verlassen, gibt es ansonsten noch Dinge, die euch aufgefallen sind, die besonders deutlich unterschiedlich sind, oder die ihr entweder auf der Insel oder in Deutschland jeweils vermisst?

Miriam: Ein Beispiel, worüber Rupert sich immer wieder ein bisschen aufregt, ist der Straßenverkehr in Deutschland. Wenn man hier die Straße entlang fährt und da ist ein Fußgänger, der möchte die Straße queren, wo keine Ampel ist und kein Zebrastreifen, und man lässt ihn über die Straße, dann kommt es relativ häufig vor, dass die Leute relativ langsam laufen und einen auch nicht angucken, geschweige denn sich bedanken. Das ist wirklich auffällig im Gegensatz zu England. Und wenn man von einer Seitenstraße auf eine Hauptstraße herausfahren möchte, kann man in Deutschland schon eine Weile stehen. In England geht das unheimlich schnell, dass man rausgewunken wird. Die Leute gehen rücksichtsvoller miteinander um, den Eindruck habe ich im Straßenverkehr. In Deutschland gibt es die Regel "rechts vor links", aber manchmal gibt es Situationen, da hat man zwar keine Vorfahrt, aber es wäre schlauer für alle Beteiligten, wenn man vorgelassen wird, vielleicht weil es sonst zu eng ist. Aber nein, ich muss dann zurückfahren oder ich muss mich irgendwo durchquetschen, nur weil jemand auf seinem Recht besteht. Und das finde ich ein bisschen schade.

Rupert: Man bedankt sich in England immer beim Busfahrer, wenn man aussteigt. Dann sagt man immer Danke. Höflichkeit halt.

Freundlichkeit in Geschäften

Miriam: In England sind die Leute einfach netter, auch wenn man in einen Laden geht. Ich hatte da ein ganz witziges Erlebnis: Ich war mit meinen Eltern und meiner Schwester ohne Rupert in England. Meine Schwester war noch nie in England gewesen. In einem Laden haben wir ein paar Klamotten gekauft, und die Kassiererin fragt mich, "Und, was macht ihr heute Abend?" Meine Schwester hat mich hinterher gefragt, ob ich die Kassiererin kennen würde. Und ich habe gesagt: "Nein, die kenne ich nicht. Das ist normal, das passiert öfters hier." Es war interessant, zu sehen, wie meine Schwester das empfunden hat, sie war völlig erstaunt. Da ist mir wieder aufgefallen, wie sehr ich schon daran gewöhnt bin, dass es so in England halt läuft.

"My dear"

Sven: Was ich auch immer amüsant fand, war, im Laden gern auch mal mit "*my dear*" angesprochen zu werden. Als mir das das erste Mal passiert ist, war es auch noch eine Kassiererin, und da fühlte ich mich schon ein wenig komisch. In Deutschland passiert einem das nicht so, dass man gefragt wird, "Na, mein Lieber, wie geht es denn, läuft es?"

Rupert: Das ist in England von Gegend zu Gegend verschieden. Bei uns kann man "*love*" sagen oder "*dear*" oder "*pat*". Es kommt darauf an, es gibt viele solche Floskeln.

Miriam: Auch wenn vieles Floskeln sind – letztendlich geht man freundlich miteinander um, was ja sehr viel schöner ist, als wenn man gar nichts sagt. Wenn man in einem Klamottenladen in England ein Oberteil anprobiert, kommt es durchaus vor, dass jemand Fremdes zu einem sagt: "Oh, das steht dir gut!" – das ist völlig normal. Ich habe das auch einfach mal in Deutschland gemacht, in einem Outdoor-Laden: Eine Dame hatte ein Flies-Oberteil in der Hand, und ich habe gesagt "Das habe ich auch zu Hause, das ist super – total warm und kuschelig." Sie hat mich total erstaunt angeguckt, was ich sie denn da so schief von der Seite anspreche. Weil die Leute es nicht gewöhnt sind, bekommt man gleich einen bösen Blick.

Sven: Ich war kürzlich sehr positiv überrascht, als ich in Deutschland unterwegs war, etwas suchend an der Straßenecke stand und mich ein Deutscher angesprochen hat, ob ich eine bestimmte Adresse oder einen bestimmten Laden suche. Das ist mir, glaube ich, bis dahin in Deutschland noch nie passiert. In Großbritannien ist das auch die Regel: wenn man irgendwo steht und ein bisschen verloren guckt, wird man schnell angesprochen.

Schicke Kleidung

Miriam: Was auch anders ist – nicht so extrem, und ich habe auch das Gefühl, es wird ein bisschen besser in Deutschland –, ist die Kleidung. Du hattest das auch schon einmal erwähnt, Sven: Wenn abends in größeren Städten die jungen Leuten ausgehen und sich auch mitten im Winter in ganz kurze Röcke zwängen, zum Teil ohne Strumpfhosen vorm Club stehen und zittern. Es wird mehr auf die Kleidung geachtet, wenn man abends weggeht. Frauen in Jeans kommen vielleicht schon gar nicht in einen Club rein – das sind immer hohe Absätze und immer Röcke; manchmal auch nicht unbedingt passend, je nach Figur. Aber mir ist es insbesondere bei Hochzeiten aufgefallen: Bei englischen Hochzeiten zieht man sich schicker an als bei deutschen. Wir waren schon auf Hochzeiten, wo Leute mit Jeans gekommen sind – traurig. Und wir haben eine deutsche Fotografin bei einer englischen Hochzeit erlebt, die gesagt hat, "Wie schön, mal wieder so richtig gut gekleidete Menschen zu fotografieren."

Rupert: In Jeans kommt man in England auch nicht in alle Kneipen. Ich weiß nicht, ob das immer noch so ist, aber früher hatten sie sogar Türsteher vor Kneipen und Pubs.

Sven: Ja, das habe ich zum Teil auch noch erlebt. Schilder im Fenster, dass man mit Hoodies oder mit Turnschuhen nicht rein kommt. Und tatsächlich gibt es am Wochenende fast immer Türsteher in den Innenstädten, auch bei weniger exklusiven Clubs oder Pubs. Wobei das wohl weniger ist, um Gäste mit Jeans draußen zu halten...

Party-Nation

Miriam: In manchen Städten ist abends einfach die Hölle los ist. Abends im Blackpool am Wochenende weggehen, das möchte ich jetzt nicht mehr; diese ganzen Junggesellenabschiede, das ist verrückt. Das versuche ich manchmal Freundinnen von mir zu erklären, aber das kann man nicht erklären, was da los ist, und wie die Leute sich verhalten.

Rupert: Die Hemmschwelle ist natürlich ein bisschen niedriger.

Miriam: Ja, das glaubt mir einfach niemand. Natürlich gibt es hier in Deutschland auch Junggesellenabschiede und Partys, und die Leute trinken mal einen über den Durst, aber in diesem Ausmaß kenne ich das hier nicht.

Sven: An dieser Stelle sind wir dann doch ein bisschen zurückhaltender im Durchschnitt.

Miriam: Allerdings. Witzig eigentlich, weil es ja immer heißt, die Engländer sind so verklemmt und konservativ.

Sven: Nicht beim Feiern und Weggehen.

Rupert: Nicht, wenn Alkohol eine Rolle spielt. Das stimmt.

Valentinstag

Sven: Apropos Feiern: Heute ist Valentinstag. Hat das eigentlich in Großbritannien eine Bedeutung, oder ist das ähnlich wie in Deutschland eigentlich mehr ein Feiertag der Amerikaner und der Floristen? Mir war es in England jedenfalls nicht groß aufgefallen, nicht mehr als in Deutschland.

Rupert: Doch ich denke schon, dass man in England mehr Wert darauf legt als hier. In Deutschland ist nicht jedem der 14. Februar als Valentinstag bekannt, in England schon. Die jungen Leute, die alten Leute, jeder kennt das.

Miriam: Wo sind meine Blumen, Rupert?

Sven: Oh, an der Stelle sollten wir vielleicht Schluss machen; vielleicht hätte ich das Thema doch nicht ansprechen sollen. Ich bedanke ich mich ganz herzlich bei euch für das Gespräch und wünsche euch noch ein schönes Wochenende.

Miriam: Danke gleichfalls.

Rupert: Vielen Dank. Bye-bye.

Das Gute in der Fremde

Soweit zum Interview mit Miriam und Rupert. Im Nachgang zu unserem Gespräch fiel uns dreien noch ein Detail auf, das wir zwar besprochen hatten, das es aber nicht in das fertige Interview geschafft hat: Wenn wir ein fremdes Land besuchen, fallen uns natürlich die Dinge auf, die anders sind, als bei uns zu Hause, aber ganz besonders die Dinge, die wir irgendwie als "besser" empfinden. Diese Tendenz fiel den Williams beim erneuten Hören ihres Interviews im Podcast auf, und es stimmt im Rückblick auch für viele meiner Schilderungen über die Insel in *Viva Britannia*. Ich versuche die Gemeinsamkeiten und Unterschiede möglichst neutral darzustellen, aber die positiven Hinweise sind dann doch häufiger als eine Kritik an Großbritannien.

Diese Tendenz, in der Fremde vor allem das Gute zu sehen, habe ich umgekehrt in der BBC-Dokumentation *Make Me a German* wahrgenommen, bei der eine englische Familie ein paar Monate in Nürnberg lebt. Die englischen Gäste loben die günstige und außergewöhnliche Kinderbetreuung im Waldkindergarten – die für Deutschland wahrlich nicht repräsentativ ist – und nehmen dafür nicht wahr, wie ausländerfeindlich manche Bemerkungen ihrer deutschen Nachbarn sind. Vielleicht war das aber auch eine bewusste Entscheidung der Produzenten, die den Briten ein positives Bild vom gern stereotyp negativ wahrgenommenen Deutschland vermitteln wollten.

5 Wales*)

Das Land der Barden im wilden Westen

Eine keltische Nation auf wenigen Seiten voll grüner Landschaft, roter Gesinnung und schwarzem Schiefer, wo mit Kohle keine mehr zu machen ist. Von juristischen Vereinigungen, walisischen Prinzen und traditionellen Druiden, die alle keine sind. Über lange Küstenwege und Ortsnamen, über dunkle Nachthimmel und verschneite Berge, über fehlende Vokale und meisterlichen Gesang. Mit Richard Burton, Laura Ashley, Bergponys und Lawrence von Arabien. Croeso!

Jetzt widme ich mich nach langer Zeit einmal wieder einem konkreten Landstrich auf der Insel. In diesem Kapitel soll es um das kleine Wales gehen, dass neben den großen Nationen England und Schottland gerne mal links liegen gelassen wird. Nur Nordirland ist noch weiter außen vor – nicht nur geographisch.

Lage in Großbritannien

Schauen wir uns die Insel Großbritannien einmal sehr vereinfacht an: Der Norden ist Schottland, der Süden ist England. Die Landzunge, die sich frech nach Südwesten in den Golfstrom streckt, besteht aus den englischen Grafschaften Cornwall, Devon und Somerset – idyllischen Gegenden, die vor allem durch Rosamunde-Pilcher-Geschichten bekannt wurden. Oberhalb dieser Landzunge gibt es einen markanten Schnitt in der westlichen Flanke der Insel, die durch die Mündung des Flusses Severn gebildet wird. Das Gebiet nördlich dieses Einschnitts – also gewissermaßen die Westküste Englands – das ist Wales.

---

*) Quellen: Folgen "VB030 Wales" vom 08.03.2014, "VB033 Bits & Bobs 3" vom 21.04.2014, "VB044 Bits & Bobs 4" vom 04.10.2014

Man kann das auch ganz gut an Städten festmachen. Die englische Hafenstadt Bristol liegt in dem erwähnten markanten Knick auf der Ostseite des Flusses Severn. Und nahe der Westseite liegt die walisische Hauptstadt Cardiff. Bristol markiert also das südliche Ende von Wales auf englischer Seite. Von Bristol kann man die Autobahn M5 nach Norden nehmen. Nach etwa anderthalb Stunden erreicht man Birmingham. Weitere anderthalb Stunden auf der M6 nach Norden, und man erreicht Manchester, und etwas westlich davon die Hafenstadt Liverpool. Liverpool markiert das nördliche Ende von Wales auf englischer Seite. Sehr grob gesagt ist Wales also das, was westlich der Linie Bristol, Birmingham und Manchester beziehungsweise Liverpool liegt. Diese Vereinfachung wird den englischen Regionen Shropshire und Herefordshire nicht passen, die noch zwischen Birmingham und Wales liegen, aber für eine Orientierung soll es reichen. Denn, sind wir mal ehrlich: Wenn man sich an Autobahnen und Städten orientiert, gibt es zwischen den genannten Punkten und der walisischen Küste nicht wirklich etwas außer viel Landschaft und kleinen Ortschaften. Und damit haben wir schon einen Grund dafür, dass Wales gerne mal übersehen wird.

Geographie von Wales

Wales ist etwa so groß wie das deutsche Bundesland Hessen, hat aber nur halb so viele Einwohner – genau genommen etwas über 3 Millionen. Dafür soll es hier aber auch 6 Millionen Schafe geben. Die Mehrheit der Waliser lebt im Südosten des Landes, rund um die Hauptstadt Cardiff und die zweitgrößte Stadt Swansea. Der Rest von Wales ist recht spärlich besiedelt. Fährt man von Bristol an der Küste entlang nach Westen und lässt erst Cardiff und dann Swansea hinter sich, erreicht man die Südwestspitze mit der Region Pembrokeshire. Dann geht es nach Norden, wo man nach stundenlanger Fahrt an malerischen Steilküsten und Stränden entlang irgendwann den Küstenort Aberystwyth erreicht. Dieses Städtchen hat zwar nur 15.000 Einwohner, verfügt aber über eine Universität, an der auch Prinz Charles studiert hat, und es ist Sitz der walisischen Nationalbibliothek. Ansonsten ist Aberystwyth aber auch der einzige bemerkenswerte Ort an der Küste, am Übergang von Süd- nach Nordwales. Weiter geht es an Steilküsten und Stränden entlang nach Norden. Ganz im Nordwesten gibt es schließlich noch die Insel Anglesey, die durch zwei Brücken mit dem walisischen Festland verbunden ist, und diese Gegend ist wieder deutlich stärker besiedelt.

Nationalparks

Jetzt habe ich die ganze Zeit von der Küste geredet – und immerhin hat Wales 1.200 Kilometer davon. Was ist aber mit dem Landesinneren? Nun, das besteht vor allem aus Gebirgen und Mooren, und weniger als ein Zehntel der Bevölkerung lebt hier. Tatsächlich ist das aber einer der Hauptgründe, warum sich ein Besuch in Wales lohnt – wer wandern oder in toller Landschaft Rad fahren möchte, ist hier bestens aufgehoben.

Im Süden liegt der *Brecon-Beacons*-Nationalpark. Er besteht vor allem aus Mooren, Wäldern und Weideflächen, auf denen unter anderem walisische Bergponys zu finden sind. Der Park ist aber auch bekannt für seine zahlreichen Höhlen und Wasserfälle. Seit 2013 sind die Brecon Beacons zudem als „*Dark Sky*"-Gebiet anerkannt – also besonders geschützt vor Lichtverschmutzung, was gute Bedingungen für die Beobachtung des nächtlichen Sternenhimmels garantiert. Wenn Ihr hier Urlaub macht, packt Eure Feldstecher und Teleskope ein!

Im Norden liegt der *Snowdonia*-Nationalpark, benannt nach dem höchsten Berg von Wales, dem 1.085 Meter hohen Snowdon. Diese Gegend ist berühmt für ihre spektakulären Gebirgsketten und zieht jedes Jahr Millionen von Besuchern an. Eine Besonderheit, die Snowdonia mit anderen britischen Nationalparks teilt: Der Park steht zwar unter der Hoheit einer zentralen Verwaltungskommission, aber 70% des Geländes gehört Privatpersonen, die ihr Eigentum für die Öffentlichkeit zugänglich gemacht haben.

Jetzt noch einmal kurz zurück an die Küste, um auch den dritten walisischen Nationalpark zu nennen: Die Region Pembrokeshire an der Südwestspitze von Wales hatte ich bereits erwähnt. Hier liegt mit dem *Pembrokeshire-Coast*-Nationalpark der einzige britische Nationalpark, der hauptsächlich aus Küste besteht. Die Steilküste hier ist vor allem als Nistplatz für viele Seevogelkolonien bekannt, und als Beobachtungspunkt für Robben und Schweinswale. Wer einmal zwei Wochen lang so richtig ausspannen will, kann sich den gesamten Park auf dem 300 Kilometer langen *Pembrokeshire Coast Path* erwandern.

Keltische Nationen

Berge, tolle grüne Landschaften, Steilküsten, spärliche Besiedlung – das klingt doch ein wenig wie Schottland oder Irland? Tatsächlich hat Wales mit diesen anderen Regionen vieles gemeinsam. Allem voran: Sie alle sind lebende keltische Nationen.

Bevor sich die Römer ausbreiteten, waren die britischen Inseln und weite Teile Europas von den Kelten besiedelt. Zweitausend Jahre später gibt es noch sechs Regionen, denen man diese Wurzeln nach wie vor anmerkt, insbesondere weil es in ihnen noch Sprecher einer keltischen Sprache gibt. Tatsächlich ist England die *einzige* Region auf den britischen und irischen Inseln, die *nicht* mehr als keltische Nation gilt – hier sind die alten keltischen Stämme im Laufe der Zeit in denen der angelsächsischen Eroberer aufgegangen. Dazu sage ich gleich noch mehr. Die sechs heute noch lebenden keltischen Nationen sind demgegenüber Irland, wo noch viele Irisch sprechen, Schottland mit schottischem Gälisch, die englische Südwestspitze Cornwall mit Kornisch, die französische Bretagne mit Bretonisch, die Insel Man in der Irischen See mit der Sprache Manx, sowie eben Wales mit Walisisch.

Walisische Sprache

Ein Viertel der Waliser beherrscht noch Walisisch, vor allem die Mehrheit der Einwohner im Norden des Landes. Seit 2001 ist Walisisch für alle Schüler bis zum 16. Lebensjahr auch wieder Pflichtfach. Manche Schulen halten ihren Unterricht auch vollständig in Walisisch. Diese Maßnahmen konnten den Niedergang der Sprache in den letzten Jahrzehnten nicht nur aufhalten, sondern teilweise sogar umkehren. Offiziell ist Wales zweisprachig, das heißt Straßenschilder und andere offizielle Dokumente müssen sowohl in Englisch als auch Walisisch vorliegen. Es gibt einige walisische Fernseh- und Radiosender sowie eine walisische Wochenzeitung.

Walisisch selbst sowie der walisische Dialekt im Englischen sind etwas eigentümlich. Liest man walisische Wörter, stolpert man zunächst über viele Konsonanten – bis man weiß, dass die geschriebenen Buchstaben W und Y auch für Vokale stehen. Damit enden die Unterschiede zwischen Schrift und Aussprache aber bei weitem nicht – die Aussprache walisischer Wörter bleibt lange ein Mysterium.

Llanfairpwllgwyngyllgogerychwyrndrobwllllantysiliogogogoch

Zudem tendiert die Sprache zu Bandwurmwörtern. Ein Schumacher aus dem Süden der Halbinsel Anglesey hat sich dies im 19. Jahrhundert zu Nutze gemacht und seinem Heimatort einen möglichst langen Kunstnamen verpasst. Dieser sollte das Dorf überregional bekannt machen und Händler anziehen – und das hat funktioniert. Noch heute hält das Dorf mit 58 Buchstaben den Rekord für den längsten amtlichen Ortsnamen Europas. Übersetzt heißt der Name „Marienkirche in einer Mulde weißer Haseln in der Nähe eines schnellen Wirbels und der Thysiliokirche bei der roten Höhle." In Walisisch heißt das dann Llanfairpwllgwyngyllgogerychwyrndrobwllllantysiliogogogoch. Im Alltag nennen die Waliser den Ort aber einfach Llanfair, und Engländer nennen ihn Gogogoch.

Eine Kuriosität am Rande: Walisisch wird auch von etwa 25.000 Argentiniern gesprochen. Walisische Auswanderer brachten die Sprache im 19. Jahrhundert vor allem in die Provinz Chubut im Süden des Landes. Na dann: *Croeso*!*)

Eisteddfod

Wales wird auch gern als „Land des Gesangs" oder als „Land der Barden" bezeichnet. Manche führen auch das auf die walisische Sprache zurück, die einen gewissen Singsang hat. Ich hatte schon viele verschiedene englische, irische und schottische Stand-up-Comedians gehört und verstanden, bis mir der erste mit einem deutlich walisischen Akzent unterkam – und da musste ich mich dann noch einmal komplett neu einhören.

*) Ausgesprochen etwa „KROI-so"; walisisch für „Willkommen!"

Tatsächlich haben Gesang und Musik in der walisischen Kultur seit langem einen hohen Stellenwert, der am deutlichsten am *„eisteddfod"* wird. Dieser walisische Begriff lässt sich am ehesten mit „Sitzung" übersetzen und bezeichnet einen traditionellen Kulturwettbewerb. Spätestens seit dem 12. Jahrhundert maßen sich Dichter, Musiker und Tänzer miteinander, um den besten „Barden" zu identifizieren, der zu Belohnung einen Sitz an der Tafel des Herrschers bekam. Nach einer zwischenzeitlichen Flaute wurden diese Wettbewerbe im 18. Jahrhundert wieder zu neuem Leben erweckt und sind heute ein fester Bestandteil des walisischen Kulturkalenders. Neben lokalen *„eisteddfodau"* gibt es jedes Jahr in der ersten Augustwoche den *National Eisteddfod*, bei dem mehr als 6.000 Künstler auftreten – und alle Darbietungen sind natürlich in Walisisch. Besonders traditionell sind im Übrigen neben dem Vortragen von Gedichten auch das Harfenspiel sowie Männerchöre.

Religion

Mit einem Mythos muss ich an dieser Stelle allerdings aufräumen: So keltisch geprägt viele Elemente der walisischen Kultur heute noch erscheinen, das Druidentum gehört nicht dazu. Tatsächlich war Wales die erste Region Großbritanniens, die christianisiert wurde. Der heutige Nationalheilige St. David bekehrte im 6. Jahrhundert die walisischen Stämme. Die alten keltischen Kulte hatten seitdem so gut wie keine Bedeutung mehr. Bei der letzten Volkszählung gaben etwa 60% der Waliser an, Christen zu sein, und etwa 40%, dass sie keiner Religion angehören. Der Prozentsatz von Angehörigen anderer Religionen liegt unter 3%. Das, was man heute noch an einigen Stellen als vermeintlich überlebende druidische Tradition wahrnimmt, ist vielmehr eine romantische Erfindung von Historikern aus dem 18. Jahrhundert. Dem Tourismus mag das zuträglich sein, zur walisischen Kultur gehört es aber schon lange nicht mehr.

Kampf gegen Eroberer

Wenn Wales aber noch immer so eine lebendige eigenständige Kultur hat, wie kommt es, dass es in so vielen Dingen eng mit England verbunden ist?

Die Kelten in Wales haben sich lange gegen einfallende Eroberer zur Wehr gesetzt – die Kirche mal ausgenommen. Zuerst gegen die Römer. Die errichteten zwar im Süden und Norden von Wales einige Kastelle, deren Überreste man heute noch besichtigen kann, aber so recht konnten sie nicht Fuß fassen. Nichtsdestotrotz wurde ganz Großbritannien durch die jahrhundertelange römische Besatzung geprägt – und auch gesellschaftlich vorangebracht.

Ab dem 3. Jahrhundert begannen die Angelsachsen in Großbritannien einzufallen, und über Jahrhunderte versuchten die keltischen Stämme, sich gegen sie zu verteidigen. Auf diese Auseinandersetzungen geht vermutlich auch die Artussage zurück, bei der ein Krieger mit offensichtlich keltischen und römischen Wurzeln mit Hilfe eines Druiden mehrere Stämme vereinigt und gemeinsam gegen barbarische Eroberer in die Schlacht führt.

Wie wir heute wissen, verlor das Kernland der Insel diesen Kampf irgendwann, und nur die westlichen und nördlichen Gebiete blieben keltisch, also Cornwall, Wales und Schottland. Die übrigen keltischen Stämme verschmolzen mit denen der angelsächsischen Eroberer.

In der nächsten Eroberungswelle nahmen im Jahr 1066 dann die Normannen England ein. Aus dieser Zeit stammt die nächste bekannte Legende der Insel – Robin Hood.

Nach gerade 500 Jahren ist nun ein angelsächsischer Brite der Held, der seine Insel-Heimat gegen ausländische Eroberer verteidigt. Und wieder war der Kampf vergeblich, und die Eroberer gewannen letztlich die Oberhand.

Wales unter englischer Herrschaft

Um Wales machten die Normannen lange einen großen Bogen, und es sollte weitere 200 Jahre dauern, bis sich die walisischen Kelten erstmals doch einer fremden Hoheit unterordnen mussten: 1282 besiegte das mittlerweile normannische England unter Führung von König Edward I. die Armee des letzten walisischen Fürsten Llywelyn. Kurze Zeit später wurde Edwards Sohn und späterer Nachfolger auf der Burg Caernarfon in Nordwales geboren. Als der kleine Edward volljährig wurde, übertrug ihm sein Vater offiziell die Herrschaft über Wales und damit verbunden den Titel des „Prinzen von Wales". Seitdem ist es üblich, dass der der jeweils älteste Sohn des britischen Monarchen diesen Titel trägt.

Und seit dieser Zeit ist Wales eng mit England verbunden. Zwar gab es noch einige Aufstände der Waliser gegen die englische Herrschaft, aber weder so langanhaltend noch so erfolgreich, wie dies zeitweise in Schottland und Irland der Fall war.

Heinrich VIII. machte Wales mit dem sogenannten *Act of Union* ab 1535 auch rechtlich zu einem Teil von England. Das Land wurde in 13 Grafschaften unterteilt, ab sofort galten englische Gesetze automatisch auch in Wales, und Englisch wurde Amtssprache – was damals wiederum viele Waliser von öffentlichen Ämtern ausschloss.

Diese pauschale rechtliche Eingliederung wurde erst in den 1990ern schrittweise wieder aufgehoben. Heute ist Wales zwar formal wieder eine rechtlich autonome Nation innerhalb des Vereinigten Königreiches, aber die jahrhundertelange juristische Gleichschaltung hat dafür gesorgt, dass es zwischen England und Wales deutlich weniger Unterschiede gibt als bei den anderen beiden britischen Nationen, Schottland und Nordirland.

Wales und die Industrialisierung

Einen weiteren wichtigen Einfluss auf die walisische Volksseele muss ich aber noch erwähnen: Die Industrialisierung. Lange lebte Wales von der Landwirtschaft, aber seine zahlreichen Bodenschätze und Häfen machten es mit der Industrialisierung im 18. und 19. Jahrhundert zu einem *der* europäischen Zentren des Bergbaus und der Metallindustrie. Erst wurde Kupfer aus Cornwall und der damals weltweit größten Kupfermine auf der Insel Anglesey verarbeitet. Später kamen unzählige Eisen- und Stahlhütten hinzu, alles befeuert mit lokaler Kohle aus den gewaltigen Vorkommen in Südwales. Und schließlich beschäftigte der damals weltweit größte Schiefersteinbruch, der *Penrhyn Quarry*, zu seiner Hochzeit bis zu 15.000 Arbeiter in Nordwales. Entsprechend wuchs die Bevölkerung im Norden und Süden des Landes um ein Vielfaches.

In der Wirtschaftskrise der 1920er begann dieses walisische Wirtschaftswunder einzubrechen. Kohle und Stahl wurden weniger nachgefragt, und im internationalen Vergleich waren die Produktionskosten in Wales zu hoch. Die große Anzahl an Arbeitern und ihre zunehmend prekäre Lage machten Wales zu einem frühen Zentrum der Arbeiterbewegung, der Gewerkschaften, und der *Labour Party*. Langsamer Niedergang, hohe Arbeitslosigkeit, Demonstrationen, Streiks und teilweise gewaltsame Auseinandersetzungen prägten die Geschichte der walisischen Wirtschaft in der ersten Hälfte des 20. Jahrhunderts. Erst in den 1970ern kam Wales durch einen massiven Strukturwandel wieder halbwegs auf die Beine, und heute ist die Wirtschaft von Leichtindustrie, Dienstleistungen und Tourismus geprägt. Aber noch immer hat Wales von den vier Nationen im Vereinigten Königreich das niedrigste Durchschnittseinkommen und die höchste Arbeitslosenquote. Zur Wirtschaftsleistung des Königreichs trägt es gerade einmal 4% bei.

Was bedeutet das alles nun für das walisische Gemüt? Der Waliser ist stolz auf seine keltische Herkunft und Kultur. Seine Vorfahren waren bekannt für harte Arbeit in Minen und an Hochöfen, aber die Wirtschaftsgeschichte hat es nicht gut mit ihnen gemeint. Heute gilt es, die Fahne für Wales und für soziale Gerechtigkeit hoch zu halten, und neue Wege zu finden, um die Nation auch außerhalb von Kunst, Kultur und Rugby zu altem Glanz zurückzuführen.

Berühmte Waliser

Und das bringt uns schließlich zu berühmten Walisern – und wie so häufig werdet Ihr von ihnen mehr kennen, als Euch bewusst ist. Beginnend bei Musikern wären da zum Beispiel Tom Jones, Shirley Bassey, Bonnie Tyler und Duffy. Bekannte walisische Musikgruppen sind unter anderem die *Manic Street Preachers*, die *Stereophonics*, *Catatonia*, *Lostprophets* und *Bullet for My Valentine*. Erik Wenk, unser Experte für britische Musik (siehe Kapitel 20) möchte auch noch die Progressive-Band *Man* erwähnt wissen, die in ihren Alben immer wieder Hinweise auf den Nationalstolz der Waliser gibt. Und zu den bedeutenden walisischen Musikern zählt auch noch John Cale, zusammen mit Lou Reed der kreative Kopf von *The Velvet Underground*.

An walisischen Schauspielern hätten wir unter anderem Richard Burton, Anthony Hopkins, Michael Sheen, John

Rhys-Davies und Catherine Zeta Jones. Und dann gibt es da noch den Schriftsteller Dylan Thomas, den Philosophen Bertrand Russell, den Entdecker George Everest, die Modedesignerin Laura Ashley, den Offizier Thomas Edward Lawrence – auch bekannt als „Lawrence von Arabien“ – und den Wissenschaftler Alfred Russel Wallace, der parallel zu Charles Darwin die Evolution durch natürliche Selektion entdeckte. Schließlich ist unter den weltweit berühmten Walisern auch der Schriftsteller Roald Dahl, bekannt für seine oft schwarzhumorigen Kinderbücher und Kurzgeschichten, darunter "Charlie und die Schokoladenfabrik", "James und der Riesenpfirsich" und "Matilda". Letzteres habe ich erst 2013 in London in der wunderbaren Musicalfassung von Tim Minchin gesehen.

BBC Wales

Apropos Kultur: Ich muss BBC Wales noch erwähnen. Der in Cardiff angesiedelte Ableger der *British Broadcasting Corporation* ist für einige der derzeit bekanntesten BBC-Produktionen verantwortlich, allen voran für *Doctor Who* und dessen Ableger *Torchwood* und *Sarah Jane Adventures*. Neben diesen Eigenproduktionen ist BBC Wales aber auch Auftraggeber für weltweit erfolgreiche Serien wie *Life on Mars*, *Ashes to Ashes*, *Merlin*, *Being Human*, *Dirk Gently* und – natürlich – *Sherlock*.

Ausklang

Ihr seht: Das kleine Land im Westen der Insel hat Vieles zu bieten. Besucht die Gebirge, Wälder und Moore im Landesinneren, das sich neu erfindende Cardiff im Süden, die Steilküste in Pembrokeshire und die imposanten alten Burgen nahe Anglesey. Freut euch an römischen Amphitheatern, alten Eisenbahnstrecken, Herrenhäusern von Schiefermagnaten, und an der eigentümlichen walisischen Sprache und ihrer reichen Kultur. Ein Urlaub auf der Insel muss nicht immer nach London oder Schottland führen.

6 GESUNDHEIT*)

Über den National Health Service (NHS)

Wie die Briten ihre Sozialsysteme erst von den Deutschen abschauten und dann doch etwas ganz anderes schufen. Von walisischen Liberalen, reformerischen Linken, revolutionären Konservativen und überparteilichen Wirtschaftswissenschaftlern. Von GPs, A&Es, SHAs, PCTs und der OECD. Warum sich Stephen Hawking vor "death panels" nicht fürchten muss, wie die Briten der Tea Party per Twitter die Meinung sagten, und warum es vielleicht bald eine englische Völkerwanderung nach Schottland gibt.

In diesem Kapitel soll es um ein Thema gehen, das auf den ersten Blick etwas sperrig wirkt, das aber ebenso so untrennbar mit dem Alltagsleben auf der Insel verbunden ist wie der Linksverkehr, das Programm der BBC oder der Besuch im Pub. Gemeint ist das britische Gesundheitssystem oder genauer der *NHS* – der *National Health Service*. Er wird geliebt und gehasst, kostet mal zu viel und bekommt mal nicht genug Geld, und besonders in den letzten Jahren ist er ein ganz heißes Eisen britischer Politik. Schauen wir uns also einmal an, worum es sich beim NHS eigentlich handelt, was ihn so besonders macht, und wer ihn so besonders gemacht hat.

National Insurance Act 1911

Die ersten Gehversuche eines Gesundheitswesens haben sich Briten Anfang des 20. Jahrhunderts von den Deutschen abgeschaut. Die Sozialgesetzgebung des Deutschen Reiches galt seit Bismarcks Reformen als vorbildlich. 1908 kehrte der damalige britische Finanzminister David

---

*) Quellen: Folgen "VB031 Gesundheit" vom 23.03.2014, "VB033 Bits & Bobs 3" vom 21.04.2014

Lloyd George von einem Besuch in Deutschland zurück und erklärte: "Wir müssen uns auch in *solchen* Fragen mit Deutschland auf eine Stufe stellen – nicht nur in Fragen der Bewaffnung." Und so führte die britische Regierung im Jahr 1911 mit dem *National Insurance Act* eine erste verpflichtende Sozialversicherung für Arbeiter ein. Diese Versicherung zahlte einem Arbeiter einen geringen Lohn weiter, wenn er krank oder arbeitslos wurde. Die Kosten für diese Versicherung wurden zu Teilen von den Arbeitern, von den Arbeitgebern und vom Staat getragen – also in etwa so, wie wir das noch heute von der Sozialversicherung kennen. Eine großartiger Ausbau medizinischer Versorgung war mit dieser Reform aber noch nicht verbunden, und diese Versicherung sah auch keine Leistungen für die nicht arbeitenden Familienmitglieder von Arbeitern vor – aber ein Anfang war gemacht.

David Lloyd George

Bevor ich schildere, wie es mit dem britischen Gesundheitssystem weiterging, muss ich noch ein paar mehr Worte zu diesem ominösen britischen Finanzminister verlieren. Der Liberale David Lloyd George ist nämlich auf der Insel eine politische Legende. Als Finanzminister schuf er nicht nur die erwähnte Kranken- und Arbeitslosenversicherung, sondern auch die erste staatliche Rentenversicherung. Zur Finanzierung dieser Sozialprogramme führte George eine progressive Einkommenssteuer ein und erhöhte massiv die Erbschaftssteuer.

Als gebürtigem Waliser – siehe letztes Kapitel – lag ihm auch die politische Autonomie von einzelnen Bevölkerungsgruppen und Nationen am Herzen. So kämpfte er nicht nur für mehr Autonomie für Wales, sondern er unterstützte auch ein autonomes Irland und sprach sich gegen den Krieg der Briten gegen die Buren in Südafrika aus. Während des Ersten Weltkrieges wurde George zum bisher einzigen walisischen Premierminister der Insel ernannt. Viele Entscheidungen zur Neuordnung Großbritanniens und ganz Europas nach dem Krieg tragen seine Handschrift, wobei er bei den Verhandlungen von Versailles mit *einer* entscheidenden Forderung scheiterte: Er wollte Deutschland ausdrücklich nicht aufteilen und nachhaltig wirtschaftlich schädigen – "um nicht die Gründe für einen weiteren Krieg zu schaffen", wie er sagte. Und leider sollte ihm die Geschichte in dieser Sache recht geben. Auch die erwähnte Frage zur Autonomie Irlands wurde George letztlich zum politischen Verhängnis – seine Zustimmung zur Schaffung des Irischen Freistaats wurde von seinen konservativen Koalitionspartnern scharf verurteilt, und 1922 wurde er als Premierminister gestürzt. David Lloyd George war damit nicht nur der erste und letzte Waliser auf diesem Posten, sondern auch der letzte Liberale. Wie ich in Kapitel 17 des ersten Buches geschildert hatte, zerbrach die alte liberale Partei der Insel zu dieser Zeit, während die linke *Labour Party* erstarkte. Und die sollte es schließlich auch sein, die den NHS schuf.

William Beveridge

Im Jahr 1940, also noch während des Zweiten Weltkrieges, beauftragte das britische Arbeitsministerium den renommierten Wirtschaftswissenschaftler William Beveridge, Vorschläge für eine Neugestaltung der britischen Sozialsysteme zu machen. Die existierenden Programme waren immer schlechter zu handhaben, und beim Wiederaufbau nach dem Zweiten Weltkrieg wollte man vieles reformieren. Zwei Jahre später legte Beveridge einen Bericht vor, in dem er unter anderem vorschlug, eine staatliche Gesundheitsversicherung für alle Bürger zu schaffen, die nicht aus Sozialbeiträgen finanziert wird, wie das bei der Arbeitslosen- und der Rentenversicherung der Fall ist, sondern aus Steuermitteln.

Beveridge schaffte es, damals auch die Konservativen von den Vorteilen einer solchen Lösung zu überzeugen, wo die sich doch sonst gern gegen einen solchen Wohlfahrtsstaat stellen. Er argumentierte, dass gesunde und relativ sorgenfreie Arbeiter der Wirtschaft einen Wettbewerbsvorteil gegenüber anderen Ländern einbringen. Beveridges Bericht hatte nachhaltigen Einfluss nicht nur auf die Gestaltung der Sozialsysteme auf der Insel, sondern zum Beispiel auch in Skandinavien.

So wurde 1948 unter der neu gewählten Labour-Regierung der *National Health Service* als staatliches Gesundheitssystem geschaffen. Der NHS bietet jeder in Großbritannien ansässigen Person – seien es Kinder, Berufstätige, Arbeitslose oder Rentner – eine kostenlose medizinische Grundversorgung über Hausärzte und Krankenhäuser. Reisende aus der Europäischen Union haben im Notfall ebenfalls Anspruch auf kostenlose medizinische Versorgung.

Es gibt zwar auch private Krankenversicherungen auf der Insel, die aber in der Regel nur als Zusatzversicherungen fungieren.

Vier Mal NHS

Genau genommen hat jede der vier britischen Nationen einen eigenen NHS – denn das Gesundheitswesen ist einer *der* Bereiche öffentlichen Lebens, in denen die politischen Vertretungen von England, Wales, Schottland und Nordirland jeweils eigenständig entscheiden können.

In der Praxis sind die wesentlichen Eckpfeiler aber die gleichen – mit zwei wichtigen Ausnahmen für England.

Die erste ist die Rezeptgebühr. Überall ist der Besuch beim Arzt tatsächlich kostenlos, nur verschriebene Medikamente muss man in der Apotheke beziehungsweise an der Medizintheke im Supermarkt selbst bezahlen. In England muss man darüber hinaus aber auch noch eine Rezeptgebühr von knapp 8 Pfund pro Verschreibung begleichen. Die anderen Nationen haben Rezeptgebühren, wenn sie sie jemals eingeführt hatten, bis heute wieder abgeschafft.*)

Zweitens treibt die aktuelle britische Regierung etwas voran, das Premierminister David Cameron selbst die "radikalste NHS-Reform seit Jahrzehnten" nennt. Im Kern will sie große Teile des staatlichen Gesundheitssystems zu Gunsten privater Anbieter abschaffen, und das hat vor allem Auswirkungen auf England. Auf die aktuelle NHS-Reform komme ich aber am Ende noch einmal zurück.

Leben mit dem NHS

Wie lebt es sich denn nun mit dem NHS? Wie ich in Kapitel 6 des ersten Buches geschildert hatte, gibt es auf der Insel kein Meldewesen, und wenn man umzieht, gibt es genau eine offizielle Sache, die man unbedingt tun muss: Sich einen neuen Hausarzt suchen. Die heißen im Englischen *general practitioner* im Sinne von "Allgemeinmediziner" oder einfach kurz *GP*. Will man an ein Rezept oder eine Behandlung, führt an einem Besuch beim GP

---

*) Laut Dirk Flörchinger, der eine Weile für den NHS gearbeitet hat, gibt es natürlich auch in England Ausnahmen der der Rezeptgebühr. So bekommen chronisch Kranke sogenannte *medical exemption certificates*, die eine kostenlose Dauerbehandlung ermöglichen. Außerdem können Geringverdiener ungeachtet ihres Gesundheitszustands entsprechende Ausnahmen beantragen – sie müssen dann weder Rezeptgebühren bezahlen noch Zuzahlungen beim Zahnarzt, für Brillen oder andere Hilfsmittel. Finanziert werden all diese Ausnahmen wie der Rest des NHS auch vornehmlich aus Steuergeldern.

kein Weg vorbei. Man registriert sich bei genau einer lokalen Praxis, und die ist immer erste Anlaufstelle. Es sei denn natürlich, es handelt sich um einen Notfall, und man geht in die Notaufnahme eines Krankenhauses. Die heißt im Englischen passenderweise *Accident & Emergency* oder kurz *A&E*.

In der Regel braucht man für einen Besuch beim GP auch immer einen Termin. Einfach in der Praxis vorbeizukommen ohne vorher anzurufen ist eher unüblich. Dafür gibt es dann zum vereinbarten Termin auch meist keine nennenswerten Wartezeiten. Sollte eine Untersuchung oder Weiterbehandlung bei einem Facharzt notwendig sein, leitet auch das der GP in die Wege. Und da zeigt sich ein Effekt des britischen Systems: Es wird im Einzelfall entschieden, wie dringlich eine Untersuchung oder Behandlung ist. Ein Vorurteil gegenüber dem NHS ist, dass es oft Monate dauern kann, bis man einen OP-Termin bekommt. Aber sind wir mal ehrlich: Das ist auch in Deutschland nicht viel anders. Und wenn es dringlich ist, kommt man auch früher dran. Bis hin zum Notfall eben. Aber grundsätzlich ist das britische System vorsichtiger und bedarfsorientierter in der Entscheidung über weitere Untersuchungen und die Dringlichkeit von Maßnahmen. Schließlich will man ein angemessenes Gleichgewicht finden zwischen notwendigen öffentlichen Ausgaben und der optimalen Versorgung der Patienten.

#WeLoveTheNHS

Die Tatsache, dass im britischen Gesundheitssystem durchaus auch kostenorientierte Entscheidungen getroffen werden, hat es im Jahr 2009 auch zu einem Thema in den Diskussionen um Präsident Obamas Gesundheitsreform in den Vereinigten Staaten gemacht. Die konservativen Gegner der Reform zeichneten damals das grausame Bild sogenannter *death panels* – also "Gremien des

Todes" –, die in einem öffentlich finanzierten System wie dem NHS vermeintlich aus Kostengesichtspunkten über die Frage von Leben und Tod einzelner Patienten entscheiden. Tatsächlich waren hier natürlich Gremien des NHS gemeint, die allgemeine Richtlinien für eine effiziente Behandlung erlassen – Einzelfallentscheidungen treffen diese Gremien nicht. Aber das Schreckensbild von Bürokraten, die Patienten die Behandlung verweigern, war natürlich ein gefundenes Fressen für die freiheitsliebenden Amerikaner. Ganz sicher ist das zum größten Teil privatwirtschaftlich organisierte amerikanische System viel besser, bei dem die meisten Patienten für ihre Behandlung selbst aufkommen müssen, und bei dem die diversen Interessengruppen die Gesundheitskosten in Groteske steigern – wenigstens hat es hier der Patient in der Hand, zu entscheiden, ob er lieber körperlich oder finanziell leidet...

Die Diskussion in den USA nahm damals jedenfalls so skurrile Formen an, dass sich eine amerikanische Wirtschaftszeitung dazu hinreißen ließ zu schreiben: "Menschen wie der Wissenschaftler Stephen Hawking hätten im Vereinigten Königreich keine Chance, wo der NHS das Leben eines solchen brillanten Mannes nur wegen seiner körperlichen Gebrechen als grundsätzlich wertlos erachten würde." Eine Aussage, die natürlich den kleinen Fehler hat, dass der chronisch kranke Stephen Hawking Brite ist, in Oxford geboren wurde, und gerade in Cambridge seinen Lehrstuhl hat. Der ließ sich auch nicht lange bitten zu erwidern: "Ich wäre heute nicht hier, wenn es den NHS nicht gäbe. Ich habe eine große Anzahl hochspezialisierter Behandlungen erfahren, ohne die ich nicht überlebt hätte."

So gern die Briten auch mal über ihr Gesundheitssystem klagen, eine solch verzerrte Sichtweise war ihnen dann doch zu viel. Der Autor Graham Linehan, dem wir unter anderem die Fernsehserien *Father Ted* und *IT Crowd* zu verdanken haben, kreierte darauf hin eine der ersten international erfolgreichen Twitter-Kampagnen: *#WeLoveTheNHS*. Unzählige Briten demonstrierten, wie viel sie und die Insel dem NHS zu verdanken haben. Selbst der damalige Labour-Premierminister Gordon Brown und seine Frau beteiligten sich mit Tweets. Der damalige Erziehungsminister, Ed Balls, schrieb: "Der NHS als die größte Nachkriegserrungenschaft von Großbritannien (und der Labour-Partei) aus der Geschichte hervorgehen – und die USA werden irgendwann auch noch auf den Trichter kommen."

NHS statistisch

Nun ja, soweit die *subjektiven* Erfahrungen mit den NHS. Aber als Freund des wissenschaftlich-kritischen Denkens interessieren mich natürlich auch objektive Fakten. Also schauen wir uns einmal den jüngsten OECD-Vergleich internationaler Gesundheitssysteme an. In der OECD – oder zu Deutsch der "Gesellschaft für wirtschaftliche Zusammenarbeit und Entwicklung" – haben sich 34 moderne Industriestaaten zusammengeschlossen.

Im Durchschnitt geben die OECD-Staaten 9,3% ihres Bruttonationaleinkommens*) für Gesundheitskosten aus. Das Vereinigte Königreich liegt mit 9,4% also genau im Mittelfeld und auf Rang 14. Deutschland liegt mit 11,6% auf Platz 4. Österreich und die Schweiz liegen mit etwa 11% auf den Plätzen 7 und 8. Das heißt: Im Verhältnis zu ihrer Wirtschaftsleistung geben die Einwohner der Insel weniger Geld für ihr Gesundheitswesen aus als die Deutschen, Österreicher und Schweizer. Das heißt aber

---

*) Ja, das heißt "Bruttonationaleinkommen". Der alte Begriff "Bruttosozialprodukt" wurde mit dem Jahrtausendwechsel in Rente geschickt. Tut mir leid, Geier Sturzflug!

eben auch, dass 20 weitere OECD-Staaten noch weniger ausgeben. Estland liegt mit 5,9% ganz am Ende der Skala.

Was heißt das nun in schnödem Mammon? Pro Kopf wendet Deutschland im Jahr rund 3.300 Euro für das Gesundheitswesen auf, und im Vereinigten Königreich sind es nur 2.500 Euro. Hiervon sind über 80% *staatliche* Aufwendungen, und weniger als 20% stammen aus privaten Mitteln, seien es Zuzahlungen oder private Krankenversicherungen. Der öffentliche Anteil liegt damit deutlich über dem OECD-Durchschnitt und ist eine direkte Folge der staatlichen Grundversorgung, die den NHS ausmachen.

Um angesichts der erwähnten Diskussion auch noch einmal den Vergleich zu den USA herzustellen: Die Vereinigten Staaten liegen im OECD-Vergleich natürlich unangefochten auf Platz 1 der Gesundheitskosten. Sie gaben im Jahr 2011 fast 18% ihres Bruttonationaleinkommens für diesen Posten aus, das waren pro Kopf umgerechnet etwa 6.200 Euro – also fast das Doppelte von Deutschland. Und über die Hälfte dieser Kosten stammten aus privaten Taschen.

Aber was zeichnet das Vereinigte Königreich im OECD-Vergleich noch aus?

Die Zahl der Ärzte auf der Insel ist seit dem Jahr 2000 deutlich gestiegen, und zwar von 2 auf fast 3 Ärzte pro 1.000 Einwohner; das ist aber immer noch unter dem OECD-Durchschnitt. Deutschland liegt bei fast 4 Ärzten pro 1.000 Einwohner.

Es gibt diese Vorstellung, dass in den letzten Jahren viele deutsche Ärzte vor allem wegen der besser geregelten Arbeitszeiten nach Großbritannien ausgewandert sind. Tatsächlich sind dorthin aber vergleichsweise wenige

Deutsche gegangen. Demgegenüber findet man im britischen Gesundheitswesen – sei es unter Ärzten oder Pflegepersonal – ebenso wie in Deutschland vor allem qualifizierte Zuwanderer aus Osteuropa.

Apropos Pflegepersonal: Anzahl der Krankenpfleger pro 1.000 Einwohner: UK 8,6, OECD-Durchschnitt 8,7, Deutschland 11,4.
Ebenso: Anzahl der Krankenhausbetten pro 1.000 Einwohner: UK 3, OECD-Durchschnitt 4,8, Deutschland 8,3.

Und dazu kommt dann noch, dass die Gesundheitskosten in eigentlich allen Ländern seit der Finanzkrise 2010 gesunken sind, nur in Deutschland sind sie weiter angestiegen.

Das also zu den Kosten – aber wie wirkt sich dieses vergleichsweise kostengünstigere System auf die Patienten aus? Die Lebenserwartung auf der Insel liegt mit 81 Jahren über dem OECD-Durchschnitt und leicht über der Lebenserwartung in Deutschland. Allerdings ist die Lebenserwartung in Italien und Spanien bei etwa gleichen Gesundheitskosten noch höher. Aber das mag am Klima und der Ernährung liegen...

Apropos Ernährung: Fast ein Viertel der Briten ist übergewichtig, im Vergleich zu nur einem Sechstel der Deutschen. Dafür rauchen auf der Insel weniger Erwachsene als in Deutschland. Aber die Briten sind ja auch konsequenter in ihrem Nichtraucherschutz.

Was kann man also festhalten? Das britische Gesundheitswesen ist effizienter organisiert. Mit weniger Personal, weniger Einrichtungen und entsprechend niedrigeren Kosten erreicht es ein recht gutes Gesundheitsniveau der Bevölkerung, mit einer etwas höheren Lebenserwartung als in Deutschland.

Gesundheitsreform in England

Aber das alles ist der jetzt amtierenden konservativen Regierung in London noch nicht effizient genug. Und damit sind wir bei der vorhin erwähnten "radikalsten NHS-Reform seit Jahrzehnten".

Weder im letzten Wahlkampf noch in der Koalitionsvereinbarung zwischen Konservativen und Liberalen wurde der NHS im Detail diskutiert. Aber nur zwei Monate, nachdem die neue Regierung im Amt war, wurde ein Arbeitspapier vorgelegt, dass den NHS in England komplett umkrempeln sollte. Diese Vorlage mündete mit einigen Zwischenstopps und unter gewaltigem öffentlichem Widerstand zwei Jahre später in einem Gesetz, das seit Anfang 2013 in Kraft ist.

Bis dahin wurde der NHS in England im wesentlichen über 10 übergeordnete *Strategic Health Authorities* und 151 lokale *Primary Care Trusts* organisiert – alles Institutionen, die das Gesundheitssystem und einen Großteil der zur Verfügung gestellten Gelder ganz nach den Bedarfen ihrer Region planten und verwalteten. Diesen bürokratischen Mittelbau schafft die Reform ab und damit 24.000 Arbeitsplätze. Stattdessen bekommen nun die GPs direkten Zugriff auf die 80 Milliarden Pfund Gesundheitsbudget. Sie sollen eigenständiger über die besten Behandlungsmethoden für ihre Patienten entscheiden, den Anbieter für die jeweilige Behandlung aussuchen, und diesen für seine Tätigkeit bezahlen. Bei den entsprechenden Anbietern kann es sich um andere öffentliche Stellen, vor allem aber auch verstärkt private Anbieter handeln. De facto handelt es sich bei der Reform also um eine gezielte Privatisierung weiter Teile der englischen Gesundheitsversorgung, mit relativ schwach ausgeprägter Regulierung.

Wie geschildert handelt es sich hierbei um das wohl umstrittenste Projekt der letzten britischen Regierung. Selbst die Vertretungen der niedergelassenen Ärzte sind gegen die Reform Sturm gelaufen. Geholfen hat es alles nichts – und die Briten sehen zu, wie zumindest in England ihr geliebter NHS auseinandergebrochen wird. Die ersten negativen Effekte auf die medizinische Versorgung sind schon zu verzeichnen.

Die anderen drei Nationen nehmen sich hieran kein Beispiel – im Gegenteil. Schottland ist gerade dabei, die privaten Anteile an ihrem NHS noch weiter zurückzufahren. Auch hat Schottland das vergleichbare englische Projekt der Hochschulreform und der damit verbundenen massiv gestiegenen Studiengebühren nicht mitgemacht. Beide Entscheidungen zusammen sind schon Grund genug, die Schotten zu lieben.

Das soll als Überblick über das britische Gesundheitssystem vorerst reichen. In Kapitel 8 gehe ich dann genauer auf die entsprechenden Themen ein, die mich in meiner Zeit auf der Insel mitten ins Herz der britischen Skeptiker, der evidenzbasierten Medizin und der Rechtsprechung katapultieren: Auf die Aktionen gegen Homöopathie, auf den Kampf des Autoren Simon Singh gegen die Chiropraktiker, und auf die Mittel und Wege, um auf der Insel Kurpfuscher und falsche Heilsversprecher zur Verantwortung zu ziehen, ohne gleich vor Gericht zu gehen.

7 WILLIAM SHAKESPEARE*)

Das Wesentliche über den Barden vom Avon

Ein Kapitel nicht über Shakespeare, sondern den Autor gleichen Namens. Von fehlenden Geburten, überstürzten Hochzeiten mit amerikanischen Schauspielerinnen und Beerdigungen unter Ausschluss der Öffentlichkeit. Zu haltlosen Verschwörungstheorien über Sexualität und Genius und ganz realen Verschwörungen gegen einen König. Von politischer Propaganda, sprachlichem Erbe und einem zeitreisenden Hamlet. Es ist nicht alles Gold, was glänzt, aber Ende gut, alles gut. Der Rest ist Schweigen.

Wenn man einen Einblick in die wichtigsten Themen der Insel geben möchte, kommt man um den bekanntesten Autor englischer Sprache nicht herum: William Shakespeare. Aber dies wäre nicht *Viva Britannia*, wenn ich zu diesem Thema einfach seitenlange Wikipedia-Einträge und Theaterkritiken widergeben würde. Stattdessen möchte ich Euch knapp das Wichtigste zum "Barden vom Avon" nahebringen, und einige Einsichten, die hoffentlich auch für Euch noch neu sind. Zu meinen persönlichen und sehr nerdigen Erfahrungen mit Shakespeare komme ich gegen Ende des Kapitels zurück.

Biographie

Am 26. April 2014 war es genau 450 Jahre her, dass William Shakespeare getauft wurde. Wann er genau im Jahr 1564 *geboren* wurde, wissen wir nicht mit Sicherheit. Überhaupt ist vieles über Shakespeares Leben unbekannt oder umstritten. Das ist aber auch nicht weiter verwunderlich: Auch von vielen Zeitgenossen Shakespeares gibt es wenige persönliche Aufzeichnungen oder Dokumen-

---

*) Quellen: Folgen "VB032 William Shakespeare" vom 08.04.2014, "VB033 Bits & Bobs 3" vom 21.04.2014

te Dritter, die die Zeit überstanden haben. Lücken und vermeintliche Besonderheiten in Shakespeares Leben wurden zum Anlass für verschiedene Verschwörungstheorien, die sich aber alle bei näherem Hinsehen in Luft auflösen.

So fanden sich die Lebensdaten einer Person lange Zeit vor allem in den Kirchenbüchern ihrer Heimatgemeinde. Wann jemand geboren wurde, war da zweitrangig – die Taufe und damit der Eintritt in die Kirche war das maßgebliche Datum, ebenso wie die Heirat oder die Beerdigung.

William Shakespeares Vater John war offiziell ein Handschuhmacher, aber offensichtlich auch ein erfolgreicher Händler. Jedenfalls kam er zu ausreichend Ansehen in dem kleinen Ort Stratford-upon-Avon in Mittelengland, um sowohl die jüngste Tochter eines lokalen Großgrundbesitzers zu heiraten, als auch verschiedene Gemeindeämter zu bekleiden, bevor er später in finanzielle Schwierigkeiten geriet. Das Paar hatte insgesamt acht Kinder, von denen aber viele früh verstarben. Die durchschnittliche Lebenserwartung zu dieser Zeit lag bei etwa 35 Jahren, mit einer hohen Kindersterblichkeit. William sollte der älteste überlebende Sohn der Shakespeares sein.

William besuchte in Stratford-upon-Avon die Schule, und dank des landesweit einheitlichen Lehrplans kam er auch in den Genuss von Unterricht in Latein, und er lernte viele klassische Werke und Geschichten kennen. Mit gerade 18 Jahren heiratete William die acht Jahre ältere Witwe Anne Hathaway. Ja, die Dame hieß wirklich so und war keine amerikanische Schauspielerin. Anne war zum Zeitpunkt der Heirat mit der gemeinsamen Tochter Susanna schwanger, und die Hochzeit scheint etwas überstürzt arrangiert worden zu sein – dennoch sollten William und Anne ein Leben lang verheiratet bleiben, und zwei Jahre nach Susanna kamen noch die Zwillinge Hamnet – nein, nicht Hamlet – und Judith zur Welt.

Dann verlieren sich die Spuren von Shakespeare für etwa acht Jahre, bis er erstmals im Zusammenhang mit der Londoner Theaterszene erwähnt wird. Zu diesem Zeitpunkt waren schon mehrere seiner Stücke auf der Bühne zu sehen. 1592 wirft der Autor Robert Greene in einem Zeitungsartikel dem jungen Shakespeare vor, vergeblich an die literarische Qualität der Universitäts-gebildeten zeitgenössischen Schriftsteller wie Christopher Marlowe oder Greene selbst herankommen zu wollen. Das Publikum schien hier aber anderer Meinung zu sein. Ab 1594 wurden Shakespeares Stücke ausschließlich von der Theatergruppe *The Lord Chamberlain's Men* aufgeführt, der Shakespeare selbst als Schauspieler angehörte, und die schnell zur populärsten Theatergruppe Londons wurde. Dies zahlte sich offenbar auch für Shakespeare aus: Bereits drei Jahre später kaufte er das zweitgrößte Anwesen in seiner Heimatstadt Stratford, und auch seine späteren Immobiliengeschäfte zeugen von Reichtum. 1599 errichtete die Theatergruppe mit dem *Globe Theatre* ihre eigene Bühne in London, und nach dem Tod von Königin Elizabeth I. wurde die Kompanie von James I. in den Stand einer Hoftheatergruppe erhoben. Fortan firmierte sie als *The King's Men.*

Shakespeare schrieb und schauspielerte bis etwa 1608, wobei er seine Zeit zwischen der Arbeit in London und seiner Familie in Stratford aufteilte. Um 1609 wurde London von der Pest heimgesucht, und Theater wurden immer wieder für längere Zeit geschlossen. Vielleicht war es dieser Umstand, der Shakespeare dazu brachte, dass er sich mit etwa 44 Jahren als Schauspieler von der Bühne zurückzog und nur noch als Autor tätig war. In den folgenden Jahren schrieb er immer weniger, und am Sankt-

Georgs-Tag, dem 23. April 1616, verstarb Shakespeare mit 52 Jahren.

Werk

Heute werden Shakespeare etwa 40 Theaterstücke und 154 Sonette zugeschrieben. Vieles davon wurde bereits in verschiedenen Formen zu Shakespeares Lebzeiten veröffentlicht, aber die erste definitive Sammlung seiner Werke, der sogenannte *First Folio*, wurde ein paar Jahre nach seinem Tod von zwei Freunden Shakespeares herausgegeben. Wann Shakespeare genau welche Stücke schrieb, ist schwierig nachzuvollziehen. Dennoch hat er seine Karriere offensichtlich mit damals beliebten Historienstücken wie *Richard III.* begonnen. Wie ich im gleichnamigen Kapitel 12 des ersten Buches bereits erwähnte, waren diese Stücke auch zu einem großen Teil Propaganda für das herrschende Tudor-Geschlecht. Die vorangegangene Herrscherdynastie der Stuarts und die Zeit der Rosenkriege insgesamt wurde möglichst negativ dargestellt, und die Tudors als heilbringende Lichtgestalten, die das Reich in eine neue Blüte führten. Auf einen ähnlichen Fall komme ich gleich noch zurück.

Gleichzeitig mit den Historienstücken schrieb Shakespeare auch Komödien, wie *Der Widerspenstigen Zähmung*, *Viel Lärm und Nichts* und schließlich *Ein Sommernachtstraum*. Sein Schreibstil wurde mit den Jahren immer ausgefeilter, und schließlich schwappten komödiantische Anteile auch in seine Historien über – ernste und lustige Passagen wechselten sich ab. Schließlich kam Shakespeare bei seinen großen Tragödien an – von *Romeo und Julia* zu *Hamlet*, *King Lear* und *Macbeth*.

Und bei *Macbeth* schließt sich der Kreis zu politischer Propaganda. James I. hatte als erster gemeinsamer König von England und Schottland den Thron bestiegen, und Konflikte zwischen Katholiken und Protestanten bestimmten seine Herrschaft. Im ersten Buch hatte ich mehrfach die katholischen Verschwörer um Guy Fawkes erwähnt, die 1605 versuchten, den protestantischen König James durch einen Sprengsatz umzubringen, aber rechtzeitig entdeckt wurden. Es ist gesichert, das Shakespeares Familie Verbindungen zu den Verschwörern hatte, die zum Teil aus Stratford stammten, und die in London den gleichen Pub frequentierten wie William Shakespeare. Sollte es also Zufall sein, dass Shakespeare just nach dem gescheiterten Anschlag sein einziges Stück über Schottland schrieb und den vom intriganten Macbeth ermordeten Herrscher Duncan nicht historisch korrekt als ungebildeten Wilden darstellte, sondern stattdessen als weisen Herrscher, deutlich porträtiert nach James I.? Überdeutlich stellt sich Shakespeare hier schriftstellerisch auf die Seite des neuen Königs – der, wie geschildert, ja auch Patron von Shakespeares Theatergruppe geworden war. Ein Schelm, wer Böses dabei denkt.

Bedeutung

Zu seinen Lebzeiten war Shakespeare anerkannt, aber er wurde nicht als Genie gefeiert. Als er starb und in einer Kirche in Stratford-upon-Avon beigesetzt wurde, sorgte das im fernen London nicht weiter für Schlagzeilen – ganz im Gegensatz zum Tod des Schauspielers Richard Burbage einige Zeit später, der einer der Hauptdarsteller der *King's Men* gewesen war, und dessen Tod als nationaler Verlust betrauert wurde. Erst im Laufe der folgenden 150 Jahre wurde Shakespeare wiederentdeckt und sollte unzählige andere Autoren, Dichter und Komponisten inspirieren. Allein die Zahl der Musikstücke, die von Shakespeare beeinflusst worden sind, wird mit mehr als 20.000 beziffert.

Unbestritten ist auch Shakespeares Einfluss auf die englische Sprache. In seinem umfangreichen Gesamtwerk kommen mehr als 1.700 Worte und Redewendungen vor, die vor ihm nirgendwo dokumentiert sind, und heute fester Bestandteil der englischen Sprache sind. Vermutlich waren einige davon keine wirkliche Erfindung von Shakespeare selbst, sondern einfach bis dahin noch nicht in Büchern aufgetaucht, aber die meisten gehen wohl tatsächlich auf das Konto des "Barden vom Fluss Avon", wie er gerne genannt wird.

Zu den heute alltäglichen englischen Wörtern, die Shakespeare erstmals verwendete, gehören unter anderem *addiction*, *advertising*, *bedroom*, *birthplace*, *champion*, *cold-blooded*, *dawn*, *elbow*, *gossip*, *hint*, *label*, *lonely*, *luggage*, *negotiate*, *outbreak*, *rant*, *secure*, *torture*, *undress* und *worthless*. Ebenso wissen wir erst seit Shakespeare, dass nicht alles Gold ist, was glänzt, dass von Nichts nichts kommt, und dass sich etwas in einem Wimpernschlag ändern kann. Erst seit ihm stehen einem die Haare zu Berge, hat man ein Herz aus Gold, ist die Liebe blind, kann etwas zu viel des Guten sein oder sich in Luft auflösen. Aber: Ende gut, alles gut.

In diesem Sinne ist Shakespeare für das Englische was Goethe und Schiller für das Deutsche sind. Wer kennt im Deutschen schon noch seine literarischen Pappenheimer? Für die meisten ist die Herkunft von Sprüchen wie "Die Axt im Haus erspart den Zimmermann" doch nur Schall und Rauch.

Verschwörungstheorien

Apropos Schall und Rauch: Wie geschildert sind viele Lücken und vermeintliche Eigenheiten um die Person William Shakespeare Anlass für verschiedene Verschwörungstheorien.

Musste Shakespeare überstürzt heiraten, nur weil er eine junge Witwe geschwängert hat? Vielleicht. Andererseits war Anne Hathaway eine gute Partie, während Williams Vater finanzielle Probleme hatte. Auch verbrachte Shakespeare seinen Lebensabend mit seiner Gattin – so ganz ohne Zuneigung war diese Verbindung also offensichtlich nicht.

War Shakespeare in Wahrheit schwul oder bisexuell? Immerhin sind viele seiner Sonette an einen jungen Mann gerichtet. Vielleicht. Aber die Sonette waren offensichtlich private Gedichte, die Shakespeare sein Leben lang für Freunde und Bekannte schrieb, und selten aus einer persönlichen Sicht heraus. Warum sollten sich darunter nicht auch solche befinden, die nicht nur Frauen, sondern auch Männer in den Mittelpunkt stellten. Schließlich schrieb Shakespeare auch in seinen Theaterstücken die schmachtenden Dialoge seiner weiblichen Charaktere.

Und das größte Rätsel von allen: Gab es Shakespeare wirklich, oder war dieser Name nur das Pseudonym eines oder mehrerer zeitgenössischer Autoren? Oder, um es mit einem meiner Lieblingssprüche zu sagen: Wurden die Werke Shakespeares nicht von ihm, sondern von einem Autor gleichen Namens geschrieben? Zu dieser Frage möchte ich in aller Kürze auf die Folge 64 des *Hoaxilla*-Podcasts meiner lieben Freunde Alexa und Alexander verweisen.[*)] Vor wenigen Jahren widmete sich der Film *Anonymous* von Roland Emmerich dieser Frage. Seit dem 19. Jahrhundert gibt es eine kleine Gemeinde von Verschwörungstheoretikern, die behaupten, dass Shakespeare als historische Person nie existierte, und seine Werke von königshofnahen Zeitgenossen verfasst wurden, wie zum Beispiel von Edward de Vere, dem Earl von Oxford. Dumm nur, dass es trotz aller Lücken zahlreiche

*) www.hoaxilla.com/hoaxilla-64-wer-schrieb-shakespeares-werke/

historische Dokumente zu Shakespeare und seiner Theaterkarriere gibt. Dumm auch, dass der liebe Earl bereits 1604 verstarb, während einige von Shakespeares Werken nachweislich später geschrieben wurden. Und schließlich ist interessant, dass zu Shakespeares Lebzeiten und fast 200 Jahre danach niemand an dessen Autorenschaft zweifelte – bis sein Werk weltweit bekannt wurde. Und damit legen wir diese Verschwörungstheorie einmal schnell zu Grabe.

Royal Shakespeare Company

In meiner eigenen Zeit auf der Insel ist mir Shakespeare bewusst nur einmal untergekommen. Natürlich war ich auch mal in Stratford-upon-Avon, das heute noch vom Shakespeare-Tourismus lebt. Wenn Ihr den kleinen Ort besucht, versucht es vielleicht unter der Woche, um den schlimmsten Touristenhorden aus dem Weg zu gehen. Die *Old Thatch Tavern* ist ein guter, zentral gelegener Pub, der auch sehr gutes Essen zu vernünftigen Preisen serviert. Vor allem aber solltet Ihr Euch frühzeitig erkundigen, welche Produktionen der *Royal Shakespeare Company* zu der jeweiligen Zeit auf den verschiedenen Bühnen des Ortes zu sehen sind.

Die *Royal Shakespeare Company* oder kurz einfach nur *RSC* ist die wohl renommierteste Theaterorganisation der Insel. Bereits seit der Mitte des 19. Jahrhundert gab es in Stratford dauerhaft Aufführungen von Shakespeare-Stücken in eigens dafür geschaffenen Theatern. Die RSC, wie sie heute existiert, gibt es jedoch erst seit den 1960ern. Sie beschäftigt heute über 700 Mitarbeiter und verantwortet jedes Jahr mehr als zwanzig Produktionen nach Shakespeare und ausgewählten anderen Autoren. Die Produktionen werden entweder in eigenen Theatern in Stratford oder in London aufgeführt, oder sie touren über die verschiedenen Bühnen der Insel. Vor einigen

Jahren wurden die Theater in Stratford durch aufwändige Neubauen ersetzt, und genau in dieser Zeit kam ich in den Genuss der wohl nerdigsten *Hamlet*-Aufführung der Geschichte.

Im Laufe ihres Bestehens war die RSC für viele bekannte Interpretationen von Shakespeare-Stücken verantwortlich, ebenso wie für die Bekanntheit einiger Schauspieler. Laurence Olivier war einer der RSC-Gründer, und zu den gefeierten Schauspielern in Produktionen der Company gehören unter anderem Peter O'Toole, Gary Oldman, John Gielgud, Ian McKellen, Vanessa Redgrave, Judie Dench und Helen Mirren.

Ich selbst hatte die Ehre, 2008 in einem der Ausweich-Theater während der Renovierungszeit in Stratford eine moderne *Hamlet*-Inszenierung zu sehen. Hamlet wurde dabei gespielt von David Tennant – alias *Doctor Who*. Die Rolle von Hamlets Onkel und dem Geist seines Vaters verkörperte niemand anders als Patrick Stewart alias Captain Picard von *Star Trek: Next Generation*. Zudem kam mir der Schauspieler von Polonius bekannt vor, und ein Blick ins Programmheft verriet mir, dass es sich hier um Oliver Ford Davies handelte – der in *Star Wars* Episode 1-3 Sio Bibble gespielt hatte, den Gouverneur von Naboo. Keine Frage – das Stück war ein Erlebnis, und wer es nachempfinden möchte, kann diese Inszenierung auch heute noch auf DVD finden. Die Inszenierung war so erfolgreich, dass die Königliche Post ein Bild von David Tennant's Hamlet auf eine Briefmarke bannte, um den 50. Geburtstag der Royal Shakespeare Company zu würdigen. Braucht es noch einen besseren Beweis, dass Shakespeare zeitlos ist?

8 BCA v SINGH*)

Wissenschaft vor Gericht

Wie ein Gerichtsverfahren die Wissenschaftsszene und Politik der Insel veränderte. Von Aufklärungskampagnen, Rufschädigung, knochenbrecherischen Lebensenergetikern, fragwürdigen Textinterpretationen, treffenden Serienbriefen und homöopathischen Überdosen. Wo Chiropraktiker, Osteopathen, Anthroposophen und Impfleugner auf Wissenschaftsjournalisten, Verbraucherschützer, Richter und Barbara Streisand treffen.

Der Titel dieses langen Kapitels wird vielen von Euch erst einmal recht kryptisch erscheinen – "*BCA v Singh*". Keine Bange – in einigen Minuten seid Ihr schlauer, und Euer Leben um ein buntes Thema reicher, das mich in meiner Zeit auf der Insel durchgehend begleitet und sehr geprägt hat. Es geht um Wissenschaft und Journalismus, um falsche Heilsversprechen und Rufschädigung, um Verbraucherschutz und Recht und Gesetz, und um Aktivismus, die Verantwortung jedes Einzelnen, und den Sinn von Kampagnen. Und warum ich gerade jetzt dazu komme, "*BCA v Singh*" bei *Viva Britannia* aufzugreifen, darauf komme ich am Ende des Kapitels zurück.

Simon Singh

Singh – das ist der Wissenschaftsautor Simon Singh, den ich bereits an anderer Stelle erwähnt hatte. Simon Singh hat in London und Cambridge Physik studiert und für seine Doktorarbeit in Teilchenphysik auch am Genfer Kernforschungszentrum CERN geforscht. 1990 begann er, für die BBC zu arbeiten, und war dort für die Produktion verschiedener Wissenschaftssendungen zuständig.

---

*) Quellen: Folgen "VB016 BCA v Singh" vom 03.05.2014, "VB044 Bits & Bobs 4" vom 04.10.2014

1996 führte Singh Regie bei einer Dokumentation über den Mathematiker Andrew Wiles und die Geschichte des mathematischen Problems, das Wiles nach 300 Jahren endlich gelöst hatte – Fermats letzten Satz. Die gleichnamige Dokumentation gewann den den britischen Film- und Fernseh-Preis BAFTA und war auch für den amerikanischen Emmy Award nominiert. Simon Singhs Begleitbuch zu der Dokumentation war das erste Buch über Mathematik, das auf der Insel zum Bestseller wurde. Daraufhin hängte er seinen Fernsehjob an den Haken und arbeitet seitdem in erster Linie als Journalist und Autor, um wissenschaftliche Ideen der breiten Öffentlichkeit zugänglicher zu machen. 1999 veröffentlichte Singh *The Code Book* über die Geschichte der Kryptographie und insbesondere die Arbeit von Alan Turing und den Entschlüsselungsexperten von Bletchley Park im Zweiten Weltkrieg; über diese Computerpioniere hatte ich in Kapitel 21 des ersten *Viva-Britannia*-Buches einiges erzählt. Aus *The Code Book* wurde wiederum eine mehrteilige Fernsehserie, die Singh präsentierte. 2004 erschien dann mit *Big Bang* Singhs leicht verständliche Geschichte des Universums – und der Menschen, deren wissenschaftlicher Arbeit wir diese Erkenntnisse zu verdanken haben.

Simon Singh hat zahlreiche Auszeichnungen für seine Arbeit bekommen. Er ist unermüdlich dabei, mathematische und wissenschaftliche Konzepte verständlich zu erläutern, und Menschen dafür zu begeistern. Das macht ihn auch zu einem regelmäßigen Sprecher bei Veranstaltungen wie *Skeptics in the Pub*, die in vielen britischen Städten privat organisiert werden, und bei denen Autoren und Wissenschaftler einem interessierten Publikum bei einem Bier aus ihrer Arbeit erzählen. Dieses Umfeld war es auch, in dem ich Simon persönlich kennen lernen durfte – und das bereits, bevor er für seine Arbeit vor Gericht gezerrt wurde. Wie kam es nun dazu?

Edzard Ernst

2008 veröffentlichte Simon Singh sein viertes Buch mit dem Titel *Trick or Treatment?*, zusammen mit dem Wissenschaftler Edzard Ernst.

Edzard Ernst ist ein ursprünglich deutscher Arzt, der zunächst an einer homöopathischen Klinik in München tätig war, und Ausbildungen in zahlreichen alternativmedizinischen Methoden abgeschlossen hat. Im Laufe der Zeit wechselte er in die Medizinforschung und war als Professor unter anderem in Hannover und Wien tätig. 1993 wurde Edzard Ernst zum weltweit ersten Professor für Komplementärmedizin an der Universität Exeter berufen. Er hat bis heute fast 50 Bücher und 1.000 wissenschaftliche Artikel veröffentlicht, in denen er sich vor allem der wissenschaftlichen Beweislage für die Wirkung sogenannter alternativ- und komplementärmedizinischer Therapien widmet.*)

Für die Anhänger der Alternativmedizin ist Edzard Ernst deshalb mittlerweile ein rotes Tuch – denn er hat gezeigt, dass man solche Verfahren wissenschaftlich untersuchen kann, und dass nur sehr wenige von ihnen objektiv nachweisbare Erfolge bringen. Viele vermeintliche Wirkungen lassen sich auf schlecht durchgeführte Studien oder reine Placebo-Effekte zurückführen. Demgegenüber bringen viele dieser Methoden deutliche Risiken mit sich – und sei es, dass Patienten über den Hang zu vermeintlich "sanften" aber sinnlosen Verfahren notwendige echte medizinische Untersuchungen und Behandlungen für sich oder ihre Angehörigen ausschlagen.

---

*) Die Biographie von Edzard Ernst erschien im jmb Verlag: Nazis, Nadeln und Intrigen. Erinnerungen eines Skeptikers, ISBN 978-3-944342-56-6, 216 Seiten. Übersetzt von Alexa Waschkau

Simon Singhs und Edzard Ernsts gemeinsames Buch *Trick or Treatment?* widmet sich genau diesem Thema: Für Laien verständlich erklären die beiden Autoren, welche alternativmedizinischen Methoden wirken und warum, welche nicht wirken, und welche schaden. Die deutsche Übersetzung *Gesund ohne Pillen – was kann die Alternativmedizin?* wurde 2009 als deutsches Wissensbuch des Jahres ausgezeichnet.

Chiropraktik und Osteopathie

Eine der Therapieformen, die Singh und Ernst in ihrem Buch behandeln, ist die Chiropraktik. Dabei handelt es sich um eine von vielen Ausprägungen der sogenannten manuellen Therapie – der Behebung von Leiden durch das manuelle Richten von Muskeln und Knochen. Das klingt erst einmal ganz unverfänglich nach Physiotherapie oder Krankengymnastik. Aber viele Laien halten Homöopathie ja auch für pflanzliche Medizin und nicht für pure Zuckerkügelchen oder Lösungen ohne jeglichen aktiven Inhaltsstoff.

Die Geschichte der Chiropraktik beginnt mit der Osteopathie – noch so einer manuellen Therapie. Die Osteopathie wurde im 19. Jahrhundert in den Vereinigten Staaten von dem Arzt Andrew Taylor Still erfunden. Still glaubte, dass alle körperlichen Leiden auf Fehlstellungen der Knochen und Muskeln zurückzuführen seien, die wiederum den Blutkreislauf negativ beeinflussen. Diese vermeintlichen Fehlentwicklungen bezeichnete er als *somatische Dysfunktionen*. Durch eine entsprechende Korrektur der Stellung und damit der somatischen Dysfunktion sollten die Selbstheilungskräfte des Menschen angeregt werden, um sich selbst von allen Krankheiten zu befreien – also nicht nur solchen, die wir mit dem Skelett und den Muskeln verbinden, sondern auch allen organischen Leiden. Andrew Taylor Still verband in seiner Theorie Erfahrungen aus dem Richten von Knochen mit Ideen der Spiritisten und magnetischen Heiler seiner Zeit.

Etwa zur gleichen Zeit prägte der Amerikaner Daniel David Palmer den Begriff Chiropraktik für einen erstaunlich ähnlichen Ansatz. Palmer glaubte, dass alle körperlichen Leiden auf Fehlstellungen der Knochen und Muskeln zurückzuführen seien, die wiederum das *Nervensystem* negativ beeinflussen. Diese vermeintlichen Fehlstellungen bezeichnete er als *Subluxationen*. Durch eine entsprechende Korrektur der Stellung und damit der Subluxationen sollten die Selbstheilungskräfte des Menschen angeregt werden, um sich selbst von allen Krankheiten zu befreien – also nicht nur solchen, die wir mit dem Skelett und den Muskeln verbinden, sondern auch allen organischen Leiden.

Daniel David Palmer hat lange Zeit behauptet, er sei unabhängig von Andrew Taylor Still auf die Idee für die Chiropraktik gekommen, aber Notizen aus seinem Nachlass belegen, dass er bei Still in die Lehre ging, und die Ideen der Osteopathie nur etwas abwandelte. Beide Herren konnten von den von ihnen erfundenen Therapien gut leben, insbesondere auch dadurch, dass sie Kurse verkauften und Schulen gründeten, in denen man ihre vermeintliche neue Medizin erlernen kann.

Heute gibt es noch immer Osteopathen und Chiropraktiker, die aber selbst innerhalb ihrer eigenen Profession sehr unterschiedliche Ansichten zu den 150 Jahre alten Theorien der Gründer ihrer jeweiligen alternativmedizinischen Therapie haben. So gibt es den Begriff *Subluxation* auch in der allgemeinen orthopädischen Medizin und er bezeichnet eine echte Fehlstellung eines Gelenks. Klassische Osteopathen und Chiropraktiker nehmen aber implizit immer noch so etwas wie die Existenz einer Lebensenergie oder zumindest einen Einflusses der Knochenstellung auf organische Leiden an. Für Chiropraktiker sind Subluxationen gleichzusetzen mit Störungen im Fluss dieser Lebensenergie. Sie betten den medizinischen Begriff also in einen vollkommen esoterischen Überbau ein, der ihnen theoretisch erlaubt, durch das Drücken und Drehen an Gelenken nahezu *alles* heilen zu wollen.

Andere Vertreter dieser Professionen sind hingegen wissenschaftlicher unterwegs und konzentrieren sich auf die einzige Indikation, die eine manuelle Therapie nachweislich wirklich lindern kann: Und das sind Rückenschmerzen.

Zu diesem Schluss kommen Simon Singh und Edzard Ernst zum Thema Chiropraktik auch in *Trick or Treatment?*: Nach der aktuellen Beweislage auf Basis wissenschaftlicher Studien kann sie bei einigen Formen von Rückenschmerzen hilfreich sein und ist hier mit klassischer Physiotherapie vergleichbar. Für alle anderen Indikationen – und insbesondere solche, die gar nichts mit orthopädischen Leiden zu tun haben – gibt es keine wissenschaftlichen Belege für die Wirksamkeit von Chiropraktik.

Umgekehrt bergen osteopathische und chiropraktische Verfahren erhebliche Risiken. Immerhin werden hier Wirbel und Gelenke zum Teil bewusst über ihre natürlichen Stellungen hinaus gedreht und gedrückt, und je nach spezifischer Methode, der behandelten Körperstelle und dem Zustand des Patienten kann es durchaus zu Schädigungen kommen. Insbesondere bei Behandlungen im Nackenwirbelbereich gab es auch Schlaganfälle sowie Todesfälle durch gerissene Arterien.

BCA v Singh

All diese Fakten hatte Simon Singh im Kopf, als er am 19. April 2008 die alljährliche *Chiropractic Awareness Week* – also die "Aufklärungswoche zur Chiropraktik" – des britischen Chiropraktiker-Verbandes zum Anlass nahm, in seiner Zeitungskolumne im *Guardian* zur Chiropraktik aufzuklären.

Singh schilderte knapp all das, was ich Euch eben erzählt habe, und noch einiges mehr. Im Zusammenhang mit der fehlenden Beweislage für die Wirksamkeit chiropraktischer Methoden schrieb Singh wörtlich:

"The British Chiropractic Association claims that their members can help treat children with colic, sleeping and feeding problems, frequent ear infections, asthma and prolonged crying, even though there is not a jot of evidence. This organisation is the respectable face of the chiropractic profession and yet it happily promotes bogus treatments."

Zu Deutsch heißt das: "Der britische Chiropraktiker-Verband behauptet, dass ihre Mitglieder helfen können, Kinder mit Koliken, Schlaf- oder Fütterstörungen, mit regelmäßigen Ohrinfektionen, Asthma oder ständigem Weinen zu behandeln, obwohl es hierfür nicht den Hauch eines Beweises gibt. Diese Organisation ist das geachtete Gesicht des chiropraktischen Berufsstandes und dennoch preist sie fröhlich sinnlose Behandlungen an."

Wie man sich vorstellen kann, war der britische Chiropraktikerverband BCA über diese negative Publicity nicht erfreut. Aber anstatt die inhaltliche Debatte zu suchen und darzulegen, warum die BCA die von Simon Singh kritisierten Heilsversprechen als angemessen erachtet, schlug sie das Angebot des *Guardian* auf eine Gegendarstellung aus und verklagte Simon Singh wegen

Verleumdung. “*BCA v Singh*” steht für nichts anderes als das Gerichtsverfahren “*BCA versus Singh*” also “BCA gegen Singh”.

Libel Law

An dieser Stelle muss ich jetzt ein wenig zum Thema Verleumdung und englische Rechtsprechung ausholen. Keine Angst – ich bin selbst kein Jurist, und ich mache es so einfach wie möglich. Juristen wiederum mögen mir die notwendigen Vereinfachungen nachsehen.

In den einzelnen Rechtssystemen gibt es viele feine Unterscheidungen bei sogenannten Ehrdelikten. Wenn man jemanden in Deutschland durch ein Werturteil in seinem Ruf schädigt, dann ist das eine *Beleidigung*. Wenn man über jemanden falsche Tatsachen verbreitet, die ihn in seiner Ehre verletzen sollen, ist das *üble Nachrede*. Und wenn man das wider besseren Wissens tut, ist es *Verleumdung*.

In englischsprachigen Rechtssystemen spricht man bei Ehrverletzungen allgemein von *defamation*. Unterschieden wird dabei gerne zwischen Äußerungen, die nur mündlich gemacht werden, und für die es deshalb Zeugen braucht; das heißt im Englischen *slander*. Und dann gibt es alles, was in irgendeiner Form als Dokument vorliegt; das wäre dann *libel*. Und das ist dann auch der Begriff, der im Zusammenhang mit dem Fall “BCA gegen Singh” immer angewandt wurde – es ging um *libel*.

Das britische *libel law* – also die Rechtsprechung im Zusammenhang mit Rufschädigung – hatte bereits vor der Simon-Singh-Affäre international einen schlechten Ruf – oder einen hervorragenden Ruf, je nachdem, auf welcher Seite man stand. Denn traditionell war dieser Teil der britischen Rechtsprechung einer der wenigen, in denen keine Unschuldsvermutung galt – das heißt, man galt als Beklagter nicht als unschuldig, bis die Schuld bewiesen war, sondern galt nach der Anklage als schuldig, und musste aktiv seine Unschuld beweisen. Hinzu kam, dass diese Art von Gerichtsverfahren in Großbritannien sehr teuer war. Die Kosten für ein Verfahren um Rufschädigung waren nach einer Studie der Universität Oxford hier etwa 140 Mal höher als im Rest Europas.

So war es es für viele Personen oder Organisationen mit unlauteren Praktiken lange Zeit attraktiv und ein Leichtes, Kritiker allein mit der Androhung einer Klage mundtot zu machen. Wann immer es möglich war, jemanden wegen Rufschädigung vor einen britischen Richter zu zerren – egal wo auf der Welt die vermeintliche Tat tatsächlich erfolgt ist – wurde davon Gebrauch gemacht. So hat eine isländische Bank eine dänische Zeitung im Jahr 2007 nur deshalb in England auf Rufschädigung verklagen können, weil nachweislich einige Exemplare der dänischen Zeitung auch auf der Insel verkauft werden. So waren es meist Zeitungen und Journalisten, die hier die Leidtragenden waren, und die lieber ihre Berichterstattung zurückzogen als immense Gerichtskosten zu riskieren, und das selbst in Fällen, wo es wahrscheinlich war, dass sie Recht bekommen würden. Denn selbst bei einem günstigen Verfahren blieben die Beklagten regelmäßig auf einem erheblichen Teil der Gerichtskosten sitzen.

August 2008: Verfahrensbeginn

Simon Singhs Kolumne war im April 2008 erschienen, und es dauerte bis August, bis die Klage der BCA gegen den Autor offiziell wurde. Tatsächlich klagte die BCA nicht gegen die Zeitung, sondern gegen Simon persönlich – ungewöhnlich, aber vollkommen nachvollziehbar, wenn man jemanden mundtot machen möchte.

Bereits in dieser frühen Phase waren britische Skeptiker in den Fall involviert. David Allen Greene, ein Rechtsanwalt, der als wissenschaftlicher Interessierter bereits ein Blog zu freier Meinungsäußerungen und juristischen Spitzfindigkeiten schrieb, lernte Simon Singh just an dem Abend persönlich kennen, als der *Guardian*-Artikel erschien. Beide konnten damals noch nicht ahnen, was sie die nächsten Jahre miteinander verbinden sollte. David, der auch eine der zahlreichen *Skeptics-in-the-Pub*-Veranstaltungen in London organisiert, konnte Simon Singhs Fall selbst nicht übernehmen, weil er damals als Unternehmensanwalt arbeitete, er verwies Simon aber an einen ehemaligen Kollegen in einer Kanzlei. David selbst verhalf dem Fall ab August 2008 zu Bekanntheit, indem er in seinem Blog regelmäßig aus juristischer Sicht über den aktuellen Stand des Verfahrens berichtete, und offizieller Ansprechpartner für die Medien wurde.

Am Anfang war das Medienecho zurückhaltend. Unter den wissenschaftlich Interessierten der Insel war die Tatsache, dass ein alternativmedizinischer Verband einen respektablen Wissenschaftsjournalisten wegen nachweislich richtiger Aussagen einfach vor Gericht zerrt, natürlich ein großes Thema. Auf zahlreichen Blogs waren Informationen zum Fall, zu Chiropraktik und der britischen Rechtslage zu finden. Aber der *Guardian* entfernte den Original-Artikel von seiner Website, während das Verfahren lief, und so war die einzige verfügbare Kopie auf einer russischen Website, und die klassischen Medien nahmen von dem Fall keine Notiz.

Mai 2009: Richter Eadys Interpretation

Dies änderte sich schlagartig im Mai 2009, mehr als ein Jahr nach Erscheinen des Artikels. Zu diesem Zeitpunkt hatten die BCA und Simon Singh einen gemeinsamen Vor-Termin mit dem vorsitzenden Richter Sir David

Eady. Hierbei ging es darum zu klären, wie das Gericht die von Simon gemachte Behauptung interpretiert, dass die BCA "fröhlich sinnlose Behandlungen anpreist". Handelte es sich hierbei um eine Metapher oder eine persönliche Meinung Simons, angesichts der Beweislage gegen Chiropraktik? Oder klagte er die BCA konkret an, dass sie genau weiß, dass Chiropraktik in den genannten Fällen nicht wirkt, und sie sie dennoch in betrügerischer Absicht anpreist? Im Fall einer Metapher oder persönlichen Meinung würde Simons Aussage als *fair comment* gewertet, es sei denn, die BCA könnte ihm Böswilligkeit nachweisen. Im Fall einer Tatsachenbehauptung müsste Simon hingegen beweisen, dass die BCA wirklich wider besseren Wissens handelt – und das wäre ein Ding der Unmöglichkeit. Und genau in diesem Sinne entschied Richter Eady, zur vollkommenen Überraschung aller Beteiligten – und der Weltöffentlichkeit. Aus dem Sinnzusammenhang von Simons Aussage war offensichtlich, dass er der BCA keinen Vorsatz vorwarf, sondern höchstens Unwissenheit. Das allerdings sah der Richter anders.

Diese unerwartet eng gefasste Interpretation wurde nun auch von internationalen Beobachtern und Journalisten als Gefahr für die journalistische Freiheit nicht nur auf der Insel, sondern weltweit gesehen. Wenn das britische *libel law* es so einfach macht, *jede* vergleichbare Aussage in *irgendeiner* Publikation auf der Welt vor ein britisches Gericht zu bringen, und die zuständigen Gerichte dann so enge Maßstäbe an Meinungsäußerungen anlegen, dass jeder Beklagte nicht nur hohe Gerichtskosten bezahlen muss, sondern auch keine wirkliche Chance hat, Recht zu bekommen – dann ist die freie Berichterstattung am Ende.

Simon Singh hatte an dieser Stelle zwei Möglichkeiten: Entweder konnte er einen Vergleich eingehen und sich entschuldigen. Sich für eine Aussage zu entschuldigen, die er ohnehin nicht so gemeint hatte, wie der Richter sie interpretiert hat, wäre für Simon persönlich kein großes Problem gewesen. Es hätte aber der Sache inhaltlich nicht gedient. Allerdings hätte Simon bei einem Vergleich auch die gesamten bisherigen Gerichtskosten in Höhe von etwa 100.000 Pfund tragen müssen. Alternativ konnte Simon weiterkämpfen – was in diesem Fall hieß, ein Berufungsgericht anzurufen, um die Interpretation seiner Aussage durch Richter Eady noch einmal von anderen Richtern überprüfen zu lassen.

Zu diesem Zeitpunkt organisierten David Allen Greene und einige andere Skeptiker in London eine Veranstaltung zur Unterstützung von Simon Singh – weniger zu seiner finanziellen Unterstützung, da Simon keine Spenden für seine Verteidigung annehmen wollte, sondern zu seiner moralischen Unterstützung, und um dem Thema mehr Auftrieb in der Öffentlichkeit zu geben. Und das bekam es. Der Psychologie-Professor Chris French führte durch den Abend, der Politikjournalist Nick Cohen sprach zum allgemeinen Problem des englischen *libel law*, der Comedian Dave Gorman wetterte gegen die unehrliche Reaktion der BCA auf den Artikel, der liberale Abgeordnete Evan Harris eilte aus einer Sitzung des Wissenschaftsausschusses herbei und versicherte Simon seine Unterstützung, und schließlich begrüßte der bekannte Physiker und Fernsehstar Brian Cox Simon Singh unter dem tosenden Beifall der Anwesenden auf der Bühne. Zu diesem recht spontan einberufenen Treffen waren Hunderte erschienen, und unter ihnen waren nicht nur die üblichen Verdächtigten aus der Skeptiker-Szene, sondern auch unzählige Wissenschaftsjournalisten und Herausgeber. Es ging nicht mehr nur um evidenzbasierte Medizin und Verbraucherschutz, sondern um Wissenschaftsjournalismus ganz allgemein.

Simon Singh entschied sich, weiter zu machen. Er beantragte ein Berufungsverfahren, und nach einem erfolglosen Versuch bekam er im November 2009 die Erlaubnis dazu. Der Berufungstermin wurde für Februar 2010 angesetzt. Aber in der Zwischenzeit erlebte die BCA, was es heißt, sich mit Freunden des wissenschaftlich-kritischen Denkens anzulegen, und sie mundtot machen zu wollen.

Sommer 2009: Der Quacklash

Was auf die legendäre Veranstaltung in London folgte, sollte von David Allen Greene später *quacklash* getauft werden – eine Schöpfung aus *quack* – dem umgangssprachlichen englischen Wort für "Scharlatan" – und *backlash* – zu Deutsch "Rückschlag".

Was geschah den Chiropraktikern?

Zunächst brachten kritische Blogbeiträge zur fehlenden Diskussionskultur der BCA diese dazu, erstmals auf die *inhaltlichen* Vorwürfe in Simon Singhs Artikel zu reagieren. Die BCA veröffentlichte eine Liste von 29 Studien, die ihrer Meinung nach eine gute Beweislage darstellen, um die Heilsversprechen der Chiropraktik für die von Simon genannten Leiden von Kindern zu belegen. Zahlreiche Wissenschaftsblogger nahmen sich dieser Liste an, und nach weniger als 24 Stunden waren die vermeintlichen Belege für die Wirksamkeit der Chiropraktik in der Luft zerpflückt und die Position der BCA deutlich geschwächt. Die 29 Studien waren entweder von schlechter Qualität, falsch von der BCA interpretiert, oder bezogen sich noch nicht einmal auf die in Frage stehenden Leiden.

Wenige Wochen später veröffentlichte auch noch Edzard Ernst eine entsprechende Replik im *British Medical Journal*, und spätestens zu diesem Zeitpunkt musste auch dem wohlwollendsten Beobachter klar sein, dass Simon

Singh in der Sache mit seiner Kritik an den Heilsversprechen vollkommen recht hatte.

Gleichzeitig machten sich einige findige Skeptiker daran, der BCA auf anderem Wege die Unwissenschaftlichkeit ihres Vorgehens vor Augen zu führen. Die BCA ist der größte von mehreren freiwilligen Berufsverbänden für britische Chiropraktiker, mit etwas über 1.000 Mitgliedern. Alle Chiropraktiker auf der Insel unterstehen aber auch einer offiziellen Berufsaufsicht, und die wird vom *General Chiropractic Council (GCC)* wahrgenommen. Wie in Deutschland ist es auch auf der Insel Anbietern einer Dienstleistung oder Ware nicht erlaubt, falsche Werbeaussagen zu machen. In Deutschland kann man gegen eine solche falsche Werbeaussage aber nur vorgehen, wenn man entweder ein direkt Geschädigter ist, oder aber ein Konkurrent, der gegen sogenannten *unlauteren Wettbewerb* klagt. In beiden Fällen muss man ein Gerichtsverfahren anstrengen. In Großbritannien gibt es hingegen regionale und lokale Institutionen wie die *Trading Standards Authorities* oder die *Advertising Standards Authority*, an die sich jeder Bürger wegen falscher Werbeaussagen wenden kann.

Eines der Leiden, die nachweislich nicht mit Chiropraktik heilbar sind, sind frühkindliche Koliken. Jeder britische Chiropraktiker, der damit wirbt, dass er Koliken heilen kann, macht sich demnach sowohl eines Verstoßes gegen die Regeln zu falschen Werbeaussagen schuldig, als auch eines Verstoßes gegen den allgemeinen Berufskodex des GCC.

Mein Freund Simon Perry, der zu diesem Zeitpunkt auch *Skeptics in the Pub* in Leicester organisierte, ist von Hause aus Informatiker. Die BCA listet auf ihrer Internetseite alle ihre Mitglieder und deren Kontaktdaten, darunter für viele auch deren Internetauftritt. Im Sommer 2009 schrieb Simon Perry ein kurzes Programm, dass die Mitgliederliste der BCA auslas, die Internetseiten der Mitglieder aufrief, sie lokal speicherte, und dann nach dem Stichwort "Kolik" durchsuchte. Simon prüfte dann alle betreffenden Seiten danach, ob die Chiropraktiker wirklich behaupteten, Koliken behandeln zu können. War dies der Fall, markierte er den entsprechenden Eintrag. Er identifizierte 174 Praxen mit insgesamt rund 500 Chiropraktikern, die eine falsche Werbeaussage zur Behandlung von frühkindlichen Koliken machten.

Anhand der Postleitzahl konnte Simon Perry die fraglichen Chiropraktiker automatisch der zuständigen Wettbewerbsbehörde zuordnen, und der Rest war eine Frage eines Serienbriefs. Er meldete die Chiropraktiker an die *Trading Standards Authorities*, die in vielen Fällen schnell von den Praxen verlangten, die Aussagen von ihrer Website zu nehmen. Er meldete die fraglichen Praxen aber auch an das GCC, das in vielen Fällen formale Untersuchungen im Sinne des Berufskodex aufnahm, die sich nicht nur auf Aussagen zu Koliken bezogen, sondern auch auf andere fragwürdige Heilsversprechen. Zeitgleich zu Simon Perry und zunächst nicht miteinander koordiniert taten andere Skeptiker ähnliches, unter anderem Alan Henness, von dem noch zu reden sein wird.

Der Effekt war verheerend für die BCA, das GCC und den Berufsstand. Im Gedenken an einen missglückten Versuch Barbara Streisands, Fotos von ihrem Anwesen aus den Medien zu halten, wird so etwas auch als *Streisand-Effekt* bezeichnet: Jemand versucht, etwas unter den Teppich zu kehren, und erst dadurch bekommt es breite Publicity. Hunderte von Chiropraktikern waren plötzlich unter der Lupe von Behörden, die BCA wurde von ihren Mitgliedern für ihr Verhalten im Fall Singh verflucht, ein anderer Verband rief seine Mitglieder in Panik auf, ihre Internetauftritte vom Netz zu nehmen (und dieser Aufruf wurde natürlich auch sofort öffentlich), und die BCA griff wiederum das GCC an, weil das Council selbst in einer Patienteninformation genau die Art von Aussagen traf, für die sie nun Disziplinarverfahren gegen Chiropraktiker startete.

Der unglückliche Versuch der BCA, den Ruf der Chiropraktik zu wahren, war komplett nach hinten losgegangen.

Anfang 2010: Verfahrensende

Im Februar 2010 kam es dann zur lange erwarteten Anhörung zu Richter Eadys Interpretation von Simon Singhs Aussage. Unter den drei Richtern befanden sich sie zwei höchsten Richter des Landes für Berufungsfälle – ein deutliches Signal, wie ernst das Gericht den Fall nahm. Zwei Monate nach der Anhörung verkündete das Gericht seinen Beschluss: Die Interpretation von Richter Eady wurde aufgehoben, und Simon Singh erhielt die Möglichkeit, seine Aussage im Sinne eines *fair comment* zu verteidigen. Die Wortwahl des Beschlusses ist einzigartig: Der Fall Galileo Galileis wird ebenso zitiert wie George Orwells "Ministerium für Wahrheit". Wenige Tage später ließ die BCA die Anklage fallen. Fast genau zwei Jahre nach dem denkwürdigen *Guardian*-Artikel war der eigentliche Prozess vorüber – aber weder der *Quacklash* noch Simon Singh waren am Ende.

Nachspiel 1: FishBarrel, Nightingale Collaboration, 10:23 und QED

Die Unterstützung für Simon Singh war ein Katalysator für die Freunde des wissenschaftlich-kritischen Denkens auf der Insel. Nicht nur sprossen immer mehr *Skeptics-in-the-Pub*-Gruppen aus dem Boden, sondern auch die Aktionen gingen weiter. Simon Perry, Alan Henness und andere Skeptiker nutzten die Instrumente des *Quacklash* zunehmend auch für andere fragwürdige Heilsversprechen.

Simon Perry entwickelte aus seiner ursprünglichen Software schließlich den Chrome-Browser-Zusatz *FishBarrel*, der es heute jedem ermöglicht, Internetseiten mit ungerechtfertigten Werbebotschaften mit wenigen Klicks an die zuständigen Behörden zu melden – und das mittlerweile nicht nur für Großbritannien.

Alan Henness führt inzwischen die von Simon Singh initiierte *Nightingale Collaboration*, eine Freiwilligen-Initiative, die sich für die Aufklärung zu alternativmedizinischen Themen und für Verbraucherschutz einsetzt.

Nach den Chiropraktikern waren homöopathische Mittel eines der ersten Ziele der britischen Aktivisten und insbesondere deren unkritischer Verkauf in der Drogeriekette *Boots*, die ich in Kapitel 3 erwähnt hatte. Für den 30. Januar 2010 organisierten Skeptiker aus Manchester eine konzertierte öffentliche Homöopathie-“Überdosis” von mehr als 400 Skeptikern, vor etwa zwei Dutzend *Boots*-Filialen im ganzen Land. Ich selbst hatte die Organisation für Leicester übernommen. Diese *10:23* getaufte Aktion wurde ein Jahr später weltweit im Sinne der Aufklärung zur Homöopathie wiederholt, zeitgleich mit der ersten *QED*-Konferenz. Diese ebenfalls von den Skeptikern in Manchester organisierte Wissenschaftskonferenz hatte ich bereits im ersten Buch in Kapitel 7 erwähnt. *QED* hat 2015 bereits zum fünften Mal stattgefunden und ist nach wie vor *die* beste Gelegenheit, sich ein Wochenende lang von interessanten Rednern in wissenschaftlichen und gesellschaftspolitischen Themen unterhaltsam fortbilden zu lassen – und einfach eine gute Zeit zu haben.

Nachspiel 2: Libel Reform

Der Fall *BCA v Singh* war aber nicht nur ein Weckruf für skeptische Aktivisten, sondern auch für Journalisten und Politiker. Nach der denkwürdigen Veranstaltung zur Unterstützung von Simon Singh im Mai 2009 ließ der Druck auf die britische Politik nach einer Reform der Gesetzgebung zur Rufschädigung nicht nach. Organisationen, die für freie Meinungsäußerung kämpfen, wie *Index on Censorship* oder die englische Schriftstellerorganisation *PEN*, taten sich mit Wissenschaftsorganisationen wie *Sense About Science* zusammen, um gemeinsam für eine Gesetzesreform zu kämpfen. Die Zeit war günstig, denn im Mai 2010 sollten die nächsten Parlamentswahlen stattfinden. Die Notwendigkeit nach einer Reform erschien irgendwann so offensichtlich, dass sich alle großen britischen Parteien in ihren Wahlprogrammen dafür aussprachen, und dass die Reform als eines der ersten Themen von der neu gewählten liberal-konservativen Koalition im Jahr 2010 auf die Agenda gesetzt wurde.

Aber Gesetzgebungsprozesse dauern lange: 2011 wurde ein erster Entwurf für den sogenannten neuen *Defamation Act* vorgestellt. 2012 war er Thema in der jährlichen Rede der Königin zur Eröffnung des Parlaments, in der die Gesetzesvorhaben des kommenden Jahres angekündigt werden. Und am 25. April 2013 wurde er verabschiedet – nunmehr fünf Jahre nach Simon Singhs Artikel im *Guardian*. Zum 1. Januar 2014 ist das neue Gesetz in England und Wales in Kraft getreten; Schottland hat eine eigene Fassung, und eine Verabschiedung für Nordirland wird noch immer debattiert.

Das neue Gesetz adressiert viele der Probleme der alten Rechtsprechung. Kläger müssen nun bereits mit der Einreichung einer Klage nachweisen, dass ihnen durch die fraglichen Äußerungen merklicher Schaden entstanden ist. Die Möglichkeiten für Journalisten und Wissenschaftler, sich mit ihren Äußerungen auf Wissenschaftsfreiheit oder öffentliches Interesse zu berufen, wurden wesentlich gestärkt. Und der Klagetourismus, bei dem Äußerungen, die wenig mit England und Wales zu tun haben, dort vor Gericht gebracht werden, wurde erheblich erschwert. Alles in allem also ein voller Erfolg für die Kampagnen – und letztlich für Simon Singh.

Dieser hatte im übrigen trotz seines Sieges im Verfahren etwa 60.000 Pfund an Gerichts- und Anwaltskosten aufbringen müssen, und er hat mehr als zwei Jahre seines Lebens fast ausschließlich mit dem Fall zugebracht. Aber just Anfang 2014 erschien sein erstes Buch nach *Trick or Treatment?*; in *The Simpsons and their mathematical secrets* widmet er sich wieder seinem ursprünglichen Lieblingsthema Mathematik – und dass ihn die Macher der *Simpsons* deswegen verklagen, ist sehr, sehr unwahrscheinlich. Und nicht mehr ganz so so leicht.

Nachspiel 3: Falsche Ausgewogenheit bei der BBC

Einer der Umstände, die ordentlichen Wissenschaftskommunikatoren im täglichen Medienzirkus immer wieder ein Dorn im Auge ist, ist das, was man im Englischen *false balance* nennt – falsche Ausgewogenheit. Natürlich ist es ein hehres Ziel von Medieninstitutionen wie der alten Tante BBC, unparteiisch zu sein. Wie Ihr in Kapitel 12 nachlesen könnt, ist diese Unparteilichkeit etwas, das die BBC überhaupt erst groß gemacht hat, und weshalb die Menschen ihrer Berichterstattung vertrauen. Wenn ein Thema strittig ist, sollte man dazu immer Stimmen aller relevanten Seiten hören.

Gleichzeitig mögen wir Menschen aber auch Konflikte – wenn alles harmonisch ist, ist das keine Meldung wert. Deshalb neigen viele Redaktionen auch dazu, den Dissens geradezu zu suchen, um ein Thema interessant zu machen. Das wird dann problematisch, wenn es genau betrachtet keinen wirklichen Dissens gibt – zum Beispiel, wenn über 97% der Klimaforscher überzeugt davon sind, dass der aktuell zu beobachtende Klimawandel echt und menschengemacht ist. Da mag es ewige Leugner geben, vor allem Menschen und Forscher anderer Fachrichtungen, die keine Ahnung von Klimaforschung haben, und die wissenschaftlich gesicherten Fakten aus politischen Gründen ablehnen. Dennoch – allerorten gibt es dann Interviews und Talkshows, in denen der Eindruck erweckt wird, es gäbe mindestens genauso viele gute Gründe gegen wie für die Existenz des Klimawandels; ganz als ob wissenschaftliche Erkenntnisse nicht auf Fakten beruhen würden, sondern nur auf Meinungen. Der großartige John Oliver hat genau das in seiner amerikanischen Sendung *Last Week Tonight* thematisiert. Für eine repräsentative Diskussion über den Klimawandel dürfte man nicht drei Leugnern drei Klimaforscher gegenüberstellen, sondern 97. Und überhaupt könnte man dann auch über Fragen diskutieren wie "Ist 15 größer als 5?" oder "Gibt es Hüte?".

Was hat das mit dem Thema dieses Kapitels zu tun? In den vergangenen Jahren wurde die BBC immer wieder für solche "falsche Ausgewogenheit" zu eigentlich unstrittigen wissenschaftlichen Themen kritisiert, und dass sie unqualifizierten Kritikern ebenso viel Raum gibt wie dem wissenschaftlichen Konsens. Der Klimawandel ist dabei nur ein prominentes Beispiel.

Der *BBC Trust*, also das oberste Gremium der Organisation, hat hierauf reagiert und kürzlich einen Zwischenbericht vorgelegt. Demnach wurden bisher unter anderem über 200 Mitarbeiter der BBC in internen Seminaren und Workshops dafür sensibilisiert, klaren Minderheitsmeinungen in wissenschaftlichen Debatten nicht mehr übermäßig viel Raum zu geben. Das vorrangige Ziel sei es, dem Publikum ein repräsentatives Bild vom Stand der Forschung zu präsentieren, und nicht durch eine vermeintlich ausgewogene Berichterstattung ein falsches Bild von der Wirklichkeit zu vermitteln – und das Publikum letztlich irrezuführen.

Die neuen Redaktionsrichtlinien der BBC zu wissenschaftlichen Themen wurden allgemein sehr begrüßt, und es ist zu wünschen, dass sich andere Medienvertreter die gleiche Philosophie zu eigen machen. Wie es so schön heißt: "Jeder hat ein Recht auf seine eigene Meinung, aber nicht auf seine eigenen Fakten."

Ausklang

Warum erzähle ich Euch all dies gerade jetzt? Zum einen jähren sich die wesentlichen Stationen dieser Geschichte immer im Frühjahr, und mit Inkrafttreten des *Defamation Acts* im Januar 2014 ist der Hauptteil der Geschichte vorerst am Ende angelangt. Aber auch ganz aktuelle Geschehnisse in Deutschland erinnern mich immer wieder an diesen Weckruf für wissenschaftlichen Aktivismus.

Was zwischen 2008 und 2014 auf der Insel geschafft und geschaffen wurde, ist vielen Einzelpersonen, verschiedensten Gruppierungen und nicht einer übergeordneten Organisation zu verdanken. Es waren Netzwerke von Aktivisten, die jeweils ihren Beitrag geleistet haben, um am Ende sogar politische Veränderungen herbeizuführen.

In der deutschen Skeptiker- und Wissenschaftsszene fand 2014 wieder einmal eine Diskussion über den "einen richtigen Weg" in der Vermittlung wissenschaftlich-kritischen Denkens statt – den es natürlich nicht gibt. Der Astronom Florian Freistetter, Deutschlands wohl bekanntester Wissenschaftsblogger, hat zum Beispiel den Sinn skeptischer Organisationen aber auch generell von skeptischem Aktivismus in Frage gestellt.

Gleichzeitig ist es wohl auch den Aktivitäten von Skeptikern zu verdanken, dass in Traunstein *kein* Hochschulstudium in Homöopathie möglich sein wird, und die Zuckertherapie damit den Anschein von Wissenschaftlichkeit erweckt. In Hamburg geht man gegen eine staatlich finanzierte Waldorf-Schule auf die Straße. In Ravensburg hat ein Mediziner einen Impf- und AIDS-Leugner erfolgreich verklagt, der 100.000 Euro für Beweise für den Masernvirus ausgelobt hatte und diese dann nicht zahlen wollte. In Hannover und anderen Städten wurde gegen Veranstaltungen demonstriert, bei denen die Verwendung von Chlorbleiche-Einläufen propagiert wird, um Kinder vermeintlich von Autismus und ADHS zu heilen. Alles Beispiele, wie auch in Deutschland Menschen für Wissenschaftlichkeit und Verbraucherschutz einstehen.

Aber wo sind die großen Kampagnen? Warum können sich in Deutschland einzelne alternative Heilmethoden immer noch auf den sogenannten "Binnenkonsens" berufen, der es ihnen ermöglicht, ihre Therapien anzubieten und von Krankenkassen bezahlen zu lassen, ohne dass sie deren Wirksamkeit nachweisen müssen – etwas, das für echte Therapien und Medikamente vorgeschrieben ist? Warum werden pseudomedizinische Themen wie Homöopathie oder Ayurveda zu verpflichtenden Lehrinhalten in Studiengängen wie Pharmazie? Und warum kann man in Deutschland nicht auch als besorgter Bürger gegen unlautere Werbeversprechen vorgehen, ohne gleich vor Gericht klagen zu müssen?

Anlässe für wissenschaftlich-kritische Zivilcourage gäbe es genügend. Lasst uns mehr tun.

9 EDINBURGH 2*)

Zurück auf den sieben Hügeln an den Wassern des Leith

Eine zweite Reise in die schottische Hauptstadt. Wo Harry Potter unter Elefanten geboren wurde und über dem Bahnhof starb. Wo ein halbfertiger Parthenon das Nationalsymbol ist und jedes Jahr zu Beltanes Altar wird. Mit Flugzeug, Bus und Bahn zum Wasser des Lebens, den Wassern des Leith, und Kitchins Kitchen.

Ganz zu Beginn des ersten Buches hatte ich aus Anlass der Robert-Burns-Nacht erstmals einiges zur schottischen Hauptstadt Edinburgh und vor allem ihrer kulturellen Vergangenheit und Gegenwart erzählt. Dieses Thema hat viel Zuspruch erfahren – und viele sind meinem Rat gefolgt, sich einmal selbst von der rauen Schönheit dieser Stadt zu überzeugen. Bei der häufigen Nachfrage, was man denn als Besucher in Edinburgh so gesehen haben sollte, fiel mir auf, dass ich vieles davon noch gar nicht erwähnt hatte.

Deshalb geht es in diesem Kapitel wieder einmal in das "Athen des Nordens", mit dem einen touristischen Tipp oder der anderen historischen Anmerkung.

Flughafenbus

Als erstes muss ich den Flughafenbus erwähnen. Die meisten ausländischen Besucher kommen mit dem Flugzeug nach Edinburgh, und der *Airlink*-Bus ist der bequemste Weg in die Stadt. Das Rückfahrticket kostet nur sieben Pfund, der Bus geht tagsüber alle zehn Minuten und nachts alle dreißig Minuten, und eine Strecke zwischen Flughafen und dem Hauptbahnhof im Stadtzent-

---

*) Quellen: Folgen "VB035 Edinburgh 2" vom 18.05.2014, "VB044 Bits & Bobs 4" vom 04.10.2014

rum dauert eine halbe Stunde. Derweil gibt es bequeme Ledersitze und kostenloses WLAN. Was will man mehr?

Straßenbahn

Aber mal sehen, was sich an der Verbindung zum Flughafen ändert, wenn jetzt endlich die neue Straßenbahn ihren Betrieb aufgenommen hat. Die war über Jahre hinweg ein ganz heißes Thema in Edinburgh. In vielen britischen Städten gab es bereits früher einmal Straßenbahnen, die aber nach dem Zweiten Weltkrieg an vielen Stellen abgebaut und durch Autos und Busse ersetzt wurden. Jahrzehnte später entdeckten Stadtplaner dieses Verkehrsmittel wieder, und unter anderem Birmingham, Manchester und Nottingham bauten neue Strecken.

In Edinburgh wurde ein System von drei neuen Straßenbahnlinien vorgeschlagen, und im Jahr 2006 beschloss das schottische Parlament die Realisierung von zwei Linien. 2008 begannen die Bauarbeiten, in deren Verlauf weite Teile der New Town von Edinburgh vor allem um die Haupteinkaufsstraße *Princess Street* herum unter Baustellen, Umleitungen und Straßensperrungen litten. Die ganze Zeit über kam es zu allem, was man an großen öffentlichen Bauprojekten oft schätzt: Politische Diskussionen, Streitigkeiten mit Bauunternehmen, Verzögerungen und Finanzierungsprobleme. Der erste Streckenabschnitt der Straßenbahn sollte ursprünglich Anfang 2011 eröffnen werden – es hat nun drei Jahre länger gedauert. Die drei ursprünglich vorgeschlagenen Linien sollten zusammen einmal 375 Millionen Pfund kosten – nun bekommt Edinburgh für geschätzte Kosten von einer Milliarde Pfund nur einen Teil einer einzigen Linie, und dieser Streckenabschnitt verläuft wiederum vom Flughafen bis zum Hauptbahnhof – in der gleichen Fahrtzeit wie der Flughafenbus. Da behaupte noch mal einer, die Schotten achteten auf ihr Geld.

Balmoral Hotel

Egal ob Flughafenbus oder Straßenbahn – sie beide enden am Hauptbahnhof *Waverly Station*. Der versteckt sich geschickt in der natürlichen Senke zwischen dem Burghügel von Edinburghs Old Town und der New Town mit ihren georgianischen Bauten. Insofern ist der Bahnhof von vielen Teilen der Stadt aus nicht wirklich eine sichtbare Landmarke – ganz im Gegensatz zu dem imposanten 5-Sterne-Hotel, das sich direkt neben dem Bahnhof befindet, mit einem weithin sichtbaren, fast 60 Meter hohen Uhrenturm.

Heute heißt das Hotel *Balmoral*, benannt nach dem schottischen Landsitz der Königsfamilie, der allerdings mehr als 150 Kilometer nördlich von Edinburgh liegt. Gebaut wurde das Hotel um 1900 als luxuriöse Unterkunft für Bahnreisende. Bauherr und Besitzer war die *North British Railway Company*, der der Bahnhof damals gehörte. Entsprechend hieß das Hotel auch lange Zeit "*the North British*" oder einfach "*the N.B.*". Erst in den 1980ern wurde es nach einer Renovierung umbenannt.

Wie bei solchen Bahnhofshotels üblich, gehen die Uhren im Turm des Hotels konsequent 2 Minuten vor, um Reisenden zu helfen, ihren Zug rechtzeitig zu erreichen. Wundert Euch also nicht, wenn Euch die Uhrzeit am Balmoral-Hotel-Turm irgendwie seltsam vorkommen sollte.

Das Balmoral ist übrigens auch eine der Pilgerstätten für *Harry-Potter*-Fans. Hier in Zimmer 652 schrieb JK Rowling das Ende der Kult-Serie. Und um keinen Zweifel daran zu lassen, verewigte sich die Autorin entweder aus Überschwang oder für einen Publicity Stunt mit einem Filzschreiber auf einer Marmorbüste des griechischen

Gottes Hermes: "JK Rowling beendete *Harry Potter and the Deathly Hallows* in diesem Zimmer am 11. Januar 2007". Heute steht die Büste aus Sicherheitsgründen hinter Glas, die Suite wurde in *JK Rowling Suite* umbenannt, und für eine Nacht in diesem Zimmer bezahlt man fast 1.000 Pfund.

Elephant House

Wer als *Harry-Potter*-Fan nicht ganz so viel Geld hat, kann aber auch dahin zurückkehren, wo alles begann: In eines der Cafés der Stadt, in denen JK Rowling das erste Buch der Reihe schrieb und damals noch nicht zu einer der reichsten Britinnen gehörte. Im Gegenteil: Sie hielt sich angeblich oft einen ganzen Nachmittag an einem einzigen Milchkaffee fest, weil sie sich nicht mehr leisten konnte. Eines der Etablissements, die sie damals frequentierte, war das *Elephant House*, ein Café mitten im historischen Zentrum, zwischen der Royal Mile und dem Nationalmuseum gelegen. Heute bezeichnet sich das Elephant House selbst als "*gourmet tea and coffee shop*", ist aber ganz und gar nicht pretentiös. Mit bequemen Sofas, einer großen Auswahl an Getränken, Selbstgebackenem und Gekochtem sowie einem tollen Blick auf den Burghügel ist es eine echte Empfehlung für eine Verschnaufpause – wenn man denn einen Platz ergattern kann.

National Museum

Frisch gestärkt kann es dann in das erwähnte Nationalmuseum gehen. Zumindest habe ich das beim nächsten Mal vor – ich war vor einigen Jahren einmal im früheren *Royal Museum*, und seitdem hat sich in der Ecke viel getan. Im aktuellen *National Museum of Scotland* war ich seitdem noch nicht. Aber alles der Reihe nach.

In Edinburgh gab es lange Zeit zwei große Geschichtsmuseen. Das eine ist ein archäologisches Museum. Seit 1780 gibt es die nach wie vor schön altertümlich klingende *Society of Antiquaries of Scotland* – die "Gesellschaft der schottischen Antiquare". Diese Gesellschaft sammelt archäologische und andere Funde zur schottischen Geschichte und stellte sie ab 1858 in der *Queen Street* in der Neustadt von Edinburgh aus, im *National Museum of Antiquities of Scotland.* Gleichzeitig wurde im Rahmen der industriellen Revolution das große *Edinburgh Museum of Science and Art* nahe der Altstadt gebaut, im Kern ein Naturkunde- und Wissenschaftsmuseum. Dieses Museum direkt neben der Universität hieß zuletzt *Royal Museum* – und das habe ich vor einigen Jahren einmal besucht.

Eine amüsante Anekdote zum Royal Museum: Es gab lange Zeit eine kleine Fehde zwischen dem Museum und den Studenten der Universität Edinburgh. Ein Großteil der alten Sammlung stammte von der Universität, und die Studenten betrachteten das Museum als das ihrige. Noch heute gibt es eine Verbindungsbrücke zwischen dem alten Museumsbau und dem *Old College*-Gebäude der Universität. So fanden die Museumskuratoren Ausstellungsstücke oft anders angeordnet vor, und immer wieder verschwanden einzelne Stücke auch. Irgendwann in den 1870ern wurde im Museum ein Empfang vorbereitet, und man lagerte die Erfrischungen für die Ehrengäste in der kühlen Verbindungsbrücke. Das war im wahrsten Sinne des Wortes natürlich ein gefundenes Fressen für eine Gruppe Studenten. Nach dieser Episode reichte es dem Museum, und gleich am nächsten Tag wurde der Durchgang über die Brücke zugemauert – und das ist er heute noch.

Über die letzten Jahrzehnte hinweg wurden nun die Sammlungen des *National Museum of Antiquities* und des *Royal Museums* zusammengeführt. 1995 wurde das Museum in der Queen Street geschlossen; das Gebäude beherbergt heute die *Scottish National Portrait Gallery* – ein Museum nur für Porträtmalerei. Die Sammlung der *Antiquaries* zur Geschichte Schottlands zog von der Queen Street um in das neue *Museum of Scotland*, einen modernen Bau direkt neben dem viktorianischen Gebäude des Naturkundemuseums. Letzteres wurde dann bis 2011 für fast 50 Millionen Pfund aufwändig renoviert, und seitdem gibt es ein gewaltiges gemeinsames Museum mit einem bunten Angebot an Exponaten zu Archäologie, Geschichte, Naturkunde, Wissenschaft, Technik und Kunst. Altägyptische Sarkophage findet man hier ebenso wie eine schottische Frühform der Guillotine, eine Auswahl von Elton Johns extravaganten Bühnenkostümen oder den ausgestopften Körper von Dolly dem Schaf, dem ersten aus einer erwachsenen Zelle geklonten Säugetier.

Und das alles kann man – wie bei den meisten Museen der Insel üblich – kostenlos sehen. Der Eintritt in das *National Museum of Scotland* ist frei.

Edinburgh: Surgeons' Hall

Ein weiteres Museum in Edinburgh, das ich bisher nicht erwähnt habe, das aber wunderbar zur Geschichte der Stadt passt, ist die *Surgeons' Hall.* Bereits 1699 begann die schottische Chirurgenvereinigung, eine Sammlung von, so damals wörtlich, "natürlichen und künstlichen Kuriositäten" anzulegen. Mit dem medizinischen Fortschritt und durch den Nachlass vieler bekannter Mediziner wuchs die Sammlung immer weiter und zog 1832 in ein eigens neu errichtetes Gebäude um. Der Hauptzweck der *Surgeons' Hall* war und ist es, die Ausbildung von neuen Chirurgen zu unterstützen, aber bereits seit langem gilt sie als das bedeutendste medizinhistorische

Museum Schottlands und zieht jedes Jahr zahlreiche Besucher an. Konservierte Exponate findet man hier ebenso wie anatomische Anschauungsmaterialen, altes medizinisches Gerät und viele Fakten und Anekdoten zur Geschichte der Chirurgie. Nach einer aufwändigen Modernisierung ist die *Surgeons' Hall* seit Sommer 2015 wieder für Publikum geöffnet.

Edinburgh: Burke & Hare

In der *Surgeons' Hall* findet man auch Zeugnisse einer Episode, die auch im folgenden Kapitel zu Spukgeschichten aus Edinburgh am Rande erwähnt wird. Im Jahr 1828 war ein gewisser Doktor Robert Knox der Kurator der *Surgeons' Hall*, und Knox machte sich einen Namen als Lehrer für Anatomie. Seine Lehrobduktionen wurden so populär, dass dem Herrn Doktor bald die Leichen ausgingen. Die beiden in Edinburgh lebenden Iren William Burke und William Hare besorgten Knox daraufhin insgesamt 16 Leichen. Wie sich bald herausstellte, waren Burke und Hare aber keine Grabräuber, sondern sie hatten die 16 Menschen ermordet, nur um ihre Überreste an Knox zu verkaufen. Vor Gericht fiel Hare seinem Partner in den Rücken. Als Zeuge der Anklage kam er frei, und Burke wurde schuldig gesprochen und gehängt. Sein Leichnam wurde thematisch passend öffentlich obduziert. In der *Surgeons' Hall* finden sich noch heute seine Totenmaske und ein Buch, das in Teile von Burkes Haut gebunden ist. Sein Skelett befindet sich in einer anderen medizinischen Sammlung in Edinburgh. Laut Hare wusste Doktor Knox nichts über die Herkunft der an ihn verkauften Leichen, und er ging straffrei aus. In der *Surgeons' Hall* finden sich auch einige seiner früheren Instrumente und Aufzeichnungen.

Arthur's Seat und Holyrood Park

Kommen wir von einzelnen Gebäuden einmal zur Geologie von Edinburgh, genauer gesagt den Hügeln und dem Wasser. Denn man sagt, dass das moderne Edinburgh wie Rom auf sieben Hügeln errichtet wurde. Bisher habe ich immer nur vom *Castle Rock* gesprochen, dem markanten Basalthügel, auf dem die namensgebende "Burg" steht. Aber die vulkanische Vorgeschichte der Gegend ist auch noch für einige andere Erhebungen in der Gegend verantwortlich, von denen zwei für Besucher besonders markant sind: *Arthur's Seat* und *Calton Hill.*

Arthur's Seat ist ein imposanter, 250 Meter hoher Vulkangesteinhügel etwa eine Meile von *Castle Rock* entfernt. Er ist komplett unbebaut und ein beliebtes Ziel für Wanderer. Von seiner Spitze aus hat man eine beeindruckenden Blick über die Stadt. Es gibt verschiedene Aufstiege, wobei die meisten den leicht ansteigenden Weg aus Richtung Osten nehmen, der auch für Ungeübte ohne große Probleme zu bewältigen ist. Die steile Westseite, die sogenannten *Salisbury Crags*, sind hingegen ein beliebtes Ziel für Kletterer. Wer sich hier an den Basaltklippen abrackern möchte, braucht allerdings eine kostenlose Genehmigung.

Arthur's Seat ist – wie viele ähnliche britische Hügel – vermutlich nach König Artus benannt. Nach dem, was man weiß, hatten die Kelten zumindest keinen eigenen Namen für diesen Hügel. Er steht im Zentrum eines eigenen Parkgeländes mitten in Edinburgh, dem *Holyrood Park*. Was seit dem 12. Jahrhundert ein Jagdrevier für die Königsfamilie war, ist heute ein 260 Hektar großes öffentliches Naherholungsgebiet mit mehreren Hügeln, drei *Lochs* – also Seen –, zwei natürlichen Quellen und der Ruine einer alten Kapelle. Ach ja, und dann ist da natürlich noch *Holyrood Palace* – der offizielle schottische Sitz der britischen Königsfamilie. Aber wer interessiert sich schon dafür, wenn er nach einer durchgefeierten Nacht bei mitgebrachtem Bier und Sandwiches den Sonnenaufgang über Edinburgh von Arthur's Seat aus genießen kann?

Calton Hill

Der dritte markante Hügel im Stadtbild von Edinburgh neben Castle Rock und Arthur's Seat ist Calton Hill. Schaut man von der Royal Mile hinüber auf die Neustadt, zieht sich zur Linken die Princess Street relativ flach bis hin zum eingangs erwähnten Balmoral Hotel neben dem Bahnhof. Dann steigt die Landschaft plötzlich an, und auf einem Hügel sieht man zur Spitze hin erst einen markanten, großen Gebäudekomplex, und dann auf der Spitze des Hügels eine seltsame Ansammlung von Monumenten, darunter einen Turm, ein Observatorium, und diverse Strukturen, die aussehen wie römische oder griechische Tempel.

Calton Hill ist zweierlei: Zum einen ist er der Sitz der schottischen Regierung. Das eigentliche schottische Parlamentsgebäude findet man zwar auf der Royal Mile zwischen Burg und Holyrood Palace, aber der Hauptsitz der Regierung waren immer auf Calton Hill. Der monströse Art-Deco-Komplex auf der Südseite, der so deutlich von der Altstadt aus zu sehen ist, ist *St. Andrew's House* – benannt nach dem schottischen Nationalheiligen. Hier haben der Oberste Schottische Minister und sein Stellvertreter ihre Büros, ebenso wie das Justiz- und Gesundheitsministerium. Mit 1.400 Beamten war dieses Gebäude lange Zeit das größte Verwaltungsgebäude in Schottland – bis zur Eröffnung von *Victoria Quay* in Leith. Aber dazu komme ich gleich noch.

Die Spitze von Calton Hill beherbergt eine kuriose Ansammlung von Monumenten. Ein weithin sichtbarer Turm wurde zu Ehren von Admiral Nelson errichtet, und ein Obelisk in Gedenken an fünf politische Märtyrer aus der Zeit der Französischen Revolution. Hinzu kommen die Kuppelgebäude der alten Stadtsternwarte, und ein unvollendeter griechischer Tempel. Dieser Tempel ist nichts anderes als das *National Monument*, ursprünglich gedacht als Denkmal für die in den Napoleonischen Kriegen gefallenen Schotten. Tatsächlich ist der Tempel dem Parthenon von Athen nachempfunden, nur leider ging dem Bauherrn lange vor seiner Vollendung das Geld aus. In den vergangenen fast 200 Jahren gab es immer wieder Initiativen, das Gebäude zu vollenden, die aber alle ins Leere liefen. Und weil ausgerechnet das Nationalmonument der Schotten noch immer unfertig ist, wird es auch gern als "Schottlands Schande" bezeichnet.

Einer der Tage, an denen Calton Hill in besonderem Licht erstrahlt, ist der 30. April. In der gälischen Welt wird in der Nacht zum 1. Mai *Beltane* begangen, das Fest des Feuers, das den Sommer einläuten soll. In Deutschland kennen wir das Fest unter anderem als Walpurgisnacht. In Edinburgh feierte man vor Jahrhunderten Beltane wohl auf Arthur's Seat als der höchsten Erhebung der Gegend. Als 1988 aber eine Gruppe schottischer Künstler ein modernes Beltane-Fest ins Leben rief, verlegten sie es aus praktischen Gründen auf Calton Hill. Aus der Idee einer kleinen Künstlerkommune mit einigen Teilnehmern hat sich im Laufe der Jahre ein Festival entwickelt, bei dem Hunderte von Künstlern auftreten, und die mittlerweile Zehntausend Besucher Eintrittskarten erwerben müssen, damit die *Beltane Fire Society* als Organisation dem Ansturm gerecht werden kann. Wenn Ihr also einmal in einer lauen Aprilnacht dabei sein wollt, denkt rechtzeitig daran, Euch um Karten zu bemühen.

Leith

Kommen wir zum Schluss dieses Kapitels nach den Hügeln noch zu den Wassern Edinburghs – und damit meine ich die *Waters of Leith*.

Leith, das ist der nördlichste Stadtteil von Edinburgh, hinter der Neustadt und an der Mündung des Flusses Forth in die Nordsee gelegen. Wir sprechen hier gewissermaßen über das Hafengebiet von Edinburgh. In der Innenstadt vergisst man gerne mal, dass man in einer Hafenstadt ist, bis einem Möwen über den Weg fliegen. In Leith mündet der wichtigste Fluss der Stadt ins Meer, und der wird passenderweise nur als die *Waters of Leith* bezeichnet. Dieser Fluss entspringt in Hügeln südwestlich der Stadt und ist 35 Kilometer lang. Auf einem beliebten Wanderweg kann man über die Hälfte des Flusslaufs begleiten, bis in den Hafen von Leith. Bis auf wenige Meter führt dieser Weg abseits von Straßen nahe alter Eisenbahngleise durch Wälder, Grünanlagen, alte Tunnel und über Brücken, und viele Fische, Amphibien und Vögel haben hier ihre Heimat gefunden – teilweise mitten in der Stadt.

Wenn Ihr also einmal einen schönen Naturspaziergang in Edinburgh unternehmen wollt, könnt Ihr entweder durch den Holyrood Park und auf Arthur's Seat laufen – oder den *Leith Walk* entlang.

Am Ende erwartet Euch in Leith ein aufstrebender Stadtteil im Wandel. Umfunktionierte Fabrikgebäude und Lagerhallen wechseln sich ab mit Neubauten – darunter dem großen *Victoria-Quay*-Gebäude der schottischen Regierung, in dem über 2.000 Beamte ihren Dienst verrichten. Gleich gegenüber steht das *Ocean Terminal* – ein modernes Einkaufzentrum direkt am Meer. Nicht schön, aber mit einer tollen Aussicht. Zahlreiche interessante Cafés und Restaurants finden sich hier, darunter das Stammhaus der *Scotch Malt Whisky Society*, die ich im entsprechende Kapitel im ersten Buch erwähnt hatte. Als Nichtmitglied kommt man hier aber nicht hinein. Stattdessen könnt Ihr es – mit Reservierung – ja mal im Sternerestaurant *The Kitchin* probieren. Das habe ich durchaus richtig geschrieben – Koch Tom Kitchin war der jüngste Träger eines Michelin-Sterns in Schottland. Das klingt jetzt teuer, aber das Besondere an seinem Lokal ist: Man bekommt hier ein dreigängiges Mittagsmenü für unter 30 Pfund. Wer also einmal für einen fairen Preis ausgezeichnete schottische Küche genießen möchte, ist hier goldrichtig. *Bon appetit* und *slainte*!

10 SPUK IN EDINBURGH*)

Im Gespräch mit Hoaxilla über Spukgeschichten, Edinburgh und Psychologie

Die perfekte Schnittmenge: Ein Britannien-liebender Psychologe trifft auf eine Kulturwissenschaftlerin und einen Psychologie-Kollegen, die sich für seltsame Geschichten interessieren. Es geht um die "Spuk-Hauptstadt" Edinburgh, ein missglücktes Bauprojekt, mörderische Leichenfledderer, eingemauerte Pestopfer, morbide Schriftsteller, unterirdische Stadttouren, die Liebe der Briten zu Altem, und um Professor Richard Wiseman, einen unterhaltsamen Aufklärer in Sachen Psychologie und Spuk.

In diesem Kapitel gibt es wieder einmal ein Interview. Allerdings hatte nicht ich jemanden zu Gast bei *Viva Britannia*, sondern ich selbst war zu Gast bei Alexa und Alexander Waschkau im Podcast *Hoaxilla*. In diesem Crossover, das als Episode bei beiden Produktionen zu finden ist, geht es um die Liebe der Briten zu Geistergeschichten, um meine Lieblingsstadt Edinburgh und ihre bekanntesten Spuk-Ecken, und um die wissenschaftliche Untersuchung von Geisterphänomenen.

Die Stadt Edinburgh

Alexander: Sven, du hast dich in *Viva Britannia* auch schon das ein oder andere Mal mit der Stadt Edinburgh beschäftigt. Der gemeine Deutsche würde zunächst mal "Eh-din-burg" sagen – was aber nicht richtig ist?

---

*) Quelle: Folge "VB036 Spuk in Edinburgh (mit Hoaxilla)" vom 01.06.2014. Das Interview ist auch erschienen im Podcast "Hoaxilla" als Folge 162 "Edinburgh – Hauptstadt des Spuks" am 25. Mai 2014.

Sven: Mich fröstelt bei dieser Aussprache schon, aber natürlich kann man als deutscher "Eh-din-burgh" sagen, was im Prinzip auch nicht falsch ist, wir sagen ja auch "Ham-burg" und das englische Wort "*-burgh*" ist ja auch tatsächlich unser Wort "Burg". Je nachdem, in welche Gegend man kommt in Großbritannien, würde man es unterschiedlich aussprechen. Die Schotten machen das dann eher so etwas rotzig, so ein bisschen wie "E-dinn-bra".

Alexa: Wie ist dein Verhältnis zu der Stadt? Wie oft warst du schon da, und wie gerne bist du da?

Sven: Ich war schon sehr häufig in Schottland und in Edinburgh. Mit Sicherheit häufiger als in London sogar. Ich werde immer gefragt: Du hast vier Jahre in Großbritannien gelebt, da warst du bestimmt in London? Nein ich war woanders, ich habe in den *Midlands* mittendrin gelebt, ich habe aber häufig in Schottland Urlaub gemacht, und ich war in Edinburgh. Ich weiß nicht wie häufig, ein dutzend Mal bestimmt. Insbesondere im Sommer, dieses Jahr ausnahmsweise nicht, aber im August ist ja große Festivalzeit in Edinburgh, und das ist immer ein guter Anlaufpunkt. Ich mag die Stadt einfach. Sie hat eine schöne mittlere Größe. Natürlich ist die auch touristisch, aber es ist immer noch relativ klein und heimelig. Und sie bietet eine schöne Mischung. Ich habe kürzlich einmal nachgeguckt, ich lebe ja momentan in Düsseldorf, und Edinburgh ist ein wenig kleiner als Düsseldorf von der Einwohnerzahl her; das hat mich dann auch wieder ein bisschen überrascht. Die Stadt bietet sehr viel, hat sehr viel Geschichte, sehr viel Neues und sehr viel Altes nebeneinander, und das macht einfach Spaß.

Alexander: Mehr zur Parapsychologie und auch noch mal passend zu dem *Ghosthunting*-Buch, das Alexa ja letztes Jahr herausgebracht hat*), haben wir uns gedacht, wir setzen den Fokus heute mal auf etwas, für das Edinburgh auch sehr bekannt ist. Wenn man sich ein bisschen damit beschäftigt, behauptet Edinburgh von sich nämlich immer selbst gerne, "*the most haunted city in Europe*" zu sein, also die am meisten von Geistern oder Spukphänomenen heimgesuchte Stadt in Europa. Ist das so? Ist dir schon einmal ein Geist begegnet in Edinburgh?

Sven: Ein Geist ist mir noch nicht begegnet, aber das ist schon ein Thema, was in Edinburgh sehr präsent ist. Allgemein ist es ja so, dass die Briten überhaupt sehr viel übrig haben für Geistergeschichten und Geistertouren. Es gibt kaum eine Stadt in Großbritannien, wo es nicht auch neben den normalen historischen Stadtführungen auch irgendwelche Geisterführungen gibt – wo man dann durch die Gegenden und Häuser geführt wird, mit den einschlägigen lokalen Geister- und Spukgeschichten. Nur in Edinburgh ist das noch mal ein paar Grade höher gedreht, was mit Sicherheit auch an der Geschichte und der Natur der Stadt liegt. Zum einen, auch im Vergleich mit London, liegt Edinburgh weit im Norden, es ist immer ein bisschen kühler und grauer, und auch ein wenig rauer vom Miteinander, von der örtlichen Kultur her. Das zieht sich auch durch die Geschichte: Die Schotten unter sich, die Schotten gegen die Engländer, und diverse andere Auseinandersetzungen – da war man jetzt nicht unbedingt immer sehr freundlich miteinander. Und ich glaube auch, dass nicht nur der Brite an sich, sondern auch insbesondere der Schotte und Edinburgh so eine gewisse Morbidität ganz gerne mitbringt. Die Geschich-

*) Sebastian Bartoschek & Alexa Waschkau (2013). Ghosthunting. Auf Spurensuche im Jenseits. Alibri-Verlag.

ten über die Universität und Forensik und Leichen und Folter und Spukgeschichten und öffentliche Hinrichtungen, all das, was man so hatte im Laufe der Geschichte, da gibt es eben ganz, ganz viel in Edinburgh. Ich glaube, was auch noch dazu beiträgt, ist, dass gerade im Vergleich zu London, London sehr viel mehr gewachsen ist, da hat sich sehr viel mehr verändert; es gibt in London auch sehr viele historische Gebäude, aber es wurde natürlich im Laufe der Zeit sehr viel übereinander gebaut. Viele der Gebäude, die dort vor 300 Jahren gebaut worden waren, hat man irgendwann abgerissen oder sie wurden durch Feuer zerstört, und sie wurden vor 200 oder vor 150 Jahren im dann aktuellen Stil wieder aufgebaut. Man hat also sehr viel unterschiedliche Baumasse aus den unterschiedlichen Zeiten in London. In Edinburgh zieht sich das ganze ein bisschen weiter auseinander. Man hat dort natürlich auch von den verschiedenen klassischen britischen Stilrichtungen jeweils Beispiele, aber man hat eben wirklich auch noch eine Altstadt, wo sehr alte Baumasse steht. Man hat eine "Neustadt", wo dann eher das, was in den letzten 200 bis 300 Jahren entstanden ist. Da ist sehr viel mehr stehen geblieben. Und deswegen hat man in Edinburgh im Vergleich zu London noch viel mehr Stellen, wo man sich wirklich auch noch in diese Atmosphäre hinein begeben kann. Und in dieser Umgebung sind für einen natürlich auch solche Geistertouren und Geistergeschichten sehr viel leichter nachzuvollziehen.

Alexander: Wir gehen gleich noch einmal auf Edinburgh ein, und auch noch mal auf Besonderheiten der Stadt, die mir auch auffallen sind, als ich da war. Aber du hast gerade eben gesagt, die Engländer haben eher so eine Tendenz, sich lieber mit Geistern oder sich intensiver mit Geistern zu beschäftigen und das ist ganz offensichtlich so. Das gehört zum guten Ton dazu. Du als Beobachter, der mit einem sehr liebevollen Auge auf die Insel guckst, aber auch ein großer Freund des wissenschaftlich-kritischen Denkens bist, was ist für dich in deiner Betrachtung der Grund dafür, dass der Engländer an sich, um mal ein Stereotyp zu bedienen, so viel Spaß und so einen Genuss daran hat, offenbar sich mit Geister- und Gruselgeschichten zu beschäftigen? Ich glaube, das ist anders oder ein großer Unterschied zu uns Deutschen. Ich finde das auch interessant, aber das hat in England einen anderen Schlag, oder nicht?

Sven: Ja, darüber habe ich schon lange nachgedacht; ich hatte dieses Thema im Zusammenhang mit *Viva Britannia* auch in einigen Interviews, diese besondere Liebe der Briten zu allem Alten und zu ihrer Geschichte. Großbritannien und die einzelnen Teile von Großbritannien, wie England und Schottland, haben eine sehr lange, sehr starke Geschichte. Die haben wir hier in Deutschland natürlich auch, aber das ist noch deutlich fragmentierter. Und wer weiß bei uns denn schon wirklich, welche historischen Ereignisse es im eigenen Wohnort um die Ecke gab? Ob es da noch konkrete Gebäude gibt, wo irgendetwas besonderes passiert ist? Das muss ja nichts mit Spukgeschichten zu tun haben. Ich habe irgendwie das Gefühl, dass das bei den Briten noch so ein bisschen natürlicher ist. Man setzt sich dort schon stärker damit auseinander, wo man lebt, was dort eigentlich passiert ist. Und wie gesagt, man kann an jede Straßenecke gehen, und wenn man ein bisschen in der Geschichte recherchiert, wird man irgendwas finden.

Und wenn man ein wenig die persönlichen Lieblingsthemen des Paranormalen oder des unskeptischen Denkens vergleicht, sind wir Deutschen, glaube ich, noch ein wenig technischer unterwegs. Die Alternativmedizin ist bei uns sehr groß, und nur selten gibt es auch mal eine Spukgeschichte, aber dann landen wir eher bei so etwas wie "Chopper", der in einer Zahnarztpraxis irgendwo aus dem Abfluss spricht[*] – und weniger dem Geist, der seit 300 Jahren bei uns im Keller wohnt. Ich sage immer gerne: die Amerikaner mögen ihre Bigfoots, die Briten mögen ihre Geister, und wir Deutschen sind in anderen irrationalen Themen unterwegs. Großbritannien hat ja auch eine sehr wechselhafte Geschichte, was religiösen Glauben angeht. Man hat sich in der Gesellschaft schon relativ früh von verschiedenen Bereichen distanziert und einiges neutraler gesehen – dennoch bleibt natürlich das Bedürfnis nach etwas Spiritistischem, was sicher dazu beigetragen hat, dass der Spiritismus als Bewegung im 19. Jahrhundert in Großbritannien sehr stark unterwegs war. Auch heute sieht man ja noch die Ausläufer davon, zum Beispiel in den *psychics*, die angeblich mit Verstorbenen sprechen. Das ist auch ein Thema, das bei uns in Deutschland überhaupt keine große Bedeutung hat.

Alexa: Nicht umsonst stammt die deutsche Ghosthunter-Szene aus dem englischsprachigen Raum. Zum großen Teil aus den USA, aber auch natürlich inspiriert von Großbritannien. Wenn man jetzt mal durch Edinburgh streift im Geiste, dann gibt es eigentlich kaum einen Platz, wo man nicht irgendwo auf einen Geist treffen könnte, aber es gibt so ein paar Stellen, wo doch die Spukfrequenz besonders hoch sein soll, jedenfalls, wenn man denjenigen glaubt, die sich damit beschäftigt haben. Da haben wir einmal *Edinburgh Castle*, wo natürlich Mary "*Queen of Scots*" ein furchtbares Schicksal erlitten hat. Dann haben wir den *Greyfriars Kirkyard*, wir haben *Mary King's Close*, was ja eigentlich ein kleines Netz von Gässchen ist. Und wir haben die *South Bridge Vaults*, auf die wir vielleicht ganz zum Schluss nochmal kommen wollen.

---

*) Der vermeintliche Geist "Chopper" trieb Anfang der 1980er in einer Zahnarztpraxis bei Regensburg sein Unwesen und wurde letztlich als Schwindel entlarvt.

Die Topologie Edinburghs

Alexander: Da hake ich mal ein, denn wir drei kennen ja Edinburgh. Lasst uns nochmal ganz kurz die Besonderheiten dieser Stadt beschreiben. Denn was mich an Edinburgh – ich war bisher nur einmal dort – zutiefst beeindruckt hat, war zunächst das *Edinburgh Castle*, wo ich sofort, als ich dahin kam – das ist natürlich durch die Filme geprägt – die Assoziation mit Hogwarts hatte. Also eine große, alte Burg, die auf einem auf einem wirklich großen Felsen thront. Wirklich wie eine Filmkulisse. Und auch die *South Bridge*, die du gerade beschrieben hast, die diente ja auch einem gewissen Zweck. Also lass uns ganz kurz nochmal über die Topografie von Edinburgh reden, damit es sich jeder ein bisschen vorstellen kann, und dann gehen wir in die Details. Also, eine Burg auf einem Felsen, aber das ist ja nicht die einzige Besonderheit in Edinburgh.

Sven: Edinburgh liegt an der Mündung des Flusses Firth in die Nordsee, aber eben nicht direkt am Meer. Es gibt Leith, das ist das Hafengebiet, aber die eigentliche Kernstadt, die Altstadt von Edinburgh, ist um den sogenannten *Castle Rock* entstanden, einen aufstrebenden Basalthügel, auf dem die Burg gebaut wurde. Man muss sich das so vorstellen: Man nimmt eine Kompassrose und von rechts nach links, also von Osten nach Westen zieht sich dieser *Castle Rock*. Und zwar fängt er flach im Osten an und zieht sich nach Westen nach oben, und oben auf dem höchsten Punkt steht die Burg. Zu beiden Seiten, also nach Norden und Süden, fällt dieser Felsen steil ab. Und das ist auch so in etwa das Gefühl, wenn man sich in der Altstadt bewegt. Oben auf dem Berg ist die Burg, und dann zieht sich eine Straße genau diesen Hügel hinunter bis – ich will nicht sagen, ins Tal – aber bis in die Ebene, und am Ende ist dann *Holyrood*, der offizielle Sitz der Königsfamilie in Edinburgh, ein ehemaliges Jagdschloss.

Zwischen Burg und *Holyrood* ist die Altstadt. Im Laufe der Zeit haben sich an den Flanken des Berges, also nördlich und südlich des Felsens, auch mehr Menschen angesiedelt, und das war der Grund dafür, dass irgendwann die *North Bridge* und die *South Bridge* gebaut wurden. Die *North Bridge* geht also wirklich nach Norden, von diesem Hügel über ein relativ großes Tal hinüber in das, was heute die Neustadt ist. Genau unter der Brücke liegt dann auch der Bahnhof, und auf der anderen Seite hat man die in georgianischer Zeit schön im Schachbrettmuster aufgebaute Neustadt. Und vom *Castle Rock* nach Süden wurde die *South Bridge* gebaut. Das besondere dabei ist: Wenn man sich auf der *South Bridge* befindet, sieht man so gar nicht, dass es eine Brücke ist, weil sie schon zu der Zeit, als sie errichtet wurde, durch Wohngebiete lief. Unterhalb des *Castle Rock* verläuft parallel zum Hügel das sogenannte *Cowgate*, wo früher tatsächlich die Kühe langgetrieben wurden. Wenn man da lang läuft, kreuzt irgendwann auf einem großen Bogen über einem die *South Bridge*. Aber dieser Brückenbogen ist der einzige von insgesamt 19 Bögen, den man überhaupt von dieser Brücke im Stadtbild wahrnimmt – alle anderen Brückenbögen laufen hinter Gebäuden lang. Das war damals auch so geplant – die übrigen Bögen wurden innen ausgebaut, da sollten Geschäfte hinein, aber…

Alexa: … das hat nicht gut geklappt, wegen Baumängeln.

Sven: Genau, überhaupt nicht. Die Brücke wurde sehr hastig gebaut und auch nie ordentlich versiegelt – Regen lief da einfach durch. Es gibt im Inneren keine sanitären Einrichtungen, gar nichts – also wirklich nur kleine Höhlen und Gewölbe. Und das war damals natürlich auch nicht unbedingt das netteste Viertel der Stadt – es waren wirklich die Slums von Edinburgh. Und die Gewölbe in den Brückenbögen (im Englischen *vaults*) wurden auch nur ein paar Jahrzehnte wirklich genutzt, bevor sie geschlossen wurden.

Alexa: Spätestens Ende des 19. Jahrhunderts waren sie im Prinzip ganz aufgegeben, bis sie dann wieder entdeckt und geöffnet wurden.

Burke und Hare

Sven: Genau. Und so richtig wieder zugänglich sind sie auch erst seit 20, 25 Jahren wieder. Es gibt natürlich sehr viele Geschichten, darunter auch verbürgte historische Geschichten, die mit diesen "*vaults*" zu tun haben. In den Slums sind natürlich auch viele Menschen verstorben, die sanitären und gesundheitlichen Verhältnisse waren nicht die besten. Auch die berühmten "Wiedererwecker" – im Englischen die *ressurectionists* – haben hier ihr Unwesen getrieben, vor allem natürlich die Herren Burke und Hare. Die haben sich dort Leichen besorgt, also zunächst Menschen, die schon verstorben waren, um die Leichen für forensische Untersuchungen an Mediziner zu verkaufen. Dann sind die beiden aber dazu übergegangen, Menschen aktiv umzubringen, die vielleicht auch nicht groß vermisst wurden, da die Morde im Umfeld dieser Slums stattfanden. Aber Burke und Hare wurden erwischt, und zumindest Burke wurde schließlich auch hingerichtet und landete selbst auf dem Obduktionstisch.*)

Alexa: Kein Wunder, dass es da spuken soll.

Alexander: Die beiden Brücken überspannen, das habe ich damals gelernt, Furchen, die durch die Eiszeit entstanden sind; da hat sich sozusagen das Eis am *Castle Rock* entlang geschoben, und deshalb gibt es diese beiden Täler oder Furchen, die durch Brücken überwunden werden mussten. Das ist das Besondere, dass du in der

---

*) Siehe auch Kapitel 9

Mitte diesen Berg hast und nördlich und südlich davon Täler, die von Brücken überspannt werden. Und da herum hat sich die Stadt entwickelt. Sehr, sehr eigen und sehr, sehr schön. Ich fand das immer spannend in einer Stadt zu sein, wo du immer irgendwie hoch gucken und diese Burg sehen kannst; das hat etwas ganz eigenes. So wie man sich wahrscheinlich eine mittelalterliche Stadt vorstellt, und je dunkler es abends wird, desto größer ist natürlich der Effekt, weil die Burg heutzutage natürlich wunderschön angestrahlt wird. Und wenn es dann noch so ein bisschen neblig ist, dann sieht das schon sehr eindrucksvoll aus. So viel mal, um die Stadt zu beschreiben. Alexa hatte ja schon einige Spukorte genannt. Was ist denn der Rudloffsche Lieblingsspukort in Edinburgh?

Literary Pub Tours

Sven: Einen richtigen Lieblingsspukort habe ich eigentlich nicht, wobei Alexa gerade schon *Mary King's Close* erwähnt hatte. Ich war noch nicht auf einer eigenen Spuktour, aber wo ich Edinburgh so richtig schön mal kennengelernt habe, war eine literarische Pubtour – eine Mischung aus einer abendlichen Stadtführung, die in einem Pub beginnt und an verschiedenen anderen Pubs vorbeiführt, und während der Literaturexperten und zum Teil Schauspieler von der literarischen Geschichte der Stadt erzählen. Dabei geht es zum Beispiel auch um Robert Louis Stevenson und Geschichten wie *Doktor Jekyll und Mister Hyde*, die auf Basis von historischen Ereignissen in dieser Stadt entstanden sind. Auf diesen Touren wird zum Teil aus entsprechenden Werken gelesen, mit schönem schottischen Akzent, und die historischen Hintergründe werden erklärt. Und wenn man so abends bei der entsprechenden Stimmung durch die Stadt geführt wird, und die Geschichten an Ort und Stelle vorgetragen werden, muss man auch gar nicht in so etwas wie die *Vaults* hineingehen, um ein Gefühl für die damalige Zeit zu bekommen.

Edinburgh Castle

Alexa: Das letzte Mal haben wir zum Beispiel *Edinburgh Castle* besucht und mussten enttäuscht feststellen, dass man dort heute wesentlich weniger Räume besichtigen kann als das vorherige Mal, als ich da war, irgendwann in den 1980ern. Was ich dort aber nicht gesehen habe, war ein *drummer boy* (Trommler), der dort umgehen soll. Teilweise auch ohne Kopf soll der da auf den Zinnen auf- und abmarschieren. Und dann soll es dort einen geisterhaften Hund geben. Wenn man da mal schaut, es gibt da ja den Tierfriedhof, wo zum Beispiel die Hunde der Fürsten und die der Wache begraben worden sind. Dort soll eben auch ein großer schwarzer Hund umgehen. Und eine Geschichte, die ich besonders toll fand, war, dass man eines Tages in der Burg einen Tunnel entdeckt hat und gerne wissen wollte, wie weit sich denn dieser Tunnel hinunter in die Stadt zieht. Da war man ziemlich schlau und hat einen Dudelsackspieler in den Tunnel geschickt. Der hatte den Auftrag, einfach den Gang entlang zu laufen und immer weiter zu spielen. Parallel wollte man auf der Erdoberfläche entlanggehen und schauen, bis wo man den Dudelsackspieler denn spielen hören kann, und wie weit dieser Tunnel reicht. Und das hat man dann auch gemacht, und man lief und lief, und irgendwann wurden diese Pfeifentöne immer leiser und leiser, und dann war der Dudelsackspieler leider weg und ist auch nie wieder aufgetaucht. Und man erzählt sich, dass man in der Burg, wenn man genau hinhört, und auch manchmal in der Stadt, unter der Erde Dudelsacktöne hören kann.

Sven: Interessanterweise, wenn man sich durch Edinburgh bewegt, hört man immer mal so etwas wie vom Wind herbeigetragene Dudelsacktöne...

Alexa: Komisch, merkwürdig.

Sven: Ja, komisch.

Alexa: Das muss er dann sein.

Sven: Das muss er sein.

Mary King's Close

Alexander: Das sind so die Geschichten um *Edinburgh Castle. Mary King's Close* haben wir gerade schon erwähnt. Auch das muss man vielleicht nochmal beschreiben für all diejenigen, die das nicht kennen. Man hat ja so einen relativ klaren Weg auf diesen *Castle Rock* hoch. Die *Royal Mile*, die da langführt, die sich so ein bisschen hoch schlängelt, und links und rechts davon gehen ganz viele, ganz kleine Gässchen ab, die zum Teil, glaube ich, früher irgendwann zugebaut waren oder geschlossen wurden. Man hat die jetzt wieder größtenteils geöffnet. Und um diese kleinen *Closes*, also um diese kleinen Gassen ranken sich ja auch ganz viele Geschichten. Habt Ihr da ein paar parat, was da so alles passiert sein soll in diesen kleinen Gässchen?

Alexa: Ich habe tatsächlich, als ich auf Studienfahrt in Edinburgh war – das muss Ende der 1990er gewesen sein oder um 2000 herum – einen *Ghostwalk* mitgemacht, ohne Schauspieler allerdings. Wir sind aber auch zumindest herangetreten an diese kleinen Gässchen. Und da wurde uns dann erzählt, dass in Zeiten der Pest die armen Bewohner dort ein Kreuz an die Tür malen mussten, wenn irgendwer in der Familie, die da wohnte, befallen war von der Krankheit. Und irgendwann wurden die Fälle dann so zahlreich, dass man es gar nicht mehr geschafft hat, die betreffenden Leute da rauszuholen. Und man ist dann dazu übergegangen, einfach nur die Eingänge zuzumauern. Man hat also teilweise nicht nur einzelne Häuser zugemauert, sondern die Eingänge zu den Gassen selber, wenn da nur genug Leute krank waren. Und dann hat man die Leute einfach sich selbst überlassen und jahrelang auch gar nicht mehr nachgeschaut, wie viele Leichen da überhaupt drin lagen. Und als dann die Gassen schließlich wieder geöffnet wurden, hat jemand eines der Häuser gekauft und wollte da einziehen. Das soll so im 18. Jahrhundert gewesen sein. Der musste sich im Prinzip erst mal den Weg durch Gebeine freischaufeln, als er dieses Haus beziehen wollte, und hat dann in der ersten Nacht als neuer Bewohner in dem Haus auch vermeintlich Leichen gesehen, die zerteilt waren, und deren Gebeine dann irgendwie ganz gespensterhaft durch die Luft schwebten. Das war dann der Spuk dort: Das waren die armen Pestopfer, die man dort einfach vergessen hat.

Sven: Es gibt zu *Mary King's Close* auch tatsächlich noch eine skeptische Anmerkung. Alexander hatte vorhin so schön gesagt, dass die Eiszeit diese Senken nördlich und südlich des *Castle Rocks* produziert hat. Und wie er gerade beschrieben hat: Diese *Closes* laufen ja quasi von *Castle Rock* genau in die Richtung dieser Täler zu beiden Seiten des Felsens. Bedingt durch die Geografie waren diese Senken eigentlich immer Moorgebiet mit sehr feuchtem Grund. Das trug auch dazu bei, dass man eigentlich direkt neben dem *Castle Rock* ungern bauen wollte. Im Norden hat man da nur den Bahnhof gebaut, aber kaum Häuser. Im Süden hat man trotzdem gebaut, und so sind eben das *Cowgate* und die *South Bridge* entstanden. Gerade bei *Mary King's Close* vermutet man, dass hier Sumpfgase aus diesem Marschland die Gasse hinaufgezogen sind. Im Grunde ist sowas ja reines Biogas, das sich entzünden kann, oder es kann eben auch mal zu Schwindel und Halluzinationen führen. Solche Gase könnten also der Grund für einige Geistererscheinungen gewesen sein, die mit diesen Gässchen in Verbindung gebracht werden.

Psychologie von Spukphänomenen

Alexander: Jetzt können wir uns natürlich noch stundenlang weitere Geschichten heraussuchen in und um Edinburgh, die da stattfinden sollen. Aber wir sitzen jetzt hier mit zwei Psychologen und einer Kulturwissenschaftlerin. Lasst uns doch mal ganz kurz einen Fokus setzen. Du hast gerade schon angefangen, Sven: Du hast gesagt, ich habe hier eine mögliche rationale wissenschaftliche Erklärung dafür, was in dieser *Mary King's Close* stattgefunden hat. Aber auch nochmal für dich als Psychologen: Ist es so, dass wenn sowieso jeder immer in den Pubs abends berichtet, "Ich habe einen Geist gesehen", und das ist eine Stadt, wo Nebelschwaden herumziehen, ist es nicht so, dass man dann vielleicht auch geneigter ist oder – ich benutze den Begriff mal an der Stelle absichtlich falsch, das ist ein Begriff aus der Psychologie – "vulnerabler" ist, auch mal selber was zu sehen? Oder noch tiefer gehend gefragt, bei deinen vielen Besuchen in Edinburgh, ist dir auch mal was untergekommen, wo du für eine Sekunde gezuckt hast?

Sven: Wie gesagt, ich habe nicht das Gefühl, dass ich tatsächlich mal einen Geist gesehen habe, aber gezuckt habe ich natürlich schon. Wie wir das alle schon beschrieben haben: Das ist die Atmosphäre in der Stadt, wenn alles zusammenkommt. Man hat die alten Gebäude, es ist Nacht, man hat die Geschichten um sich herum, es ist vielleicht ein bisschen neblig, dann kann man sich dem natürlich nicht ganz entziehen. Wenn man dann irgendwie erst einmal ein Geräusch hört oder vielleicht irgendwas Schemenhaftes sieht, dann ist natürlich schnell ein Gedanke da, "Ups, was ist das jetzt?" Man ist dann schon aufmerksamer und empfänglicher für solche Interpretationen. Das ist absolut nachvollziehbar.

Alexa: Kommen wir vielleicht nochmal zu den *South Bridge Vaults* zurück, weil es da auch noch ein ganz interessantes und mit einfachen aber guten Mitteln durchgeführtes Experiment gibt, das wir nochmal besprechen könnten. Wir haben ja schon gesagt, das war im Prinzip nicht viel mehr als ein Slum, in dem die Leute ja wirklich in schrecklichen Verhältnissen, mit wenig Licht, schlechter Luft und ohne sanitäre Anlagen gelebt haben. Wenn heute Touren stattfinden durch diese *Vaults*, dann sollen fast in jedem Raum irgendwelche Geister umgehen. Da soll es einen Schuhmacher geben, der eigentlich nicht besonders bösartig ist, der einem vielleicht mit geisterhaften Fingern mal an den Schuh fasst, weil ihm das so interessant vorkommt. Dann soll es aber auch einen *Mister Boots* geben, der es schon ein bisschen bunter treibt und der ein recht bösartiger Geist sein soll. Und auch die von dir schon erwähnten Burke und Hare sollen dort umgehen, weil sie dort zu Lebzeiten schon ihr Unwesen getrieben haben. Wenn man jetzt da durchläuft, dann sollen angeblich auch recht skeptisch eingestellten Menschen doch mal irgendwann Dinge begegnen, die nicht wirklich einzuordnen sind. Meinst du, das hängt dann eher mit einer Gruppendynamik zusammen? Das sind ja wahrscheinlich immer so 10 bis 15 Leute, die bei einer Tour da durchgeschleust werden, und dass einer den anderen ansteckt – oder meinst du, das hat vielleicht auch was mit den Umweltbedingungen da unten zu tun?

Sven: Beides auf jeden Fall. Ich glaube, da kommt vieles zusammen. Das eine hatten wir gerade schon gesagt: Ich befinde mich bewusst in einer solchen "Geister"-Situation oder begebe mich da freiwillig rein. Ich gehe ja jetzt nicht auf so eine Geistertour, wenn ich dem Thema komplett abgeneigt bin. Ich will jetzt nicht sagen, dass jeder, der auf eine Geistertour geht, auch an Geister glaubt, aber ich lasse mich ja bewusst auf diese Tour ein, finde das interessant, durch so etwas wie die *Vaults* geführt zu werden, und dabei gruselige Geschichte zu hören. Ich bin also schon mal ein bisschen offener – oder wie Alexander sagte "vulnerabler" – für entsprechende Suggestionen. Und wenn ich dann noch eine Gruppe von Menschen um mich herum habe, denen das ganz genauso geht, dann kann natürlich auch allein schon ein Gruppeneffekt hochkommen, wenn einer sagt, "Oh, mich hat jetzt aber ein kalter Hauch erwischt", und das finde ich jetzt irgendwie seltsam. Und dann sagen die andern vielleicht, "Ja, ich auch!", und dann steigert man sich so ein bisschen rein. Es ist also auf jeden Fall beides, sowohl die Umwelt, als auch mit welcher psychologischen Verfassung man allein oder insbesondere als Gruppe dort reingeht.

Richard Wiseman

Alexa: Wenn wir jetzt auf dieses Experiment kommen, was ich erwähnt habe, das ist durchgeführt worden von Richard Wiseman, der uns hier schon recht gut bekannt ist, mit dem wir uns schon ein bisschen beschäftigt haben. Magst du vielleicht noch ein, zwei Worte zu Richard Wiseman sagen?

Sven: Gerne. Richard Wiseman ist eine wirklich bemerkenswerte Persönlichkeit in der Psychologie in Großbritannien. Er ist Professor für Psychologie an der Universität von Herefordshire, das ist nördlich von London, er ist aber auch sehr viel in Edinburgh unterwegs. Das besondere ist, er ist der einzige Professor, wie das so schön im Englischen heißt, "*for the public understanding of psychology*", also im Grunde für das Wissen der Allgemeinheit über Psychologie. Er kümmert sich also darum, was jemand, der nicht Psychologie studiert hat, über Psychologie zu meinen glaubt oder auch wirklich wissen sollte.

Entsprechend macht Richard sehr praxisnahe, alltagsnahe Untersuchungen.

Alexa: Also Wissenschaftskommunikation.

Sven: Genau, Wissenschaftskommunikation im besten Sinne. Und er bespielt das auch wirklich auf allen Kanälen. Richard Wiseman hat sehr viele schöne populärwissenschaftliche Bücher zu unterschiedlichen psychologischen Themen geschrieben. Er hat einen extrem erfolgreichen YouTube-Kanal namens *Quirkology*, wo er auch Videos zu Wahrnehmungstäuschungen zeigt. Das ist eines seiner Lieblingsthemen. Eines seiner bekanntesten Videos ist der "*colour-changing card trick*", den man sich dann einfach mal anschauen kann, und hinterher wird aufgelöst, was so alles *wirklich* passiert ist. Selbst wenn man Experimente wie „*Did you spot the gorilla?*", also „Habt ihr den Gorilla gesehen", vielleicht schon kennt, fällt man doch gern noch einmal auf seine eigene Psyche herein. Richard Wiseman war in seinem ersten Job mal Zauberkünstler – das ist er nebenbei immer noch. Das heißt aber, er hat sich der früh mit dem Thema, wie sich Menschen täuschen lassen, auseinandergesetzt. Heute verbindet er das, er macht auch viele Massenexperimente und ist viel im Fernsehen unterwegs, mit vielen interessanten Themen. Und eines davon ist natürlich unsere Wahrnehmung von paranormalen Phänomen wie Geistern.

Alexander: Weißt du zufällig, wie sein Buch „*Paranormality*" auf deutsch heißt? Ich kenne nur den englischen Titel.

Alexa: Ist das denn inzwischen auf Deutsch erschienen?

Sven: Ja, ich glaube alle Bücher. „*Paranormality*" heißt im Deutschen auch nur „Paranormaltiät", ähnlich wie "*Quirkology*" "Quirkologie" heißt. Die anderen Bücher haben ein wenig andere Namen. Das letzte, das in Deutsch erschienen ist, war *"Rip it up"*, im Deutschen heißt das „Machen nicht denken". Da setzt er sich mit Selbsthilfeliteratur auseinander – was kann uns *wirklich* helfen, unser Verhalten zu ändern? Sein neuestes Buch ist noch nicht auf Deutsch erschienen. Das liegt bei mir passenderweise auf dem Nachttisch: Da befasst er sich nämlich mit dem Thema Schlafen. Das Buch heißt im Englischen *„Night School"*. Aber ja, *„Paranormality"* war das Buch vor einigen Jahren, in dem er sich insbesondere mit paranormalen Phänomenen auseinandersetzt, und in dem er auch die Untersuchungen in den *South Bridge Vaults* verarbeitet hat.

Wisemans Studie in den South Bridge Vaults

Alexa: Er hat, was diese konkreten Spukphänomene angeht, zwei Experimente gemacht, die in einem *Paper* veröffentlicht sind. Er hat einmal *Hamilton Court* als Spukort genommen und einmal die *South Bridge Vaults*. Wenn wir mal bei Letzterem bleiben, das hat er folgendermaßen aufgebaut: Da hat er von einem Fremdenführer, der dort Touren veranstaltet, die einzelnen *Vaults* anhand der Spukgeschichten bewerten lassen, von 1 "wenig bespukt" bis 10 "stark bespukt"; er selbst hat nicht mitbekommen, wie diese Bewertung aussah. Dann hat er immer 10 Probanden genommen, diese einem Raum zugelost, und dann wurden sie in diesen Raum hineingeführt, sie sollten da eine gewisse Zeit verbleiben und aufschreiben, was sie festgestellt haben. Sie wurden vorher noch dazu befragt, wie ihr Vorwissen ist, weil auch der Zusammenhang zwischen Vorwissen und paranormaler Erfahrung untersucht werden sollte. Es sind eigentlich ganz interessante Ergebnisse herausgekommen und zwar, dass das Vorwissen um einen Spukort nicht unbedingt damit zusammenhängt, ob hinterher auch wirklich eine paranormale Erfahrung gemacht wird. Also auch Leute, die sagten, ich habe überhaupt keine Ahnung von dem Thema, ich weiß auch nicht, wo genau es da spuken soll, die haben dann hinterher genau an den Orten etwas festgestellt, die auch aus Berichten oder allgemeinen Zeugenaussagen angeblich bespukt sein sollen. Und da könnte man ja jetzt erst mal sagen: Oh, das ist aber eigentlich ein Beleg dafür, dass es da vielleicht wirklich spukt.

Sven: Genau. Beziehungsweise einen Schritt zurück: Da scheint tatsächlich irgendetwas Objektives zu sein, was die Menschen dazu bringt, *anzunehmen*, dass es da spukt.

Alexa: Wenn man dann natürlich mal weiter schaut, kann man auch untersuchen, ob nicht vielleicht doch Umweltfaktoren eine Rolle spielen, und genau das hat Richard Wiseman auch gemacht. Er hat nämlich geschaut, ob es vielleicht auch Temperaturstürze sein können. Ob da schlicht und ergreifend irgendwie Zugluft herrscht, oder ob es lokale Magnetfelder gibt oder sogar Radioaktivität oder irgendwas in der Richtung. Im Grunde genommen hat er festgestellt, dass eben genau diese Umweltfaktoren unter Umständen zu einer paranormalen Erfahrung führen können. Was ich spannend finde an diesen Experimenten ist, dass sie so "*hands-on*" sind. Also ich weiß gar nicht, ob man so was hier in Deutschland machen könnte, da müsste man einfach mal schauen, ob man vielleicht irgendwie einen Spukort findet, wo man das machen kann, weil ich das als Vorbild einfach genial finde.

Alexander: Einfach mal Leute da hinschicken und durchschleusen.

Alexa: Einfach mal zu gucken, was da passiert.

Alexander: Das ist ein sehr pragmatischer Zugang zum Thema, den Richard Wiseman ja an vielen Stellen gerne geht. Wir könnten wahrscheinlich noch Tage, Wochen,

Monate mit dir über weitere Spukorte in ganz Großbritannien plaudern. Wir haben aber, glaube ich, mal deutlich gemacht, wie eine Stadt von sich selber behaupten kann, die am meisten heimgesuchte Stadt Europas zu sein. Sven, dir vielen Dank, dass du dir die Zeit für das Interview genommen hast, und euch allen nur die Empfehlung, fahrt mal nach Edinburgh hin und guckt euch das an, oder?

Sven: Genau, ja euch auch vielen herzlichen Dank dafür! Und auf jeden Fall besucht mal Edinburgh, und hört euch gerne zur Vorbereitungen die entsprechenden Folgen von *Viva Britannia* an – das haben auch schon einige Hörer genutzt!

11 DAS HAUS HANNOVER*)

Als deutsche Fürsten auf dem britischen Thron saßen

Zum 300jährigen Jubiläum der Personalunion ein Überblick mit vielen Georgs und einem Wilhelm. Von politischer Benachteiligung von Katholiken, dem Sieg des Bürgertums, vergeblichen Aufständen, sklavischen Spekulationsblasen und störrischen Sterbenden. Als George Washington einen Prinzen entführen wollte, Söhne immer wieder in die Opposition gingen, und ein König Amerika verlor und verrückt wurde. Warum David Cameron königliches Blut in sich trägt und Königin Victoria in Hannover keine Rolle spielt.

Die Idee zu diesem Kapitel sprang mir auf dem Weg zur Arbeit förmlich ins Gesicht: Ich war 2014 ja beruflich regelmäßig in Hannover, und laut Plakaten in der ganzen Stadt widmeten sich dort ab Mitte Mai 2014 gleich fünf Ausstellungen dem übergeordneten Thema "Als die Royals aus Hannover kamen. Hannovers Herrscher auf Englands Thron. 1714-1837."

Warum dieser Ausstellungstitel faktisch korrekt, aber auch ein wenig unfair ist, darauf komme ich später zurück.

Vielen dürfte nicht bewusst sein, dass selbst die aktuelle britische Königsfamilie deutsche Wurzeln hat – es sei denn, man hat Kapitel 13 im ersten Buch gelesen. So "richtig" deutsch war das Königshaus aber tatsächlich ab dem Jahr 1714. Und was es damit auf sich hat, und was die Insel dem Haus Hannover zu verdanken hat, darum soll es jetzt kurz gehen.

---

*) Quellen: Folgen "VB037 Das Haus Hannover" vom 15.06.2014, "VB044 Bits & Bobs 4" vom 04.10.2014

Von den Stuarts zum Haus Hannover

Dass eine deutsche Adelsfamilie auf den englischen Thron kam, haben wir den alten Thronfolge-Regelungen des englischen Königreiches zu verdanken – die im übrigen in den meisten anderen europäischen Adelsfamilien identisch waren oder es immer noch sind. Demnach hatten lange Zeit Söhne von Herrschern in der Reihenfolge ihrer Geburt Vorrang vor Töchtern. Außerdem hatten Nachfahren eines Thronfolgers Vorrang vor dessen jüngeren Geschwistern.

Wie ich im genannten Kapitel zum Königshaus erwähne, führte das immer dann zu nennenswerten Wechseln auf dem englischen Thron, wenn Königinnen starben. Eindeutig ist der Fall zum Beispiel bei Elisabeth I., der letzten Herrscherin des Tudor-Geschlechts. Elisabeth starb im Jahr 1603 ohne eigene Nachkommen, und so fielen die englische und irische Krone an den nächsten Verwandten aus Elisabeths männlicher Vorfahrenlinie – und das war der damalige schottische König James VI., dessen Familie der Stuarts fortan über Schottland, England und Irland herrschte.

Ein Jahrhundert später, im Jahr 1714, wiederholte sich dann das Spiel: Königin Anne aus dem Hause Stuart starb ohne Nachkommen, und so fiel die Krone an den nächsten protestantischen Verwandten aus Annes männlicher Vorfahrenlinie – und das war ihr entfernter Cousin George I. aus dem deutschen Herrschergeschlecht der Hannoverschen. Und das Haus Hannover herrschte bis 1901 über die Insel.

Moment – warum 1901? Warum sagt der Ausstellungstitel dann 1714 bis 1834? Genau darauf komme ich später zurück. Schauen wir uns die Regentschaft der Hannoverschen auf dem englischen Thron mal von vorne an. Und ja – das Geschlecht heißt "die Hannoverschen" und nicht "die Hannoveraner" – das wäre nämlich eine Pferderasse.

George I.

Genau genommen ist "Hannover" aber gar nicht der korrekte Name dieses Herrschergeschlechts. Ich will Euch die vielen Irrungen und Wirrungen aus der Geschichte des deutschen Adels ersparen. Fakt ist, dass die Hannoverschen ein Zweig der alten deutschen Dynastie der Welfen sind, die lange mit den Staufern im Clinch lagen. Dieser konkrete Zweig der Welfen herrschte ab 1692 über das vom römisch-deutschen Kaiser neu geschaffene Kurfürstentum Braunschweig-Lüneburg. Und weil die Hauptstadt dieses Kurfürstentums Hannover war, hieß es umgangssprachlich auch "Kurhannover" oder eben einfach "Hannover".

Im Jahr 1714 war der amtierende Kurfürst Georg Ludwig von Braunschweig-Lüneburg bereits 54 Jahre alt, als die englische Königin Anne Stuart ohne Erben verstarb. Mehr als 50 Blutsverwandte standen Anne näher als Georg Ludwig, aber sie alle waren Katholiken – Georg Ludwig war der nächste protestantische Verwandte, und nur ein solcher konnte gemäß dem *Act of Settlement* von 1701 den englischen Thron besteigen.

Die Erbfolge war nicht ganz zufällig sondern von langer Hand geplant. So hatte Georg Ludwig frühzeitig dafür gesorgt, dass seine Mutter Sophie, über deren Linie die Erbfolge lief, offiziell englische Staatsbürgerin wurde, um mögliche spätere juristische Verwicklungen zu vermeiden. Georg selbst unterhielt viele Jahre Beziehungen zur Insel und war ab 1701 auch Mitglied des königlichen Hosenbandordens.

1714 ging der Plan auf, und ein damals selbst in Deutschland recht unbedeutender Kurfürst wurde englischer König, und zwar unter dem englischen Namen George I.*) Er zog von Hannover nach London und herrschte 13 Jahre lang. Von der britischen Öffentlichkeit wurde er gerne verlacht, weil er angeblich zwar Deutsch und Französisch sprach, aber kein Englisch. Das scheint er nach einigen Jahren aber durchaus gelernt zu haben. George I. mochte öffentliche Auftritte und Pomp nicht, und Zeitgenossen vom Festland beschrieben ihn als fortschrittlichen Herrscher, der auch die Aufklärung unterstützte. Bereits an seinem Hof in Hannover verkehrten der Mathematiker Leibniz und der Komponist Händel, und dem kritischen Philosophen Voltaire gewährte George I. in England Asyl, als Voltaire aus Paris verstoßen wurde.

Der Südseeschwindel und Robert Walpole

Während der Regentschaft von George I. kam es zu einer der ersten Spekulationsblasen der Neuzeit, dem sogenannten Südseeschwindel. Die *South Sea Company* hoffte vom Handel mit Südamerika zu profitieren, unter anderen vom Sklavenhandel. Die englische Regierung unterstützte dies, verlieh der Aktiengesellschaft ein Monopol für den Handel mit Südamerika, und nutzte später das Unternehmen auch zur Vergesellschaftung seiner Staatsschulden. Die Aktien der *South Sea Company* fan-

---

*) Immer wenn ich bei *Viva Britannia* britische Monarchen erwähne, stolpere ich darüber, ob ich nun ihren englischen oder ihren deutschen Namen verwende – spreche ich also von Heinrich oder Henry? Dazu kommt noch, dass ich bei meinen Recherchen sowohl englische als auch deutsche Quellen nutze, und da kann ich schon einmal durcheinander kommen. In diesem speziellen Kapitel beginne ich – der Geschichte entsprechend – mit deutschen Namen, und wechsle dann auf die englischen, nachdem die Hannoverschen auf dem englischen Thron sitzen.

den reißenden Absatz und ihr Wert stiegt um ein Vielfaches, aber all das war nicht durch reale Geschäftserfolge gedeckt. 1720 platzte die Blase, und viele Anleger verloren ihr Geld. Das stürzte die Wirtschaft der Insel in eine Rezession. Bei einer Untersuchung des Vorfalls wurden zudem namhafte Politiker und Beamte der Korruption überführt. George I. selbst war zwar mehr Geschädigter als Hintermann, aber der Zwischenfall machte das Königshaus und die Regierungspartei im Parlament nicht gerade beliebt.

Umso mehr Einfluss gewann der neu ernannte Oberste Schatzmeister, Robert Walpole, dem es gelang, die Finanzkrise einigermaßen in den Griff zu bekommen. Walpole übte damals so viel Macht im Parlament aus, dass seitdem der Oberste Schatzmeister (engl. *First Lord of the Treasury)* im allgemeinen Sprachgebrauch auch als *prime minister* – also "oberster Minister" bezeichnet wird. Später wurde der Titel des Premierministers offiziell der des Regierungsführers, aber auch heute noch führt der jeweilige Premier auch den Titel des Obersten Schatzmeisters.

Robert Walpole gilt somit als erster englischer Premierminister der Geschichte. Er hielt diesen Posten 21 Jahre lang – und damit länger als jeder seiner Nachfolger. Er führte die Regierung nicht nur unter George I., sondern auch unter dessen Sohn und Nachfolger George II.

Neben dem Posten des Premierministers verdankt die Insel Robert Walpole noch eine weitere politische Institution: Die Adresse *10 Downing Street.* George II. wollte Walpole das dortige Haus schenken. Walpole akzeptierte das Gebäude aber nur als offizielle Residenz des Obersten Schatzmeisters. Und das ist es noch heute.

George II.

Damit sind wir klammheimlich bei George II. gelandet. Die Namen der Herrscher des Hauses Hannover lassen sich recht einfach merken: George I., George II., George III., George IV., William IV. und schließlich Victoria. Nicht umsonst heißen die wesentlichen Mode- und Baustile aus dieser Zeit auch "georgianisch" und "viktorianisch". Georgianische Architektur zeichnet sich durch Ausgewogenheit und Symmetrie aus; man findet viele Reihenhäuser, und die bevorzugten Materialien waren roter Backstein oder helles Mauerwerk. Die Neustadt von Edinburgh zum Beispiel ist eine der größten zusammenhängenden Ansammlungen von georgianischer Stadtarchitektur. Aber auch in London prägen viele Überreste aus georgianischer Zeit noch das Stadtbild.

Aber zurück zu George II. Getauft als Georg Augustus sollte er der letzte Herrscher der Insel sein, der nicht in Großbritannien geboren wurde. Georg Augustus ging mit seinem Vater nach London, als dieser den englischen Thron bestieg, aber die beiden hatten kein gutes Verhältnis. Tatsächlich tat sich der *Prince of Wales* lange Zeit mit Politikern der Opposition zusammen. Als er selbst König wurde, erwartete jeder, dass er Robert Walpole als Premier entlassen würde. Die beiden waren zwar lange Zeit Weggefährten gewesen, aber Walpole war in den Dienst von Georges Vater übergelaufen und als Oberster Schatzmeister unersetzlich geworden. Zu aller Überraschung hielt George II. Walpole im Amt und ließ ihn und seine Regierung gewähren – George II. trat als König kaum in Erscheinung. Zudem hatte er mit seinem eigenen Sohn Frederick ähnliche Schwierigkeiten wie sein Vater mit ihm gehabt hatte. Erst 14 Jahre nachdem George II. Hannover mit seinem Vater verlassen hatte, holte er seinen eigenen Sohn an den englischen Hof nach. Das schlechte Verhältnis eskalierte im Laufe der Zeit, der

Kronprinz und seine Familie wurden vom Hof verbannt, und Frederick arbeitete eng mit der politischen Opposition gegen seinen Vater. Dies führte letztlich auch dazu, dass Robert Walpole keine Unterstützung mehr im Parlament hatte, und er schließlich als Premier abdankte.

Bonnie Prince Charlie

Eine bemerkenswerte Episode während der Herrschaft von George II. war der letzte Versuch der sogenannen Jakobiten, die katholischen Nachkommen des Hauses Stuart wieder auf den Königsthron zu bringen. Wir erinnern uns: Der englische Thron war nur deshalb an das Haus Hannover gefallen, weil das Parlament mit dem *Act of Settlement* bewusst katholische Anwärter ausgeschlossen hatte. Das hatte nicht nur religiöse Gründe: James II. als letzter katholischer Herrscher der Insel war auch ein Verfechter des Absolutismus und damit der Einschränkung der Rechte des Parlaments. Deshalb unterstützte das englische Parlament den protestantischen und demokratiefreundlicheren Zweig der Stuarts bei der Machtübernahme, und verfügte schließlich die besagte Regel, damit Katholiken im weiteren von der Thronfolge ausgeschlossen wurden. Dabei wollten es nun wiederum die Anhänger der katholischen Stuarts nicht belassen, und so kam es immer wieder zu Umsturzversuchen dieser sogenannten Jakobiten. 1745 landete der Enkel von James II., Charles Edward Stuart, auch genannt *Bonnie Prince Charlie*, mit zwei Schiffen in Schottland, wo die Unterstützung für die Jakobiten am größten war. Er sammelte Männer um sich, eroberte Edinburgh und schlug die einzige englische Kompanie in Schottland. Im folgenden Jahr musste er sich jedoch in der Schlacht von Culloden der englischen Übermacht geschlagen geben. Bonnie Prince Charlie floh vor den englischen Häschern durch die schottischen Highlands und verließ die Insel schließlich an Bord eines französischen Schiffes. Schottische und irische Volkslieder handeln noch immer von Bonnie Prince Charlie und seiner legendären Flucht.

Mit dieser Niederlage verloren die Jakobiten endgültig weiteren Rückhalt, und diese Episode sollte ihr letzter Versuch gewesen sein, den Thron für die katholischen Stuarts zurück zu erobern.

Wenige Jahre später starb Kronprinz Frederik überraschend, und so bestieg 1760, als schließlich auch sein Vater George II. verstarb, dessen Enkel den Thron – George III. Was von der Regentschaft George II. übrig bleibt, sind drei nennenswerte Gründungen. Da wären zum einen die Georg August Universität in Göttingen und das King's College in New York City – letzteres ist heute als Columbia University bekannt. Zum anderen geht der amerikanische Bundesstaat Georgia auf eine Provinz zurück, die nach George II. benannt wurde. Und das wäre es dann auch schon.

George III.

Da war der Enkel George III. schon aus anderem Holz geschnitzt. Er war in England geboren worden, wurde mit 22 Jahren König, herrschte ganze 60 Jahre lang über die Insel und besuchte in dieser Zeit nicht ein einziges Mal Hannover. Tatsächlich verließ er sein Leben lang nie Südengland. Dennoch wurde George III. 1814 sogar vom Kurfürsten von Braunschweig-Lüneburg zum König von Hannover befördert. George III. traf seine Frau, Prinzessin Charlotte von Mecklenburg-Strelitz, zum ersten Mal an ihrem Hochzeitstag, aber die beiden führten eine glückliche Ehe, aus der 15 Kinder hervorgingen.

Unter George III. war die Insel in vielen Kriegen aktiv. Durch den Sieg gegen Frankreich im Siebjährigen Krieg stieg Großbritannien zur bedeutendsten Macht in Nordamerika und in Indien auf. Georges weitere Kämpfe gegen Frankreich mündeten schließlich in der Niederlage von Napoleon in der Schlacht von Waterloo im Jahr 1815. Aber die Freude über die anfänglichen Erfolge in den zahlreichen Überseekolonien war von kurzer Dauer: Während der Regentschaft von George III. ereignete sich der amerikanische Unabhängigkeitskrieg, was ihm bei manchen Historikern den Titel des "Königs der Amerika verlor" einbrachte. Für viele amerikanische Geschichtsschreiber gilt er als Tyrann, während britische Historiker ihn gern als Sündenbock für das Scheitern des Imperialismus sehen. Fakt ist, dass zur Regierungszeit von George III. einige der wesentlichsten politischen Entwicklungen der jüngeren Weltgeschichte stattfanden.

Eine kleine weitere Anekdote zu berühmten Gebäuden: Ähnlich wie wir George II. die 10 Downing Street zu verdanken haben, geht Buckingham Palace letztlich auf George III. zurück. Der offizielle Herrschersitz seiner Zeit war St. James Palace, ursprünglich errichtet von Heinrich VIII. Aber 1761 kaufte George das Londoner Anwesen Buckingham House als Rückzugsort für seine Frau Charlotte. Sein Sohn sollte es ausbauen lassen, und seine Enkelin zum offiziellen Sitz der Königsfamilie in London machen – aber dazu kommen wir gleich.

George III. war beim Volk sehr populär, unter anderem wegen seiner Frömmigkeit und seinem Familiensinn. In seinen späteren Jahren litt er aber zunehmend unter psychischen Problemen. Die letzten zehn Jahre seines Lebens verfiel er zunehmend dem Wahnsinn, er wurde dement, erblindete und ertaubte. In dieser Zeit führte sein Sohn bereits als Regent die Regierungsgeschäfte. Als George III. im Jahr 1820 schließlich starb, wurde der Regent als George IV. auch formal König.

George IV.

So populär George III. beim Volk gewesen war, so unpopulär war sein Sohn George IV. – und das bereits während seiner Zeit als Regent für seinen Vater. Extravagant und verschwenderisch gab er sich. Das führte unter anderem zwar zum Ausbau von Buckingham Palace und zur Neuerrichtung von Windsor Castle, aber leider auf Kosten der Steuerzahler – und das zu einer Zeit, als sich England nach wie vor mitten in den Napoleonischen Kriegen befand, und die Wirtschaftslage ohnehin angespannt war. Mehrere Male beglich das Parlament die persönlichen Schulden des Regenten und späteren Königs, mit Summen, die heute umgerechnet Hunderte Millionen Euro entsprächen.

Die zwei wesentlichen Episoden, für die George IV. heute bekannt ist, sind das Verhältnis zu seinen Frauen und die Emanzipation der Katholiken.

Maria Fitzherbert und Königin Caroline

George IV. und die Frauen: Kurz nach seinem 21. Geburtstag verliebte sich George in Maria Fitzherbert – eine sechs Jahre ältere Bürgerliche, die schon zwei Mal geschieden war, und – das am schlimmsten – Katholikin. Der *Act of Settlement* schloss die Thronfolge nicht nur für Katholiken aus sondern auch für die Ehepartner von Katholiken. Und nach einem anderen Gesetz war es einem Thronfolger ohne Zustimmung des Herrschers ohnehin unmöglich, rechtwirksam zu heiraten. All das war George egal, und er ging mit Fitzherbert ein Eheversprechen ein. Das wurde geheim gehalten, um Schaden vom Königshaus und dem Parlament abzuwenden. Als der Prinz sich immer weiter verschuldete, verweigerte ihm sein Vater jegliche Hilfe, bis er einwilligte, formal seine Cousine Prinzessin Caroline von Braunschweig zu heiraten. Die Ehe war für beide eine Katastrophe. Sie trennten sich nach der Geburt ihres einzigen Kindes, und George blieb Zeit seines Lebens Maria Fitzherbert zugetan; er hatte aber auch zahlreiche Affären und zeugte vermutlich eine ganze Reihe außerehelicher Nachkommen.

Als George mit 57 Jahren vom Regenten zum König aufstieg, wollte Caroline ihr Anrechte öffentlich bekräftigen, aber George verweigerte ihr die Anerkennung als Königin. Er hätte sich gerne scheiden lassen wollen, aber das kam nicht in Frage, und so strengte er zumindest ein Gesetz an, das die gemeinsame Ehe für unwirksam erklärt hätte. Der Gesetzentwurf wurde von der Öffentlichkeit sehr negativ aufgenommen und musste zurückgezogen werden. Dennoch entschied sich George, seine Frau zumindest von seiner Krönung auszuladen. Caroline erkrankte am Krönungstag schwer und starb wenige Wochen später – sie selbst äußerte in ihren letzten Tagen wiederholt die Vermutung, vergiftet worden zu sein.

Emanzipation der Katholiken

George IV. und die Katholiken: Obwohl seine geliebte Maria Fitzherbert Katholikin war, sträubte sich George Zeit seines Lebens gegen die Aufhebung von zahlreichen Benachteiligungen, unter denen Katholiken in seinem Königreich zu leiden hatten. So erstreckte sich die Benachteiligung von Katholiken nicht nur auf die Thronfolge, sie durften auch lange Zeit keine anderen höheren Ämter bekleiden, wählen, ins Parlament gewählt werden, oder nennenswerten Grundbesitz ihr eigen nennen – ganz zu schweigen von der Errichtung eigener Schulen oder der Einsetzung von Bischöfen. Die Aufhebung dieser Benachteiligungen war ein langwieriger Prozess, der sich über die gesamte Herrschaft der Hannoverschen auf der Insel erstreckte. Mit der Vereinigung der Königreiche Großbritannien und Irland im Jahr 1800 gewann das

Thema zusätzliche Brisanz, und der Druck auf Parlament und Krone wuchsen. Dennoch weigerten sich erst George III. und dann George IV. standhaft. Es sollte bis 1829 dauern, bis George IV. unter massivem Druck der Öffentlichkeit endlich nachgab, und der *Catholic Relief Act* in Kraft trat.

Zu diesem Zeitpunkt war George IV. aufgrund seines ausschweifenden Lebenswandels schon lange fettleibig und von generell schlechter gesundheitlicher Verfassung. Ein Jahr nach der Verabschiedung des *Catholic Relief Acts* verstarb er.

William IV.

Das einzig legitime Kind von George IV. mit seiner verhassten Frau Caroline war Prinzessin Charlotte gewesen. Diese war aber bereits mehr als zehn Jahre vor ihrem Vater im Kindbett verstorben. Damit fiel die Krone nach Georges Tod an seinen jüngeren Bruder, der im Alter von 64 Jahren als William IV. den Thron bestieg. Er sollte nur sieben Jahre herrschen.

William war das Gegenteil seines extravaganten Bruders: Unauffällig aber volksnah, pflichtbewusst und sparsam. Anstatt sich in einem seiner Schlösser zurückzuziehen, spazierte er gerne ohne Gefolge durch London. Als dritter Sohn von George III. hatte niemand damit gerechnet, dass William jemals König werden würde. Mit 13 Jahren trat er in die *Royal Navy* ein und blieb ihr sein Leben lang verbunden. Er diente während des amerikanischen Unabhängigkeitskriegs auch eine Zeitlang in New York. George Washington unterstützte einen Plan, den Prinzen zu entführen, der Plan wurde aber letztlich nicht in die Tat umgesetzt wurde. Nachdem William den Titel eines *duke* zuerkannt bekam, gab er den aktiven Marinedienst auf und ging in die Politik. Während der Napoleonischen

Kriege bemühte er sich immer wieder, als Reservist in den aktiven Dienst zurück zu kehren, aber er wurde von der Admiralität wiederholt abgewiesen; sie verlieh ihm damals lediglich Ehrentitel. Unter der Regentschaft seines Bruders George IV. wurde William aber schließlich zum Lord High Admiral ernannt, und er lenkte fortan die Geschicke der Marine – nicht immer mit Erfolg und regelmäßig im Konflikt mit den altgedienten Admirälen, aber meist mit gutem Augenmaß.

Parlamentsreform

In der kurzen Zeit, in der William IV. König war, kam es vor allem zu *einer* nachhaltigen politischen Entwicklung: Die Zusammensetzung des Parlaments wurde das erste Mal seit dem 15. Jahrhundert grundlegend reformiert. Dies führte zu einer besseren Repräsentation der inzwischen stark gewachsenen Städte im Unterhaus, und zu einem deutlichen Machtwechsel vom adelsdominierten Oberhaus hin zum bürgerlichen Unterhaus. Insgesamt verloren Aristokraten und Landbesitzer deutlich an politischem Einfluss gegenüber Vertretern der neuen Mittelschicht. Die entsprechenden Reformen waren sowohl im Unterhaus als auch im Oberhaus stark umkämpft, und es sollte zwei Jahre dauern, bis 1832 endlich endlich ein entsprechender Gesetzentwurf beide Kammern passierte. William IV. hatte hieran maßgeblichen Anteil, indem er unter anderem einmal persönlich ins Parlament eilte, um es aufzulösen und Platz für Neuwahlen zu machen, von denen die Reformer profitieren würden. Ein andermal drohte er dem Oberhaus, dessen Widerstand gegen die Reformen dadurch zu unterlaufen, indem er so viele neue reformwillige Lords und Ladies ernennen würde, bis sich eine Mehrheit für den Gesetzentwurf ergäbe.

Mrs. Jordan und Königin Adelaide

Privat lebte William insgesamt 20 Jahre lang mit der irischen Schauspielerin Dorothea Bland zusammen, besser bekannt unter ihrem Künstlernamen Mrs. Jordan. Mit ihr hatte William zehn illegitime Kinder, die er gut versorgte, und unter deren Nachkommen noch heute viele namhafte Briten sind – bis hin zum derzeit amtierenden Premierminister David Cameron. Mit *adeligen* Partnerinnen hatte William nicht viel Glück, bis er mit 50 Jahren die halb so alte Adelheid von Sachsen-Meiningen ehelichte. Die freute sich geradezu, sich um den außerehelichen Nachwuchs ihres neuen Gatten zu kümmern, seine Schulden zu begleichen und ihm bis zu seinem Tod treu zur Seite zu stehen. Nach der englischen Version von Adelheids Namen sind im übrigen auch die Städte Adelaide in Australien und Südafrika benannt, die beide während der nur kurzen Regentschaft von William IV. gegründet wurden.

Die Ehe zwischen William und Adelheid war also glücklich, aber sie führte zu keinem Thronfolger. Und so kam, wie es kommen musste: Mit dem Tod William IV. würde die Krone an die Familie seines jüngeren Bruders fallen, dem *Duke of Kent*. Der war selbst schon verstorben, und dessen einzige Tochter Victoria war noch keine 18 Jahre alt. Während William und seine Frau große Stücke auf die Nichte Victoria hielten, lagen sie mit ihrer Mutter, der *Duchess of Kent*, im Streit. Sollte William sterben, bevor Victoria volljährig wurde, würde die Duchess als Regentin die Regierung übernehmen – und dieser Gedanke gefiel William gar nicht. Auf seiner Geburtstagsfeier im Jahr 1836 verkündete er vor allen Gästen – unter denen auch Victoria und ihre Mutter waren –, dass er Gott bitte, ihn nur weitere neun Monate leben zu lassen, um die Krone in die Hand von Victoria fallen zu lassen, und nicht in die einer anderen anwesenden Person, die nicht fähig sei, mit solch einer Situation umzugehen, und auch schlechte

Berater hätte. Aber dazu kam es nicht: William IV. lebte noch weitere zehn Monate, Victoria wurde volljährig, und sie folge ihm auf den englischen Thron. Aber nicht auf den hannoverschen.

Ende der Personalunion

Und damit kommen wir zu dem faktisch korrekten aber auch ein wenig unfairen Titel der Ausstellungsreihe in Hannover. Formal feierte Niedersachen mit den eingangs erwähnten Ausstellungen das 300jährige Jubiläum der "Personalunion" – also die Tatsache, dass der gleiche Regent sowohl auf dem hannoverschen als auch dem englischen Thron saß. Das war tatsächlich von 1714 bis 1837 der Fall – von George I. bis William IV. De facto saß mit Königin Victoria aber sogar bis 1901 eine *Angehörige* des Hauses Hannover auf dem englischen Thron – nur war sie eben nicht mehr Königin von Hannover.

Nach den Thronfolgeregeln der Hannoverschen konnte Victoria diesen Titel nicht von William IV. erben. So wurde sie "nur" Königin von Großbritannien und Irland, und der Titel des Königs von Hannover fiel an ihren Onkel Ernst August – den fünften Sohn von George III.

Im Schnelldurchlauf

Fassen wir zur Übersicht noch mal kurz zusammen: Königin Anne Stuart stirbt, und um die Thronbesteigung durch Katholiken zu verhindern, kommt der nächste Protestant der Familie an die Macht, der deutsche Fürst George I. Der tritt als König nicht groß in Erscheinung, und die Bewältigung des Südseeschwindels verhilft mehr dem Premierminister Robert Walpole zu Ruhm. Mit George I. ist sein Sohn George II. auf die Insel gekommen. Vater und Sohn haben aber kein gutes Verhältnis. George II. tritt als König ebenfalls nicht groß in Erscheinung und lässt lange Zeit weiter Walpole gewähren. Die Jakobiten versuchen mit Bonnie Prince Charlie noch ein letztes Mal, einen Katholiken auf den Thron zu bringen, aber die Revolution scheitert. George II. hat auch wieder kein gutes Verhältnis zu seinem Sohn Frederik, aber der stirbt vor seinem Vater, und so wird dessen Sohn George III. König. George III. ist nun sehr beliebt beim Volk, schlägt sich mit den Franzosen und amerikanischen Revoluzzern herum, aber letztlich verliert er die amerikanischen Kolonien und wird wahnsinnig. George III. hat insgesamt neun Söhne. Sohn Nummer 1 übernimmt bereits für die letzten zehn Lebensjahre seines kranken Vaters die Regentschaft und wird nach dessen Tod König George IV. Der ist verschwenderisch, lebt lange mit einer Bürgerlichen zusammen und versucht seine Ehegattin vom Thron fern zu halten. Er stirbt ohne legitime Erben, aber nicht ohne vorher gezwungen worden zu sein, den Katholiken mehr Rechte zuzugestehen. Sohn Nummer 2 von George III. ist zu dieser Zeit schon tot, und so wird Sohn Nummer 3 König, William IV. Der ist volksnah und sparsam. Er erkämpft eine Reform des Parlaments und hinterlässt den britischen und irischen Thron schließlich der Tochter von Sohn Nummer 4 – Königin Victoria – und den hannoverschen Thron Sohn Nummer 5 – König Ernst August.

Und wer nach diesem Galopp durch die Zeit der Personalunion noch eine ausführliche Aufarbeitung zu Königin Victoria erwartet, den muss ich vorerst enttäuschen – denn das würde den Rahmen endgültig sprengen und ihr wirklich nicht gerecht werden. Zur “Großmutter Europas”, wie sie auch genannt wird, komme ich noch einmal eigens im nächsten Buch zurück.

12 RADIO*)

Geschichte(n) rund um den Rundfunk

Von BBC Radio 1 bis 5 Live: Ein Einblick in die wechselhafte und doch beständige Entwicklung des britischen Rundfunks mit genialen Erfindern, absatzgierigen Geräteherstellern, ängstlichen Verlegern, übergriffigen Regierungen und frömmelnden Ingenieuren. Warum die BBC eigentlich ganz anders gedacht war, wie Piratensender sie zum Popmusikfan und Lokalpatrioten machten, und was sie an einer Programmzeitschrift, einer Bauern-Soap und einem unberechenbaren DJ hat.

Nach den Edinburgh- und Königshaus-lastigen letzten Kapiteln wird es jetzt mal wieder ganz alltäglich. Im ersten Buch hatte ich ausführlich über das Fernsehen auf der Insel berichtet, und hier geht es kurz um das Radio. Und damit sind wir wieder einmal bei der "alten Tante" BBC.

Die frühe BBC und John Reith

1922 gründete die britische Post, das *General Post Office*, zusammen mit sechs Herstellern von Radiogeräten die *British Broadcasting Company*. Gemeinsam wollte man auf der Insel für das neue Medium Radio werben. Unter den Anteilseignern der Gemeinschaftsunternehmens waren so bekannte Technikfirmen wie General Electric und Marconi. Dem Italiener Gulielmo Marconi und seiner Firma haben wir nicht nur mit das Radio, sondern auch das Fernsehen und den Radar zu verdanken.

Zum Geschäftsführer des neuen gemeinsamen Unternehmens BBC wurde der schottische Ingenieur John Reith eingesetzt. Der hatte zwar keine Erfahrung mit der neu-

*) Quellen: Folgen "VB038 Radio" vom 13.07.2014, "VB044 Bits & Bobs 4" vom 04.10.2014

en Technik oder gar mit dem Umgang mit Medienschaffenden wie Autoren oder Schauspielern, aber John Reith baute auf seine Zeit als Offizier bei den *Royal Engineers*, dem technischen Corps der britischen Armee. Sein Führungsstil und sein Anspruch an die BBC sollten ihn und die Organisation legendär machen.

In den ersten Jahren war die BBC ein seltsames Gebilde. Sie begann ein Netz von lokalen Radiosendern aufzubauen, über das sie innerhalb weniger Jahre bereits 80% der Briten erreichen konnte. Da die Zeitungen die Konkurrenz des Radios fürchteten, brachten sie die Regierung dazu, der BBC das Senden von Nachrichten erst ab 19 Uhr zu erlauben, und selbst dann durfte die BBC nicht selbst berichten, sondern musste rein auf Agenturmeldungen zurückgreifen. Ein Regierungskommittee war auch um die Qualität des Programms besorgt, und so wurde der BBC untersagt, sich durch Werbeeinnahmen zu finanzieren. Stattdessen beauftragte man das *General Post Office*, von den Bürgern, die ein Radiogerät besaßen, einen Rundfunkbeitrag einzuziehen, um das Privatunternehmen BBC zu finanzieren. Mit dieser Situation war das Post Office gar nicht glücklich, und nachdem die BBC trotz des Rundfunkbeitrags zunächst Verluste machte, wollten sich auch schnell einige der Radiohersteller wieder aus dem Konsortium zurückziehen.

So schlug die erste Stunde des John Reith. Der war in dem ganzen Kuddelmuddel schnell zu dem Schluss gekommen, dass der Rundfunk nur als eine Dienstleistung in öffentlicher Hand sinnvoll ist, unabhängig von Privatunternehmen und der Regierung. Reith hatte in einem Regierungskommittee bereits den Grundstein für eine entsprechende Veränderung der BBC gelegt, als ihm der Generalstreik von 1926 zu Hilfe kam. Da während des Streiks keine Zeitungen erschienen, war das Nachrichtenverbot für die BBC ausgesetzt, und sie sendete munter und ohne Kommentar die Positionen aller Streikparteien, von der Regierung über die Opposition zu den streikenden Gewerkschaften. Das gefiel der amtierenden Regierung gar nicht, und sie begann, sich wiederholt in die Programmgestaltung der BBC einzumischen – und Reith machte keinen Hehl daraus, was er von dieser Einmischung hielt. Nach dem Streik wurde die unparteiische Berichterstattung der BBC so gelobt und die unbotmäßige Beeinflussung durch die Regierung war so offensichtlich, dass man der Empfehlung des erwähnten Kommittees umgehend folgte: Zum 1. Januar 1927 wurde die BBC in eine Körperschaft des öffentlichen Rechts umgewandelt, mit dem frisch geadelten Baron Reith an der Spitze. Aus der *British Broadcasting Company* war die *British Broadcasting Corporation* geworden. Auch heute noch finanziert sie sich durch den Rundfunkbeitrag und den Verkauf von selbstproduzierten Programmen, aber nicht durch Werbung.

Baron Reith leitete die BBC weitere 12 Jahre. Er fasste den Auftrag der Organisation in drei Worten zusammen, die noch heute Teil der Statuten der BBC sind: Sie soll die Nation bilden, informieren und unterhalten. In Rundfunkreisen bezeichnet man es heute noch offiziell als "Reithianismus", wenn konsequent unparteiische Berichterstattung und Ehrlichkeit oberste Priorität genießen, anstatt eine einseitige und reißerische Jagd nach Einschaltquoten.

Ganz ohne Fehler war natürlich auch Herr Reith nicht: Selbst tief religiös verfügte er, dass das Radioprogramm der BBC sonntags nicht vor 12:30 Uhr begann, damit die Hörer in die Kirche gehen konnten, und auch den Rest des Tages durften nur erbauliche Themen und klassische Musik gesendet werden. Dies machten sich ausländische Radiosender zunutze, um genau dann mit Populärmusik auf Hörerfang zu gehen. Zudem sympathisierte John

Reith offensichtlich mit dem Nazi-Regime – kein Wunder, dass er Zeit seines Lebens nicht mit Winston Churchill auskam.

Aber zurück zum Radio.

Radio Times

Eine weitere Legende, die mit der BBC begründet wurde, ist das Magazin *Radio Times*. Wie beschrieben hatten die Zeitungen in den 1920ern Angst vor der Konkurrenz durch das neue Medium, und so weigerten sie sich, das Radioprogramm abzudrucken. Die BBC begann daher bereits 1923, ihr Programm in einem eigenen wöchentlichen Magazin zu veröffentlichen – und die *Radio Times* gibt es noch heute. Mittlerweile umfasst sie natürlich auch das Fernsehprogramm, aber sie ist noch immer die umfassendste britische Rundfunkzeitschrift. Gemessen an der Auflagenhöhe liegt sie immerhin noch auf dem dritten Platz.

Die *Radio Times* stellt die detaillierteste Dokumentation des BBC-Programms da. Die BBC selbst machte sich das zu Nutze und scannte im sogenannten *BBC Genome Project* die mehr als 4.500 Ausgaben der Zeitschrift von 1923 bis 2009 ein, um eine vollständige digitale Übersicht über ihren Output zu bekommen. Man zählte dabei mehr als 5 Millionen Sendungen mit über 8,5 Millionen beteiligten Präsentatoren, Schauspielern, Autoren und technischem Personal.

BBC Radio 1 bis 4

Wie kam die BBC nun dahin? Wie beschrieben bestand sie ursprünglich aus reinen Lokalsendern – ein nationaler Rundfunk war zunächst technisch nicht möglich; die Sender reichten einfach nicht so weit. Die Programme bestanden vor allem aus Informationen und klassischer Musik. 1927 fanden die ersten Sport-Live-Übertragungen statt. Die Premiere machte ein Rugby-Spiel zwischen England und Wales, gefolgt von einem Fußballmatch zwischen Arsenal London und Sheffield United. Im gleichen Jahr gab es auch die erste Sendung zu Musikschallplatten – und der Beruf des Diskjockeys war geboren.

Anfang der 1930er war man dann technisch so weit, die BBC gab die Lokalsender komplett auf und arbeitete mit regionalen und nationalen Angeboten. Während des Zweiten Weltkrieges wurden die regionalen und nationalen Programme in einem einzigen Sender zusammengefasst, dem sogenannten *Home Service*. Für die Streitkräfte kam das *Forces Programme* als separater Musiksender hinzu. Nach dem Krieg wurde dieser in *Light Programme* umbenannt, und noch ein *Third Programme* geschaffen. Seitdem hat die BBC ihr Radioangebot nur ein einziges Mal grundlegend neu strukturiert, und das geschah 1967.

Ende der 1960er waren auf der Insel so viele Piratensender entstanden, die vor allem Popmusik spielten, dass die BBC handelte. Die damals ins Leben gerufene grundsätzliche Senderstruktur gilt noch heute.

Die BBC schaffte damals ein neues *Radio 1* als populären Musiksender, um den Piratensendern etwas entgegenzusetzen.

Aus dem *Light Programme* wurde *Radio 2* mit nach wie vor leichterer Unterhaltung. Radio 2 ist noch heute der meistgehörte BBC-Sender, mit Musik aus den letzten fünf Jahrzehnten und Themensendungen am Abend.

Das *Third Programme* wurde zu *Radio 3* mit einem Schwerpunkt auf klassischer Musik, und abends gibt es Jazz.

Aus dem alten *Home Service* – also gewissermaßen der Keimzelle der ursprünglichen BBC nach John Reith – wurde *Radio 4*, mit einem Schwerpunkt auf Tagesgeschehen, Nachrichten, Diskussionsrunden und Wissensformaten.

The Archers

Aber Reith wollte ja nicht nur bilden und informieren, sondern auch unterhalten. Und so läuft auf Radio 4 sonntags bis freitags jeweils nach den 19-Uhr-Nachrichten eine neue Folge der Hörspiel-Seifenoper *The Archers*. Die gibt es seit 1950, umfasst mittlerweile über 17.000 Folgen und ist damit die weltweit am längsten laufende Hörspiel-Reihe. *The Archers* dreht sich um die Familie Archer, die inzwischen in x-ter Generation einen Landwirtschaftsbetrieb im fiktiven Dort Ambridge südlich von Birmingham betreibt. Die aktuellen Folgen sind jeweils nur 12 Minuten lang, und wer nicht jeden Abend zuhören möchte, kann die sechs Folgen der vergangenen Woche jeden Sonntagmorgen am Stück nachhören. Oder mittlerweile natürlich auch als Podcast. Mit über 5 Millionen regelmäßigen Zuhörern sind *The Archers* nach den Nachrichten immer noch die erfolgreichste Sendung auf Radio 4.

Lokale BBC-Sender und Privatsender

Aber die Neuausrichtung des Radioprogramms auf vier nationale Sender war nicht das einzige, was die BBC 1967 tat: Sie experimentierte nach fast 40 Jahren Abstinenz auch wieder mit Lokalsendern. Ein erster Pilot mit BBC Radio Leicester verlief erfolgreich, und so eröffnete die BBC bis heute etwa 50 Lokal- und Regionalstationen. Die sollten dann auch bald offizielle Konkurrenz bekommen: Während das Monopol der BBC im Bereich Fernsehen bereits 1955 durch die Einführung des kommerziellen Senders ITV bewusst gebrochen wurde, sollte es beim Radio fast 20 Jahre länger dauern, bis Privatsender offiziell zugelassen wurden, und zunächst auch nur auf lokaler Ebene. Der Regulator ließ für jede Stadt beziehungsweise jedes *county* nur einen einzigen Privatsender zu. Eine Ausnahme war London mit zwei Sendern, aber auch nur, weil man sie zu unterschiedlichen Ausrichtungen verpflichtete: *Capital FM* ist heute noch ein sehr erfolgreicher Unterhaltungssender, und *LBC* (die *London Broadcasting Company*) verbreitet Nachrichten und Informationen. Die Beschränkung auf einen Privatsender pro Region wurde im Laufe der Jahrzehnte immer weiter aufgebrochen, ebenso wie die Verteilung der zur Verfügung stehenden Frequenzen, und so gibt es heute Hunderte von Privatsendern auf der Insel, von denen allerdings viele zu einigen wenigen Medienunternehmen gehören.

Offizielle *landesweite* Privatsender gibt es auf der Insel seit Anfang der 90er – und zwar genau drei davon. Da die meisten Lokalsender Popmusik spielten, verfügte damals das Parlament, dass wenigstens einer der drei zuzulassenden nationalen Privatsender klassische Musik bereitstellen sollte – das wurde dann *ClassicFM*. Ein zweiter Sender sollte Informationen vor Musik stellen – das wurde dann *Talk Radio*; heute heißt dieser Sender *TalkSPORT*. Für den dritten Sender galten keine Vorgaben, und hier fiel die Lizenz an den Mischkonzern *Virgin* von Richard Branson – entsprechend heißt dieser Sender *Virgin Radio*.

Radio 5 Live

Etwa zur gleichen Zeit, zu der die drei nationalen Privatsender zugelassen wurden, versuchte sich die BBC an einem fünften landesweiten Sender. *BBC Radio 5* startete zunächst als eine Mischung aus Sport-, Kinder- und

Bildungsprogramm, aber das Konzept war nur mäßig erfolgreich. Während des Golfkrieges machte die BBC allerdings sehr gute Erfahrungen damit, auf den UKW-Frequenzen von *Radio 4* einen 24-Stunden-Nachrichtenkanal einzurichten. Nach dem Krieg kehrte man bei *Radio 4* zu dem ursprünglichen Programmformat zurück, relaunchte aber *Radio 5* unter dem Namen *Radio 5 Live* als solch einen kontinuierlichen Nachrichten- und Sportsender. Seine Spezialität ist jede Art von Live-Übertragung.

Digitales Radio

Die jüngste nennenswerte Entwicklung in der britischen Radiolandschaft war, wie in vielen anderen Ländern auch, die Einführung des digitalen Radios. Sowohl bei der BBC als auch durch Privatunternehmen wurden viele neue Spartensender eingeführt, sowohl auf nationaler wie lokaler Ebene.

Community Radio

Anstatt aber auf einzelne digitale Radiosender einzugehen, möchte ich noch die "dritte" Säule im Rundfunk erwähnen. Bisher habe ich die ganze Zeit entweder vom öffentlichen Rundfunk (also *public broadcasting*) der BBC oder den Privatsendern (*commercial broadcasting*) geredet. Natürlich gibt es in Großbritannien seit langem auch so etwas wie Freies Radio, im Englischen *community radio* genannt. Nach der aktuellen Definition müssen solche *community radios* gemeinnützig sein, und lange Zeit konnten sie nur per Kabelanschluss empfangen werden, aber nicht über klassische Funkfrequenzen. Seit zehn Jahren können sich gemeinnützige Organisationen aber auch um eine offizielle lokale Funklizenz bewerben, und heute gibt es rund 200 entsprechend zugelassene *community radios*.

ResonanceFM, Little Atoms und Pod Delusion

Besonders erwähnen möchte ich an dieser Stelle den Sender *ResonanceFM*. Dieser sendet von London aus über mehrere Kilometer per Funk und weltweit über das Internet. *ResonanceFM* beschreibt sich selbst als den weltweit ersten Kunst-Radiosender, und seine fast 100 unterschiedlichen Programme stellen einen Querschnitt durch die Londoner Künstlerszene dar, die als "wunderbar exzentrisch" beschrieben wurde.

Was verbinde ich mit *ResonanceFM*? Zum einen sendet hier auch Neil Denny seine Sendung *Little Atoms*, die ich als Podcast kennengelernt habe.[*)] Neil beschreibt seine Interviews mit Wissenschaftlern und Künstlern als eine "Sendung über Ideen und Kultur". Über sie habe ich schon viel gelernt, vor allem aber viele neue Autoren und andere interessante Menschen entdeckt. *Little Atoms* kann ich Euch hierfür nur ans Herz legen.

Zum anderen war *ResonanceFM* eine Zeitlang auch Heimat der *Pod Delusion* – einem Podcast mit Beiträgen vieler Freiwilliger zum Tagesgeschehen, bei dem auch ich meine ersten Gehversuche gemacht habe. Nach über fünf Jahren wöchentlicher Sendungen macht die *Pod Delusion* derzeit Sendepause, wer sich dafür interessiert, kann aber die 230 bisherigen Folgen nachhören.[**)]

BBC World Service

Bei den ganzen BBC-Radio-Sendern habe ich bisher den mit der größten Reichweite noch gar nicht erwähnt.

---

*) http://www.littleatoms.com

**) http://poddelusion.co.uk

Der *BBC World Service* ist der größte internationale Rundfunksender der Welt, mit Programmen in 27 Sprachen und fast 200 Millionen Hörern pro Woche. Der Sender begann 1932 als englischsprachiger Service für die britischen Kolonien und hieß entsprechend erst *BBC Empire Service*. Im Laufe der Zeit kamen immer mehr fremdsprachige Programme hinzu, während des Zweiten Weltkrieges zum Beispiel auch Deutsch. Ab 1939 hieß das ganze dann *BBC Overseas Service*.

Als internationales Nachrichten- und Informationsprogramm wurde der World Service bis vor kurzem über ein Budget des britischen Außenministerium finanziert, also letztlich aus Steuergeldern. Seit 2014 findet die Finanzierung aber wie bei allen anderen BBC-Sendern aus dem Rundfunkbeitrag statt. Ungeachtet seiner jahrzehntelangen Finanzierung über das Außenministerium war der Sender redaktionell immer unabhängig und gilt weltweit als eine der unparteiischsten und verlässlichsten Nachrichtenquellen. Gerade in Ländern, deren Regierungen gerne Einfluss auf die Medien nehmen, sind daher die landessprachlichen Programme der BBC eine echte journalistische Bereicherung.

Wegen zunehmenden Budgetdrucks hat der *BBC World Service* im Laufe der letzten Jahre zahlreiche Sprachen wieder aus dem Programm genommen. Dazu gehörte 1999 auch Deutsch, und weitere europäische Sprachen folgten – auch weil man feststellte, dass viele Hörer aus diesen Ländern mittlerweile den englischsprachigen Dienst bevorzugten. Der Schwerpunkt der heute noch bedienten 27 Sprachen liegt damit auch außerhalb Europas. So wurden im Laufe der Zeit auch Angebote in Arabisch und Persisch aufgenommen. Die Dienste des *World Service* kann man nicht nur über Radiofrequenzen empfangen, sondern auch per Satellit und vor allem über das Internet, sowohl als Livestream als auch als Podcast.

Je nachdem, welche Art von Nachrichten Euch in welcher Sprache interessiert, könnt Ihr entsprechende Feeds abonnieren.

Frühstücksradio mit Chris Moyles

Was kann ich sonst zu meiner Radioerfahrung auf der Insel berichten? Jahrelang hat mich *BBC Radio 1* zuverlässig auf meinem Weg zur Arbeit im Auto begleitet. Wie beschrieben ist das der "hippe" Sender der BBC, jeweils mit den aktuellen Charthits. Das ist auf der Insel gern mal gewöhnungsbedürftig, aber so bleibt man wenigstens musikalisch auf dem Laufenden.

Und die Morgensendungen mit Moderator Chris Moyles waren ohnehin legendär. Nicht alleine oder nur mit seinem Freund Dave saß Chris im Studio, sondern mit einer ganzen Crew: Auch wenn sie nicht gerade ihrer Pflicht nachkamen, waren der Nachrichtensprecher und die Sportmoderatorin immer Teil des Gesprächs, ebenso wie der Produzent. Die Witzchen und Diskussionen, die Ausraster und Lach-Flashs, die gelegentlichen Studiogäste und die experimentellen Zuhörerspielchen waren immer launig – zumindest wenn Chris nicht gerade mal wieder eine Laus über die Leber gelaufen war. In den Morgenstunden kam Radio 1 daher seinem Ruf als Musiksender nur bedingt nach – manchmal waren in einer Stunde nur eine Handvoll Songs zu hören – aber mir war's egal. Über acht Jahre lang präsentierte Chris Moyles diese Frühstücksshow – länger als jeder andere Moderator –, und für durchschnittlich 8 Millionen Zuhörer. Aber irgendwann scheint die BBC dem unberechenbaren Stil und den häufigen Kontroversen um Chris Moyles überdrüssig geworden zu sein, und auch Chris wollte wohl gern etwas anderes machen. Im September 2012 moderierte er zum letzten Mal die Frühstücksshow, und seitdem ist es recht ruhig geworden. Schauen wir mal, ob er wieder beim Radio auftaucht oder – wie damals beim legendären BBC-Begründer John Reith – der Abschied auf Dauer sein soll.

13 ZUR SEE*)

Von Freibeutern, der Royal Navy und der East India Company

Die britische Herrschaft über die Weltmeere in Militär und Handel. Von Flugzeugträgern ohne Flugzeuge, königlichen Piraten, vergrabenen und versenkten Schätzen und der Rückkehr eines Pub-Liebhabers. Wo es Spanier nach Schottland verschlägt, Munitionsverpackungen Handelsriesen stürzen, und Meuterer noch nach Jahrhunderten die Sonne nicht über dem Empire untergehen lassen. Ganz ohne Seemannsgarn!

Großbritannien war ja über Jahrhunderte als eine wahre Seemacht bekannt – sei es militärisch gesehen, oder wegen ihres frühen weltweiten Handels und den zahlreichen britischen Kolonien. Kein Wunder also, dass ich schon längere Zeit einmal dieses Thema behandeln wollte. Und den heutigen Reigen bunter Geschichten rund um die Briten auf See eröffnet eine aktuelle Nachrichtenmeldung, die mir vor kurzem zuflatterte.

HMS Queen Elizabeth

Im Sommer 2014 hat Königin Elisabeth II. das neue Flagschiff der königlichen Marine, der *Royal Navy*, getauft. Im schottischen Hafenort Rosyth ließ sie standesgemäß eine Flasche Whisky am Rumpf des größten Kriegsschiffes zerschellen, das Großbritannien je gebaut hat – und das fortan als *HMS Queen Elizabeth* bekannt sein soll.

Die Regierung und die britische Presse feierte die Rekorde des Flugzeugträgers: 40.000 Tonnen Stahl wurden verbaut, das ist anderthalb Mal so viel wie beim neuen Wem-

---

*) Quellen: Folgen "VB039 Zur See" vom 27.07.2014, "VB044 Bits & Bobs 4" vom 04.10.2014

bley-Stadion. Bis zu 40 Kampfflugzeuge haben auf dem Schiff Platz, und zwei Spezialkräne können sie innerhalb einer Minute aus dem Hangar auf das Flugdeck hieven. Das Schiff produziert genug Strom für 5.500 Haushalte und gewinnt aus Seewasser 500 Tonnen Frischwasser pro Tag.

Allerdings hat der Flugzeugträger ein kleines Problem – und damit meine ich nicht die Tatsache, dass er so groß ist, dass er im Moment noch nicht in seinen zukünftigen Heimathafen in Plymouth passt, bis dort die Zufahrt und das Hafenbecken erweitert wurden. Nein: Die *HMS Queen Elizabeth* ist ein Flugzeugträger ohne Flugzeuge. Die britische Regierung hatte 2010 im Rahmen einer Sparmaßnahme den alten Flugzeugträger außer Dienst gestellt und die letzten 80 Flugzeuge, die von einem Schiff abheben können, gleich mit. Erst ab 2018 werden nach und nach neue amerikanische Senkrechtstarter geliefert, und voll einsatzfähig soll die *Queen Elizabeth* etwa ab 2020 sein.

Ein weiteres kleines Detail: Die *Queen Elizabeth* ist nicht alleine. Denn die Regierung hatte vor einigen Jahren gleich zwei neue Flugzeugträger beauftragt. Mittlerweile sind die *Queen Elizabeth* und ihr noch im Bau befindliches Schwesterschiff, die *HMS Prince of Wales*, mit über 6 Milliarden Pfund doppelt so teuer geworden wir ursprünglich geplant. Eine Stornierung war aber dann nicht mehr in Frage gekommen – die Ausfallzahlungen an die einheimischen Werften wären zu hoch geworden. Nun wird überlegt, ob man die *Prince of Wales* direkt nach ihrer Fertigstellung verkauft oder ungenutzt einmottet. Eine Entscheidung wird aber erst nach den Parlamentswahlen im nächsten Jahr erwartet.

Diese Episode zeigt, dass bei der ehemaligen Seemacht Großbritannien heute einiges im Argen liegt. Aber das war nicht immer so.

Sir Francis Drake

Meinen frühesten Eindruck von den britischen Seefahrern habe ich als Jugendlicher durch einen historischen Roman gewonnen, der das Leben von Sir Francis Drake schilderte. Drake machte sich im 16. Jahrhundert zunächst einen Namen als Freibeuter und später als regulärer Kapitän der königlichen Marine.

Insbesondere nach der Entdeckung der Neuen Welt lieferten sich die seefahrenden Nationen England, Frankreich, Spanien, Portugal und die Niederlande einen ständigen kleinen Seekrieg – relativ unabhängig davon, ob die Länder zu einem gegebenen Zeitpunkt auch an Land im Kriegszustand waren. Es war einfach an der Tagesordnung, dass Schiffe, die Güter oder Geld zwischen Europa und den neuen Kolonien transportieren, gekapert wurden. Die beteiligten Schiffe waren in aller Regel dabei keine offiziellen Kriegsschiffe, sondern private Handelsschiffe. Als Privatmann konnte man bei einer Regierung einen sogenannten Kaperbrief erwerben, womit man die Erlaubnis und den Auftrag bekam, Schiffe anderer Nationen zu plündern. Einen Teil der Güter durfte man behalten, einen anderen – die sogenannte Prise – an die jeweilige Regierung abtreten. Dafür genoss man in den Häfen des jeweiligen Landes aber auch Schutz.

Solche offiziell beauftragten Kaperer werden als "Freibeuter" oder "Korsaren" bezeichnet, im Englischen *privateer*. Nur wer ohne einen solchen offiziellen Auftrag auf Kaperfahrt geht, ist ein "Pirat".

In diesem Sinne war Francis Drake erst einmal ein Pirat – wenn auch einer, der von seiner Königin Elisabeth I. geduldet wurde. Drake war bei dem Kapitän einer Barke auf dem Englischen Kanal in die Lehre gegangen, bevor er mit 23 Jahren erstmals in Richtung Amerika aufbrach.

An Bord eines Schiffes unter dem Kommando seines Großcousins machte er die ersten Erfahrungen mit dem Handel und der Piraterie in der Karibik. Insbesondere auf die Frachtschiffe der Spanier hatte man es in dieser Zeit abgesehen – und Drake war dabei sehr erfolgreich. Einmal erbeutete er mit seiner Crew an Land über 20 Tonnen spanisches Silber und Gold – und weil sie das nicht alles zurück an Bord ihrer Schiffe transportieren konnten, vergruben sie einen Teil der Beute. Diese Begebenheit könnte der Ursprung der bekannten Piratenschatz-Mythologie sein.

1577 beauftragte die Königin Drake mit einer Expedition gegen die Spanier entlang der amerikanischen Pazifikküste. Er brach mit sechs Schiffen von Plymouth auf, und vor der Umrundung der Spitze Südamerikas hatte er bereits drei davon verloren. Beim Versuch, die Magellanstraße zu durchfahren, verlor er ein weiteres, und eines musste umkehren. So blieb Drake nur noch ein einziges Schiff, um im Pazifik spanische Schiffe zu kapern und Häfen zu plündern – aber auch das machte er wieder sehr erfolgreich. Seine Erlebnisse haben alle Elemente einer klassischen Seefahrergeschichte: Stürme, Sandbänke, Krankheiten an Bord, Kämpfe mit Einheimischen, Verbrüderungen mit Einheimischen, Gold und Juwelen. Über Indonesien und um Südafrika herum kehrte Drake nach drei Jahren schließlich mit seinem einzigen Schiff und 53 Mann Besatzung nach Plymouth zurück – den Laderaum voll mit Gewürzen und Kapergut. Der Anteil der Krone an der Ladung bescherte dem königlichen Haushalt in diesem Jahr mehr Einkommen als alle anderen Einnahmequellen zusammen. Und ganz nebenbei hatte Drake als erster Engländer die Welt umsegelt. Für seine Errungenschaften wurde Drake umgehend von der Königin zum Ritter geschlagen. Die nächsten Jahre ging Drake erst einmal in die Politik, unter anderem als Bürgermeister von Plymouth.

1585 brach offiziell Krieg zwischen England und Spanien aus, und Francis Drake tat wieder, was er am besten konnte: Im Auftrag der Krone spanische Häfen in der Karibik erobern. Irgendwann reichte es dem spanischen König Philip II., und er beschloss, mit einer großen Flotte in England einzufallen. Doch das Vorhaben stand unter keinem guten Stern: Bevor Philip die Flotte versammeln konnte, blockierte Drake die Häfen von Cadiz und Corunna und zerstörte knapp 40 spanische Schiffe. Anschließend segelte Drake die spanische und portugiesische Atlantikküste auf und ab, immer auf der Jagd nach spanischen Versorgungsschiffen. All das verzögerte den spanischen Invasionsversuch um ein ganzes Jahr.

Als es dann soweit war, dass die Spanische Armada 1588 gegen England segelte, standen zwar nur 130 spanische Schiffe gegen 200 englische, aber die Spanier hatten mehr Kanonen. Zudem versuchte Philip II., den Angriff zur See mit einer großen Anzahl an Fußsoldaten zu unterfüttern, die in den spanisch regierten Teilen der Niederlande warteten. Dieser Plan erwies sich aber als zu kompliziert: Die Holländer, die mit England alliiert waren, verhinderten mit kleinen Booten einfach die Ausfahrt der Fußsoldaten auf den Englischen Kanal, während sich die englische Flotte um die Spanische Armada kümmerte.

Während die Spanier nachts im Kanal vor Anker lagen, schickten die Engländer sogenannte "Feuerschiffe" in die Formation – Kriegsschiffe, die mit Öl und Pech vollgestopft waren, um in Brand gesteckt feindliche Schiffe ins Verderben zu reißen. Bei dieser Aktion wurde zwar kein einziges spanisches Schiff beschädigt, aber die Formation der Spanier wurde gebrochen und machte sie anfälliger für den folgenden Angriff der Engländer. Unter dem Kommando von Sir Francis Drake und Lord

Howard of Effingham nutzen die Engländer die größere Wendigkeit ihrer Schiffe und die Tatsache, dass die spanischen Kanonen sehr lange zum Nachladen brauchten, um Feuerkraft der Spanier zu unterlaufen. Mehrere spanische Schiffe sanken oder wurden erobert, und der Rest der Spanischen Armada flüchtete sich nach Norden. Und das gab ihr den Rest: Bei dem Versuch, um Schottland herum über den Atlantik zurück nach Spanien zu kommen, wurden über 60 spanische Schiffe in Stürmen beschädigt, und etwa 20.000 spanische Matrosen starben.

In seinem weiteren Leben konnte Drake an seine früheren Erfolge nicht mehr herankommen. Ein Gegenangriff auf Spanien im folgenden Jahr musste abgebrochen werden, und auch bei weiteren Karibikfahrten musste Drake diverse Niederlagen einstecken. Im Alter von 55 Jahren starb Sir Francis Drake, der bekannteste Pirat seiner Majestät, vor Panama an der Ruhr und wurde in einem Bleisarg auf See bestattet. Taucher suchen noch heute danach.

Die Royal Navy

Der Kampf gegen die Spanische Armada brachte der jungen Royal Navy ihren ersten historischen Sieg. Sie war als stehende Marine der englischen Krone erst unter Königin Elisabeths Vorgänger, Heinrich VIII., ins Leben gerufen worden. Bei genauerer Betrachtung war der Sieg gegen die Spanier mehr auf Glück denn auf überlegene Technik oder Taktik zurückzuführen. Dennoch hielt sich seitdem der Mythos der Überlegenheit der Engländer auf See. Dieser Nationalstolz der Engländer auf ihre Marine trug aber auch dazu bei, dass Volk und Adel gern ihre Steuern in den Ausbau der Marine investiert sahen, und man seine Söhne nicht nur gern auf eine renommierte Universität schickte, sondern alternativ zur Ausbildung in die Marineakademie. Und so kam es, dass die Marine bald ihrem Ruf auch wirklich gerecht werden konnte.

Eine Person, die zur Professionalisierung der Marine wesentlich beitrug, habe ich bereits mehrfach an anderer Stelle erwähnt, allerdings im Zusammenhang mit Pubs: Samuel Pepys ist vor allem durch sein Tagebuch bekannt geworden, das uns aus erster Hand Einblicke in das London des 17. Jahrhunderts gewährt. Von Beruf war Pepys jedoch Beamter und bekleidete schließlich den Posten des Obersten Sekretärs der Admiralität. Unter Pepys entwickelte sich die Navy endgültig von einer halbprofessionellen Marine des Königshauses, die zusammen mit Freibeutern kämpft, zu einer richtigen staatlichen Marine, mit einem öffentlichen Budget und einem ordentlichen Offizierscorps mit definierten Rängen und Ausbildungswegen.

Die britische Royal Navy wurde schnell zum weltweiten Vorreiter in technischen, taktischen und logistischen Innovationen in der Seefahrt. Sie war zum Beispiel die erste, die durch das Mitführen von Zitronen die Mangelerkrankung Skorbut vermied. Bis dahin hatte Skorbut mehr Matrosen auf dem Gewissen als jeder Krieg. Die Verbindung der Royal Navy zu Zitrusfrüchten brachte den britischen Matrosen in der Karibik und den Vereinigten Staaten den Rufnamen *limeys* ein, der sich schnell für die Briten insgesamt einbürgerte. Die gleiche Herkunft hat vermutlich auch die englische Bezeichnung *krauts* für deutsche Seeleute und später alle Deutschen, da norddeutsche Schiffe statt Zitrusfrüchten vor allem Sauerkraut gegen Skorbut an Bord hatten.

Zur Zeit der Napoleonischen Kriege war die britische Marine mit rund 600 Schiffen so groß wir die Flotten aller anderen Nationen zusammen. 1805 schlug sie in der Schlacht von Trafalgar die französisch-spanische Flotte vernichtend. Auch für die nächsten 100 Jahre sollte sie unangefochten auf den Weltmeeren herrschen. Durch die Vorreiterschaft der Briten in der Industriellen Revolution waren sie auch mit die ersten, die über Schiffe aus Metall, mit Motorantrieb und detonierender Munition verfügten.

In den beiden Weltkriegen spielte die britische Marine noch eine entscheidende Rolle, aber erste Schwächen zeigten sich schon: Die deutsche U-Boot-Flotte machte den Briten schwer zu schaffen, zwischen den Weltkriegen fiel Großbritannien im Bereich Marinefliegerei hinter Japan und die USA zurück, und die Verluste im Zweiten Weltkrieg und die anschließenden Finanzschwierigkeiten ließen die Flotte deutlich schrumpfen. Schon lange sind die Vereinigten Staaten die neue globale Supermacht auch zur See.

In den 1960ern nahm Großbritannien das erste Atom-U-Boot in Dienst, und während des Kalten Krieges war die Hauptaufgabe der Royal Navy die Sicherung des Nordatlantiks gegen sowjetische U-Boote. Seitdem nutzte die Navy ihre begrenzten finanziellen Mittel, ihre Flotte so umzurüsten, dass sie auch wieder in weltweiten Krisengebieten zum Einsatz kommen kann. Zu dieser Initiative zählen auch die eingangs erwähnten neuen Flugzeugträger.

Heute verfügt die Navy über etwa 80 Schiffe und 36.000 Mitarbeiter. Ihr zeremonielles Oberhaupt ist der *Lord High Admiral* – ein Posten, der seit 2011 nicht von der Königin, sondern von ihrem Gatten Prinz Philipp ausgeübt wird. Das tatsächliche Oberhaupt aller Seestreitkräfte ist der *First Sea Lord* im Rang eines Admirals.

Von den drei Marinestützpunkten auf der Insel ist Devonport in Plymouth nach wie vor der größte. Seit hier vor dem Kampf gegen die Spanische Armada die englischen Kriegsschiffe ankerten, wurde es zum Zentrum der Marine. Tatsächlich ist Devonport heute der größte Marinestützpunkt Westeuropas. Etwa alle zwei Jahre wird er der Öffentlichkeit für Führungen geöffnet. Wenn Ihr nicht solange auf Eure Dosis britische Marinegeschichte warten wollt, besucht lieber das *National Maritime Museum* in Greenwich bei London. Da kommt Ihr das ganze Jahr über hinein, noch dazu kostenlos, und das berühmte Observatorium von Greenwich bekommt Ihr gleich mit dazu.

Die East India Companies

Jetzt aber mal genug des seefahrendes Militärs. Auch in der kommerziellen Seefahrt haben die Briten ihre Spuren hinterlassen – nicht zuletzt durch die berühmt-berüchtigte *East India Company*. Wobei man aufpassen muss, denn es gab eine ganze Reihe von "*East India Companies*". Die englische wurde im Jahr 1600 gegründet und ist damit die älteste. Die niederländische East India Company – oder genauer die *Vereinigte Ostindische Companie*, abgekürzt VOC – wurde zwei Jahre später gegründet und war die größte. Daneben gab es vergleichbare Unternehmen mit ähnlichem Namen auch in Dänemark, Portugal, Frankreich, Spanien und sogar Österreich.

Das grundsätzliche Vorgehen all dieser Unternehmungen war ähnlich: Von der Struktur her waren sie Kapitalgesellschaften – im Englischen *corporations* – zu denen eine Vielzahl von Kapitaleignern Geld beisteuerten und entsprechend an den Gewinnen beteiligt wurden. Dieses Konstrukt war zur damaligen Zeit relativ neu. Die niederländische VOC war sogar die erste Aktiengesellschaft der Welt. Eigentümer waren in erster Linie Händler und reiche Aristokraten, während sich die Regierungen in der Regel aus den Geschäften heraushielten und sich mit den anfallenden Steuern zufrieden gaben.

Die *East India Companies* erwarben von ihren jeweiligen Regierungen die Erlaubnis, im Fernen Osten Handel treiben zu dürfen, und in vielen Fällen bekamen sie sogar ein Handelsmonopol eingeräumt. Sie begannen damit, in der asiatischen Welt vor allem Hafenstützpunkte und Fabriken zu errichten. Im Laufe der Zeit bekamen sie immer mehr Macht, bis hin zu quasi-staatlichen Rechten wie dem Aufbau von Privatarmeen, der Errichtung von Kolonien, der Ausübung von Polizeigewalt und sogar dem Prägen eigener Münzen. Die *East India Companies* waren für über 200 Jahre lang de facto die Herrscher über die europäischen Kolonien in Asien. Das Verhältnis zwischen diesen Privatunternehmen und ihren jeweiligen Regierungen war nicht immer einfach, aber sie garantierten gute Steuereinnahmen und eine relativ kontinuierliche Versorgung des Heimatlandes mit wichtigen Gütern.

Die britische *East India Company* machte ihr Geschäft vor allem mit Baumwolle, Seide, Salz, Salpeter, Tee und Opium. Trotz ihres Namens waren ihre wesentlichen Handelsregionen der indische Subkontinent und China. Das eigentliche "Ostindien" – das heutige Gebiet der indonesischen Inseln – war hingegen fest in der Hand der holländischen VOC.

Bemerkenswert war vor allem der Opiumhandel. Großbritannien zahlte große Mengen an Geld an China für den Erwerb von Tee. Gleichzeitig war Opium in China sehr gefragt, aber der Handel war in China selbst verboten. Daraufhin errichtete die *East India Company* in Indien ein Monopol auf Opium, das sie dann über Mittelsmänner nach China schmuggeln ließ. Im Laufe der Zeit führte das zu zwei Opiumkriegen, in denen sich die Chinesen gegen diese illegalen Geschäfte zur Wehr setzen. Die Kriege endeten aber schließlich mit einer Freigabe des Opiumhandels in China.

In Indien expandierte die *East India Company* immer mehr, und zwischen 1757 und 1857 kontrollierte sie die Verwaltung weiter Teile des Landes. 1857 kam es dann jedoch zu einer breiten Rebellion, bei der lokale Angestellte und die Bevölkerung gegen die Company aufbegehrten. Viele Einheimische waren schon längere Zeit der Meinung, dass der Umgang der Company mit ihren Angestellten deren religiösen Gefühle verletzte, und ihre liberale Handelspolitik die traditionellen Arbeitsteilungen und Kastensysteme ins Wanken brachte. Der Tropfen, der das Fass zum Überlaufen brachte, waren neue Munitionsverpackungen für die Waffen der Privatarmee der *East India Company*. Diese Privatarmee bestand zur Zeit des Aufstands aus etwa 50.000 Briten und über 300.000 sogenannten "sepoys" – in Indien lebenden Hindus und Muslimen. Die fraglichen neuen Munitionsverpackungen bestanden aus eingefettetem Papier, das die Soldaten zum Laden ihrer Musketen mit dem Mund aufreißen mussten. Das verwendete Fett war teilweise Rindertalg – was für die Hindus ein Tabu ist – und teilweise Schweinefett – was für die Muslime ein Tabu ist. Die Company versuchte noch, die Situation zu retten, aber es war zu spät: ein blutiger Aufstand brach los, der schließlich von der britischen Armee niedergeschlagen wurde. In der Folge wurde der *East India Company* das Mandat über Indien entzogen, die Krone übernahm alles Eigentum und die Armeen der Company in Indien.

Diese Episode bedeutete das Ende der *East India Company* insgesamt. Formal bestand sie noch einige Jahre länger, bis sie schließlich per Gesetz aufgelöst wurde. Der holländischen Konkurrenz erging es nicht viel besser. Die VOC litt schon eine Weile unter korrupten Angestellten und sich ändernden Machtverhältnisse in Asien. Dann brach über den Handel der Holländer mit den abtrünnigen britischen Kolonien in Nordamerika ein Krieg zwischen Großbritannien und den Niederlanden aus.

In dessen Verlauf zerstörte die British Royal Navy die Hälfte der Schiffe der VOC und eroberte einige ihrer Kolonien. Von diesem Schlag konnte sie sich nicht erholen und wurde im Jahr 1800 endgültig aufgelöst. Auch hier übernahm die Regierung zunächst die Macht in den Kolonien. Es sollte weitere einhundert Jahre dauern, bis die Kolonialzeit zu Ende ging, und Länder wie Indien und Indonesien unabhängige Staaten wurden.

xkcd: Sonnenuntergang über dem Empire

Über viele Weltreiche sagte man zu ihrer Zeit, dass "die Sonne über ihnen niemals unterging" – weil die Sonne in irgendeinem Teil des Reiches immer zu sehen war. Diese Idee findet sich schon beim griechischen Geschichtsschreiber Herodot, der das Zitat dem persischen Herrscher Xerxes zuschreibt. Im 16. und 17. Jahrhundert meinte man mit dem Weltreich meist Spanien, und im 19. und frühen 20. Jahrhundert Großbritannien.

Der amerikanische Autor Randall Munroe ist vor allem für seine *xkcd*-Comics bekannt. Seit 2012 widmet er sich auf seinem Blog auch ungewöhnlichen Leserfragen, die er in der für ihn typischen humorvollen und gleichzeitig wissenschaftlich korrekten Weise zu beantworten versucht.*) Eine dieser Fragen lautete: "Wann – wenn überhaupt – ging die Sonne über dem Britischen Empire unter?". Randalls Antwort lautete: Bisher gar nicht.

Gemäß Randalls Nachforschungen muss die Sonne irgendwann im späten 17. oder frühen 18. Jahrhundert begonnen haben, im britischen Reich nicht mehr unterzugehen. Zu dieser Zeit wurden dem Reich die ersten aus-

---

*) Inzwischen hat Randall Munroe auf Basis seines Blogs ein Buch veröffentlicht: "What if? Was wäre wenn? Wirklich wissenschaftliche Antworten auf absurde hypothetische Fragen". Albrecht Knaus Verlag, 2014.

tralischen Gebiete einverleibt; ein genaues Datum lässt sich aber schwer identifizieren.

Trotz der Auflösung des Empires im frühen 20. Jahrhundert verfügt Großbritannien aber heute noch über 14 Überseegebiete. Nur ein ganz kleines davon müsste Großbritannien verlieren, und dann würde die Sonne nach 300 Jahren wieder über dem Reich untergehen. Jede Nacht, wenn es in London etwa Mitternacht ist, geht die Sonne über den Cayman-Inseln unter, und geht nicht vor 1 Uhr morgens über den britischen Gebieten im Indischen Ozean auf. Für diese eine Stunde sorgen nur die Pitcairn-Inseln im Südpazifik für kontinuierlichen Sonnenschrein im britischen Reich.

Auf Pitcairn leben nur ein paar Dutzend Menschen – und sie sind die Nachfahren der Meuterer der durch Literatur und Film weltbekannten *HMS Bounty*. Und damit schließt sich der Kreis: Trotz aller Veränderungen des letzten Jahrhunderts kann sich Großbritannien dank seiner früheren Seemacht heute noch rühmen, ein Weltreich zu sein – auch wenn es dies Meuterern aus dem 18. Jahrhundert zu verdanken hat.

14 BEVÖLKERUNG*)

Von Volkszählungen, Ethnien und Migration

Ein Hoch auf die Demographie! Wie Sven Call-Center-Mitarbeiter zählte und darüber die regelmäßige Nabelschau der Briten kennenlernte. Über seltsame Kategoriensysteme, Wanderungsbewegungen und Jedi-Ritter. Warum die Insel das mit der Wiedergeburt fast hinbekommt, Deutschland aber Zuwanderung braucht, und warum die Frage nach der eigenen Volkszugehörigkeit vor 200.000 Jahren noch keinen Sinn machte.

Als ich Anfang 2007 zum Arbeiten auf die Insel gekommen bin, war eines meiner ersten Projekte, mir unsere Call Center einmal genauer anzusehen. Die waren über weite Teile des Landes verteilt, und die Kollegen aus dem Kundendienst wussten aus Erfahrung, dass die Belegschaft und die Arbeitsatmosphäre an den einzelnen Standorten sehr unterschiedlich war.

Jetzt habe ich mal Arbeitspsychologie studiert, und als guter empirischer Sozialwissenschaftler wollte ich natürlich nicht nur auf Anekdoten zurückgreifen, sondern auch auf Daten. Also habe ich mir zusammen mit den Personalkollegen alles angeschaut, dessen ich im Rahmen des betrieblichen Datenschutzes habhaft werden konnte: Wie sieht die Alters- und Geschlechterverteilung an den Standorten wirklich aus, wie lange sind die Kollegen durchschnittlich im Unternehmen, wie steht es im Mittel mit der Anzahl an Krankheitstagen, Disziplinarmaßnahmen und Kündigungen, und so weiter. Auch Daten nach der ethnischen Zugehörigkeit gab es – denn solche mussten zur Absicherung der Gleichbehandlung ebenfalls abgefragt werden. An dieser Stelle wundere ich mich schon

*) Quellen: Folgen "VB040 Bevölkerung" vom 10.08.2014, "VB044 Bits & Bobs 4" vom 04.10.2014

ein wenig über die seltsamen Kategorien, nach denen die Herkunft von Menschen auf der Insel erfasst werden.

Aber die betriebliche Sicht war natürlich nur eine Seite der Medaille – ich wollte auch wissen, inwieweit sich die jeweilige lokale Bevölkerung in der Belegschaft unserer Call Center widerspiegelte. Und so ging ich auf die Suche nach öffentlichen Daten zur Bevölkerungszusammensetzung in den jeweiligen Gemeinden – und ich stieß auf Goldgruben.

Volkszählung

Wie ich heute weiß, führt Großbritannien alle 10 Jahre eine vollständige Volkszählung durch – und das seit 1801. Nur 1941 fiel dieser sogenannte *census* wegen des Zweiten Weltkrieges aus. Wie ich schon einmal erwähnt hatte, gibt es auf der Insel kein kontinuierliches Meldewesen. Daher dient die regelmäßige Volkszählung nicht nur dazu, demographische Daten zu erheben, sondern auch an die notwendigen Bevölkerungszahlen zu kommen, die für die lokale und regionale Zuteilung von Steuergeldern und anderen Ressourcen notwendig sind. In Deutschland geht das ja ganz einfach über die bei den Gemeinden offiziell gemeldeten Einwohner.

Neben der großen Volkszählung alle zehn Jahre gibt es in den Jahren dazwischen Teilzählungen. Zu Beginn der Volkszählungen ging es wirklich nur um eine reine Zählung der Personen im Land – vor allem auch, um während der Napoleonischen Kriege die Anzahl der zur Verfügung stehenden wehrfähigen Männer zu bestimmen. Im Laufe der Zeit kamen aber immer mehr Angaben hinzu.

Wegen der Bedeutung der Volkszählungsdaten für die Verwaltung der Insel ist die Teilnahme und wahrheitsgemäße Beantwortung verpflichtend; ansonsten droht einem eine Strafe von derzeit 1.000 Pfund. So ist es nicht weiter verwunderlich, dass an der Volkszählung im Jahr 2001 ganze 94% der Bevölkerung teilnahmen.

Ausgenommen von der Strafandrohung ist allerdings die Frage zur Religionszugehörigkeit. Diese Frage wurde erstmals 2001 wieder in die Volkszählung aufgenommen, aber per Gesetz nicht zur Pflichtantwort gemacht. Prompt folgen fast 400.000 Einwohner der Insel einer Idee aus Neuseeland, aus Protest gegen Volkszählungen bei der Frage zur Religionszugehörigkeit "Jedi-Ritter" einzutragen. Damit wurde der Orden aus "Krieg der Sterne" zur offiziell viertgrößten Glaubensgemeinschaft in Großbritannien.

Ein großer Teil der zusammengefassten Daten werden auf der Internetseite des *Office for National Statistics* veröffentlicht, und so kann man sich bis auf Gemeinde-Ebene hinunter ein exzellentes Bild von der demographischen Zusammensetzung machen. Manche Gemeinden veröffentlichen zusätzliche statistische Daten auf ihren eigenen Internetseiten, zum Beispiel zur lokalen Wirtschaft oder dem Wohnungsmarkt. In jedem Fall hatte ich damals, als ich auf die Suche nach Vergleichsdaten für meine Call-Center-Belegschaften ging, dank der Volkszählung ideale Voraussetzungen.

Ethnische Zugehörigkeit: Kategorien

Bei den Volkszählungsdaten stieß ich dann auch wieder auf die etwas seltsamen Einteilungen zur ethnischen Zugehörigkeit, die mir bei unseren Mitarbeiterdaten untergekommen waren. 1991 wurde man in der Volkszählung erstmals gefragt, welchem Volk man sich persönlich zugehörig fühlt. Gefragt wird also nicht nach der gesetzlichen Nationalität, wie sie zum Beispiel im Pass stehen würde, sondern nach seinem eigenen subjektiven Empfinden. Die zur Verfügung stehenden Antworten wurden für 2001 noch einmal heftig diskutiert und angepasst. Wie so häufig unterscheiden sich die Einteilungen leicht zwischen England und Wales einerseits und Schottland beziehungsweise Nordirland andererseits.

Die im Jahr 2001 in England und Wales zum Ankreuzen zur Verfügung stehenden Einteilungen waren zum Beispiel:

- Die Kategorie *Weiß* mit den Optionen *Britisch*, *Irisch* oder *Sonstige*;
- die Kategorie *Schwarz oder Schwarz-Britisch* mit den Optionen *Karibisch*, *Afrikanisch* oder *Sonstige*;
- die Kategorie *Asiatisch oder Asiatisch-Britisch* mit den Optionen *Indisch*, *Pakistanisch*, *Bangladesch* oder *Sonstige*;
- die Kategorie *Gemischt* mit den Optionen *Weiß- und Schwarz-Karibisch*, *Weiß- und Schwarz-Afrikanisch*, *Weiß und Asiatisch* und *Sonstige*;
- sowie die Kategorie *Chinesisch oder Sonstige* mit den Optionen *Chinesisch* und *Sonstige*.

Warum man zum Beispiel meinte, *Chinesisch* nicht der Kategorie *Asiatisch* zuordnen zu müssen, entzieht sich meinem Verständnis.

In jedem Fall kann man immer auch noch *Sonstige* ankreuzen und dann als Freitext die Ethnie seiner Wahl nennen. Besonders häufig genannte Freitextantworten findet man dann auch in den Auswertungen der Volkszählung.

Offiziell durchgängig verwendet werden aber nur die insgesamt 16 Optionen zum Ankreuzen. Sie werden nicht nur bei der Volkszählung verwendet, sondern auch bei der Polizei, im britischen Gesundheitsdienst NHS und den Gemeindeverwaltungen von England und Wales.

Demographie UK vs. Deutschland

Aber wie sieht es denn nun aus mit der britischen Demographie? Nach letzter Schätzung leben im Vereinigten Königreich rund 64 Millionen Menschen – damit steht es nach Deutschland und Frankreich auf Platz 3 in Europa. Von diesen 64 Millionen Menschen leben 54 Millionen in England, und die meisten davon wiederum im Südosten in und um London. Im städtischen Gebiet von London leben knapp 10 Millionen Menschen. Das sind so viele wie in Schottland, Wales und Nordirland zusammen. In Schottland leben rund 5 Millionen, in Wales 3 Millionen und in Nordirland 2 Millionen Menschen.

Die britische Bevölkerung wächst von allen großen EU-Ländern derzeit am stärksten, und zwar um etwa 400.000 Menschen pro Jahr. Das geht in etwa zu gleichen Teilen auf natürliches Wachstum zurück – also auf mehr Geburten als Sterbefälle – und auf eine Netto-Zuwanderung. Tatsächlich hat die Bedeutung von Zuwanderung in den letzten Jahren wieder abgenommen, und mit Geburtenraten so hoch wie seit den 1970ern nicht mehr, wächst die britische Bevölkerung derzeit auch auf natürliche Weise ganz gut.

Dennoch kurz zur Migration, die ja gerne als politisches Diskussionsthema herhalten muss. Pro Jahr kommen etwa 500.000 Ausländer zum Leben auf die Insel, und 300.000 verlassen sie. Das ist auch nicht weiter verwunderlich, da allein zum Studieren jedes Jahr etwa 200.000 Ausländer neu im Königreich einfallen – und nach dem Studium die Insel in den meisten Fällen wieder verlassen. Die übrigen kommen meist zum Arbeiten auf die Insel, und gut die Hälfte davon aus EU-Ländern, in den letzten

Jahren insbesondere aus Polen, Bulgarien, Rumänien und Italien. Politisches Asyl wird auf der Insel pro Jahr von etwa 20.000 Menschen beantragt.

Vergleichen wir das mal kurz mit Deutschland: Unsere natürliche Bevölkerungsentwicklung ist seit den 1970ern negativ – die Zahl der Sterbefälle ist höher als die der Geburten. Deutschland hat eine der niedrigsten Geburtenraten der Welt, und jedes Jahr sterben rund 200.000 mehr Menschen in Deutschland als geboren werden. Lange Zeit konnte selbst Zuwanderung diesen Saldo nicht ausgleichen – erst seit 2001 lässt ein kleiner Zuwanderungsboom die Bevölkerungsgröße in Deutschland unterm Strich wieder steigen. Im Jahr 2013 kamen fast 900.000 Ausländer nach Deutschland, und rund 400.000 verließen das Land. Die Netto-Zuwanderung von rund einer halben Million Menschen kann den Sterbeüberschuss nun mehr als ausgleichen.

Wie in Großbritannien verteilen sich die Zuwanderer nach Deutschland jeweils etwa zur Hälfte auf EU-Bürger und Nicht-EU-Bürger. Auch die Hitliste der Nationalitäten ist vergleichbar: Die höchste Netto-Einwanderung nach Deutschland kommt in den letzten Jahren aus Polen, Rumänien, Ungarn und Bulgarien. Zwar kommen auch viele zum Studium oder zur Ausbildung nach Deutschland, aber angesichts der besseren Wirtschaftslage ist vor allem die Aussicht auf Arbeit der am häufigsten genannte Grund für die Einreise.

Also noch einmal zusammengefasst: Auf der Insel wächst die Bevölkerung derzeit sowohl durch eine angemessene Geburtenrate und eine gewisse Netto-Zuwanderung. Die Bevölkerung in Deutschland wächst in der Summe vergleichbar, aber nur durch eine deutliche Zuwanderung, die auch die Bevölkerungsverluste durch zu wenige Geburten ausgleicht.

Was die Altersstruktur angeht, ist die Insel übrigens ebenfalls ein wenig besser gestellt als Deutschland: In Großbritannien sind rund 16% der Bevölkerung im Rentenalter, in Deutschland sind es über 20%. In beiden Ländern trägt die Zuwanderung junger Arbeitskräfte zu einer Senkung des Durchschnittsalters bei, aber in Großbritannien tut der Netto-Geburtenzuwachs natürlich noch einiges mehr für ein sinkendes Durchschnittsalter und eine gesündere Altersverteilung.

Ethnische Zugehörigkeit: Zahlen und Geschichte

Jetzt habe ich schon von ganz vielen Zahlen gesprochen, aber noch nicht davon, was eigentlich bei der Volkszählung 2001 bei dem seltsamen Kategoriensystem zur ethnischen Zugehörigkeit herausgekommen ist. Demnach sehen sich – wenig überraschend – mehr als 50 Millionen Briten als *Weiß-Britisch* an. Insgesamt macht die weiße Bevölkerung über 90% aus. Daneben haben jeweils über eine Million Einwohner ihr Kreuzchen bei *Schwarz* gesetzt, ebenso viele bei *Indisch*, und eine knappe weitere Million bei *Pakistanisch*.

Das alles ist für *Viva-Britannia*-Kenner sicher keine Überraschung. Natürlich war die Kolonialzeit für die heutige Zusammensetzung der britischen Gesellschaft prägend. Wie erst im letzten Kapitel geschildert, rückten damals die Karibik, Teile von Afrika, vor allem aber das heutige Indien und Pakistan näher an Großbritannien heran – und umgekehrt. In der langen Zeit der davor überlieferten Geschichte wurde die Insel hingegen ausschließlich von skandinavischen und anderen Völkern vor allem Nord- und Westeuropas überrannt. Über die relative Bedeutung der Angelsachsen und Kelten für die heutigen Briten diskutieren die Wissenschaftler noch – einer will sogar Hinweise gefunden haben, dass die Mehrheit der

Briten genetisch eigentlich auf ein Steinzeitvolk im heutigen Baskenland zurückgeht.

Aber natürlich muss man nur weit genug in der Geschichte zurückgehen, und alle diese vermeintlichen Unterschiede lösen sich auf. Nach aktueller Forschung lassen sich die ältesten mitochondrialen Genlinien *Europas* auf eine Wanderungsbewegung aus Anatolien zurückführen, die in der späten Eiszeit vor 12- bis 19.000 Jahren stattfand. Und wenn wir 200.000 Jahre zurückgehen, haben wir mit der mitochondrialen Eva in Afrika sogar die *allen* Menschen gemeinsame genetische Vorfahrin erreicht. Spätestens dann ergeben ethnische Zuordnungen kaum noch Sinn.

Bevölkerung: Irish Travellers

Bei den Recherchen zur britischen Volkszählung stieß ich auch auf eine Bevölkerungsgruppe, die mir bis dahin so nicht bekannt war. Mein Podcast-Kollege und Irland-Fan Sebastian Bartoschek mag mich hierfür schelten – vielleicht aber auch nicht. Ich spreche von den *Irish Travellers*. Das ist der amtliche Name für ein fahrendes Volk irischen Ursprungs, das sich selbst meist als *Minkiers* oder *Pavee* bezeichnet, zu Deutsch "Händler". Tatsächlich gelten die *Travellers* in Großbritannien als eine eigene Ethnie, in ihrem Ursprungsland Irland aber nur als eine Bevölkerungsgruppe. Genetische Studien legen allerdings nahe, dass die Pavee sich bereits vor mehr als 1.000 Jahren vom Rest der Iren abgespalten haben. In Irland und Nordirland zusammen schätzt man ihre Anzahl auf etwa 40.000, die Schätzungen für Großbritannien bewegen sich zwischen 15.000 und 150.000, und in den USA leben auch noch einmal 10.000 bis 40.000. Die Pavee sind nicht mit den Roma verwandt, ihre Kulturen sind sich aber ähnlich – wie auch die Vorurteile, die allen fahrenden Völkern entgegenschlagen.

So wie im Deutschen der Begriff "Zigeuner" abwertend verwendet wird, bezeichnet man Pavee und Roma im Englischen häufig als *gypsies*. Das Wort stammt von *Egypytians*, da man früher einmal vermutete, dass fahrende Völker ägyptischer Herkunft seien. Besonders in Irland bezeichnet man Pavee auch als *tinker* oder *knacker*. Auch das ist heute abwertend gemeint, geht aber auf zwei der ältesten Tätigkeiten zurück, mit denen Pavee ihren Lebensunterhalt verdienten. Ein *tinker* ist ein Kesselflicker und ein *knacker* ein Pferdeschlachter. Noch heute sind der Altwarenhandel sowie die Pferde- und Hundezucht wesentliche Einkommenszweige der Travellers. Teile der Gemeinschaft sind auch ansatzweise sesshaft geworden – immer öfter sind es Mütter, die zumindest Teile des Jahres einen festen Wohnsitz annehmen, um ihren Kindern eine ordentliche Schulausbildung zu ermöglichen. Traveller heiraten früh, bekommen verglichen zum niedrigen europäischen Durchschnitt mehr Kinder, und sie sterben sehr früh – nach einer irischen Statistik von 1987 wird die Hälfte der Traveller nicht älter als 39 Jahre, und auch nach der letzten britischen Volkszählung ist ihr Altersdurchschnitt sehr niedrig.

In den britischen Medien erlangten die Irish Travellers zuletzt 2010 eine gewisse Popularität. Der Sender Channel 4 drehte mit *Big Fat Gypsy Weddings* eine Dokumentation über junge Pavee und Roma und ihre jeweiligen Hochzeitsvorbereitungen. Zwar musste die Sendung auch einige Kritik einstecken, weil Teile der fahrenden Völker sich und ihre Kultur nicht angemessen widergespiegelt empfanden, es wurde aber auch dafür gelobt, diese oft vernachlässigten Teile der britischen und irischen Gesellschaft einmal in den Mittelpunkt zu rücken.

Ach ja – was hatte ich eigentlich bei meinen eingangs erwähnten Analysen zu den Call Centern meines Arbeitgebers entdeckt? Dazu kann ich nur soviel sagen: Jeder Standort war ein kleiner Mikrokosmos. Bei der ethnischen Zusammensetzung der Belegschaft spiegelte sich meist die für die Region typische Bevölkerung wieder. Aber hinsichtlich anderer Merkmale konnte es deutliche Abweichungen geben. Wo es eine Universität in der Nähe gab, fanden sich viele Studenten, die sich Geld verdienen mussten, aber natürlich nicht dauerhaft in einem Call Center arbeiten wollten; entsprechend niedrig war hier in der Regel das Durchschnittsalter, und entsprechend hoch die Fluktuation. In mehr ländlichen Gegenden fanden sich hingegen sehr häufig Frauen mittleren Alters, die in Teilzeittätigkeit etwas nebenbei verdienten, und das über viele Jahre hinweg und sehr zufrieden. Kein Wunder also, dass die Atmosphäre zwischen den Standorten so unterschiedlich war.

15 CORNWALL*)

Der warme Zipfel der Insel

Nach Schottland und Wales geht es um die dritte keltische Ecke Großbritanniens. Mit steilen Küsten, deftigen Pasteten, Streichrahm und Liebesschnulzen. Wo es drei Nationalheilige gibt, aber kein Zinn mehr. Wo das bekannteste Amphitheater nicht von den Römern stammt. Hier erfährt man, warum König Artus heimatlos ist, Marconi sich sicher beim ersten Mal verhört hat, und wie sich das ZDF einen Tourismuspreis verdiente.

Jetzt soll es um einen Landstrich gehen, der einer der ersten war, die ich je auf der Insel kennengelernt habe. Vor über 20 Jahren, gegen Ende meiner Schulzeit, bestieg ich einen Bus mit Dutzenden anderer Schüler und einigen Betreuern von der Fuldaer Fachhochschule, um zwei Wochen Sprachurlaub in Cornwall zu verbringen. Über den Kanal ging es an London vorbei zum Südwestzipfel der Insel. Ich kann mich noch gut daran erinnern, in den frühen Morgenstunden neben der Autobahn ohne Vorwarnung erstmals den berühmten Steinkreis von Stonehenge leibhaftig vor mir sehen. Dann ging es noch weiter durch die Grafschaft Devon und schließlich ins Künstlerstädtchen St. Ives in Cornwall.

Lage in Großbritannien

Devon und Cornwall hatte ich bereits kurz in Kapitel 5 im Zusammenhang mit Wales erwähnt. Wales bildet in etwa die Westküste von Großbritannien, zu Irland hin. Die Landzunge, die südlich von Wales so deutlich "links unten" aus Großbritannien herausragt, die besteht aus

---

*) Quellen: Folgen "VB041 Cornwall" vom 24.08.2014, "VB044 Bits & Bobs 4" vom 04.10.2014

den Grafschaften Cornwall und Devon. Die Spitze der Landzunge ist Cornwall, und östlich davon ist Devon. Die größte Stadt in Devon ist übrigens Plymouth, deren Bedeutung für die britische Marine ich in Kapitel 13 geschildert hatte. Zusammen mit Dorset, Somerset, der Stadt Bristol und den Regionen Gloucestershire und Wiltshire bilden Devon und Cornwall die offizielle Region *South West England* – was aber landläufig einfach als das *West Country* bezeichnet wird. Die ganze Region ist ländlich geprägt, mit wenigen großen Siedlungen, und bekannt für seine Landschaft und Landwirtschaft.

Aber konkret zurück zu Cornwall. Als Halbinsel ist Cornwall von drei Seiten vom Meer umschlossen: Im Norden von der Irischen See, im Westen vom Atlantik, und im Süden vom Ärmelkanal. In Cornwall befindet sich sowohl der westlichste als auch der südlichste Punkt der Insel. Der westlichste Punkt wird passenderweise *Land's End* genannt. Der südlichste Punkt ist *Lizard Point*, von dem gleich noch die Rede sein wird.

Mit 3.600 Quadratkilometern Fläche ist Cornwall etwa anderthalb Mal so groß wie das Saarland, es hat mit 540.000 Menschen aber nur halb so viele Einwohner. Durch den Atlantikstrom ist das Klima in Cornwall maritim mit viel Niederschlag; die Winter sind hier besonders mild. Dadurch können hier auch Kälte-empfindliche Gewächse überleben, und es gibt zahlreiche Gärten und Parkanlagen mit subtropischen Pflanzen. Wegen dieses Klimas, der unberührten Landschaft, den rauen Steilküsten und kilometerlangen feinen Sandstränden ist Cornwall in den letzten Jahrzehnten zu einem beliebten Ziel insbesondere für britische Touristen geworden – die internationalen Touristen sind hier immer noch in der Minderheit. Nicht selten suchen sich Briten aus der Stadt gerade hier Wochenend- oder Feriendomizile.

Geschichte

Geschichtlich erinnert Cornwall immer ein wenig an das kleine gallische Dorf bei *Asterix*. Seit der Steinzeit war die Gegend besiedelt, und noch heute zeugen Hünengräber von den alten Megalithkulturen. Im 6. Jahrhundert vor Christus kamen die Kelten von Osten her in das Land und sollten es nachhaltig prägen – daran konnte auch die lange römische Besatzung nichts ändern. Nach dem Abzug der Römer bekriegten sich die keltischen Stämme untereinander, bis sie der Sage nach im 5. Jahrhundert durch König Artus befriedet wurden. Angeblich wurde König Artus in der Burg *Tintagel* gezeugt, deren Überreste man noch heute besichtigen kann. Dumm nur, dass die Burganlage von Tintagel nachweislich erst im 12. Jahrhundert errichtet wurde – also gut 700 Jahre nachdem Artus gelebt haben soll.

Durch alle Eroberungen und Kriege auf der Insel hindurch blieb Cornwall im Kern keltisch. Im Jahr 1066 kamen die Normannen, aber die Kornen, wie die Bewohner Cornwalls im Deutschen heißen, behielten ihre Sprache und Identität. Während des Mittelalters war Cornwall auch der einzige Teil Englands, der nicht von den Angelsachsen besiedelt wurde. Der englische König Edward III. machte die Region zu einer Grafschaft mit einem gewissen Sonderstatus, und noch im 19. Jahrhundert wurde Cornwall juristisch als ein Pfalzstaat angesehen, unabhängig von der englischen Krone. Heute ist Cornwall zwar verwaltungstechnisch ein County von England, aber die Diskussion über den rechtlichen Status der Region geht fröhlich weiter, und man kämpft für eine gewisse Unabhängigkeit von London. Das nimmt zwar nicht so extreme Formen an wie die Abspaltungstendenzen in Schottland, aber immerhin haben die Kornen zum Beispiel erreicht, dass sie offiziell unter das europäische

Rahmenübereinkommen zum Schutz nationaler Minderheiten fallen. Sie sind eben nicht einfache Engländer.

Religion

Auch religiös kochen die Kornen ihr eigenes Süppchen. Zur gleichen Zeit, zu der König Artus die Kelten geeint haben soll, begannen Missionare aus Irland, Wales und der Bretagne, die Kornen zu christianisieren. Sie gelten noch heute als "Nonkonformisten" – das heißt, kornische Christen gehören zwar in der Regel der anglikanischen Kirche an, man hat sich aber regional entschlossenen, einzelnen Vorschriften und Gebräuchen der Kirche nicht zu folgen. Bis heute können sich die Kornen zum Beispiel noch nicht einmal einigen, wer denn ihr Nationalheiliger sein soll. Aus Sicht der anglikanischen Kirche ist das der Erzengel Michael, aber Sankt Piran ist bei den Kornen populärer: Sein Wappen, ein weißes Kreuz auf schwarzem Grund, ziert die Flagge von Cornwall und viele kornische Spezialitäten. Sankt Pirans Namenstag, der 5. März, wird von Kornen auf der ganzen Welt gefeiert. Als dritter mit im Rennen um den kornischen Nationalheiligen ist noch Sankt Petroc. So gefiel es den Kornen gar nicht, dass das benachbarte Devon seine kürzlich neu gestaltete Flagge Sankt Petroc gewidmet hat, wo der doch vor fast 1.500 Jahren vor allem in Cornwall gewirkt haben soll... Wie man sieht, die Kornen sind schon ein geschichtsbewusstes und eigenes Völkchen.

Name

Der Name der Gegend geht natürlich auch auf einen der alten keltischen Stämme zurück, die "Cornovii", wie die Römer sie nannten. Im Keltischen hieß die Gegend irgendwann einfach "Kornow". Die Angelsachsen nannten sie "kornisches Wales" – "kern weahlas" –, und hieraus wurde dann "Cornwall".

Die Kornen selbst nennen ihre Heimat noch heute verkürzt gern "Como"- wie die italienische Stadt am gleichnamigen See. Damals, vor über 20 Jahren, hat das bei uns Sprachschülern eine ganze Weile für gehörig Verwirrung gesorgt.

Sprache

Das Kornische, die keltische Sprache der Gegend, galt zu Beginn des 19. Jahrhunderts als so gut wie ausgestorben. Sie ist im täglichen Leben also keineswegs so präsent wie das eng verwandte Walisisch oder die weiter entfernten Verwandten Irisch und schottisches Gälisch. Aber in den letzten Jahrzehnten wurden Anstrengungen unternommen, die Sprache wieder zu beleben. 2008 hat man sich nach vielen isolierten Versuchen auf eine einheitliche Rechtschreibung für das "neue" Kornisch geeinigt. Die Sprache wird in vielen Schulen gelehrt, die Zahl der Sprecher nimmt beständig zu, und mittlerweile ist Kornisch wieder offiziell als lebende Minderheitssprache anerkannt.

Wirtschaft

"Como" ist heute die ärmste Region im Königreich, aber das war nicht immer so. Seit der Antike war Cornwall die Hauptquelle für Zinn in Europa; das Metall, das unter anderem für die Herstellung von Bronze benötigt wird, wurde in den gesamten Mittelmeerraum verschifft, und die Region daher schon bei klassischen Autoren erwähnt. Bis Ende des 19. Jahrhunderts deckte Cornwall die Hälfte des Weltbedarfs an Zinn. Dann allerdings waren die kornischen Vorkommen zunehmend erschöpft, und die Förderung in anderen Ländern wurde billiger. Man hielt sich dann noch eine Zeitlang mit dem Abbau von Ton vor allem für die Porzellanherstellung über Wasser, aber heute hat der Bergbau keine Bedeutung mehr für die hiesige

Wirtschaft – wichtig sind stattdessen die Landwirtschaft und der Tourismus, der allein etwa ein Viertel der kornischen Wirtschaftskraft ausmacht.

Dann machen wir doch mal einen kleinen Ritt durch die touristischen Highlights von Cornwall.

Küste

Highlight Nummer eins ist die Küste. Cornwall hat 300 Meilen davon, mit tollen Stränden, Steilküsten, verschlafenen Fischerdörfern, Seevögeln und frischer Luft. Wer baden will, findet im Süden und Westen gute Möglichkeiten; bekannte Ausgangspunkte dafür sind vor allem die Orte Penzance und St. Ives. Die Strände etwas weiter nördlich um Newquay herum sind wegen des stärkeren Wellengangs besonders bei Surfern beliebt. Wandern kann man an der ganzen Küste entlang – etwa die Hälfte des über 1.000 Kilometer langen *South West Coast Paths* zwischen Minehead in Somerset und Poole Harbour in Dorset führt durch Cornwall.

Landesinnere

Aber auch im Landesinneren gibt es tolle Landschaft. Mehr als ein Viertel von Cornwall ist offiziell als *area of outstanding natural beauty* eingestuft – also als "Gebiet von außerordentlicher natürlicher Schönheit"- und damit in etwa so geschützt wie ein Nationalpark. Hierzu gehören unter anderem die eindrucksvollen Moorlandschaften von Bodmin Moor und Penwith, aber auch das Tal des Tamar – eines Grenzflusses zu Devon –, und die Halbinsel Lizard.

Die Halbinsel Lizard – zu Deutsch also "Eidechse" – ist unter anderem geologisch sehr interessant: sie besteht zu weiten Teilen aus Ophiolith, was wörtlich übersetzt "Schlangengestein" heißt. Eidechse? Schlangengestein? Ist das alles Zufall? Ja, ist es. Der heutige Name Lizard geht sehr wahrscheinlich auf den kornischen Begriff "Lys Ardh" zurück, der "hohes Gericht" bedeutet. Und Ophiolithe heißen Schlangengestein, weil sie oft grün gefärbt sind. Es handelt sich dabei um Gesteinsschichten, die sich als Teil der Erdkruste unter der Meeresoberfläche bildeten, sich aber irgendwann durch geologische Bewegungen auf das Festland geschoben haben.

Tatsächlich ist die Geologie um die Halbinsel herum auch heute noch nicht trivial – Lizard ist mit seiner trügerischen Küste und diversen Untiefen seit Jahrhunderten als Schiffsfriedhof bekannt. Seit 1752 gibt es am südlichsten Punkt der Halbinsel einen Leuchtturm – und der *Lizard Point* ist, wie eingangs geschildert, auch der südlichste Punkt Großbritanniens insgesamt.

Die örtliche Geologie und die einzigartige Lage der Halbinsel sind aber auch noch für zwei wissenschaftliche Meilensteine verantwortlich. So analysierte 1791 der Geistliche und Hobby-Mineraloge William Gregor Gesteinsproben, die er hier beim Dorf Manaccan aus dem örtlichen Bach geholt hatte. Hierbei fand er ein bis dahin unbekanntes Element, das er "Mannakanit" nannte – das wir heute aber als Titan kennen.

Der andere wissenschaftliche Meilenstein hat mit einem Herren zu tun, den ich bereits in Kapitel 12 erwähnt hatte – dem Radiopionier Gulielmo Marconi. Der errichtete im Jahr 1900 im Ort Poldhu an der Westseite der Halbinsel eine Antennenanlage, mit der er angeblich im folgenden

Jahr die erste transatlantische Funkübertragung bewerkstelligte. Von Poldhu aus wurden Signale gesendet, die Marconi im 3.500 Kilometer entfernten Neufundland empfing. Ich sage aber bewusst, dass Marconi das "angeblich" 1901 geschafft hat, da es gut begründete Zweifel am Erfolg dieses ersten Experiments gab: Marconi versuchte eine Mittelwellen-Übertragung, während über dem gesamten Atlantik Tageslicht herrschte – wie wir heute wissen, der denkbar ungünstigste Zeitpunkt, weil solche Signale dann fast vollständig von der Ionosphäre geschluckt werden. Der Versuch war nicht verblindet, das heißt Marconi wusste, auf welches Signal er wartete – drei kurze Morsepunkte, die für den Buchstaben "S" stehen. Die konnte er leicht in das zufällige Rauschen der Hintergrundstrahlung hineininterpretieren. Wegen der anhaltenden Kritik führte Marconi Anfang 1902 weitere, besser dokumentierte Versuche durch. Hierbei entdeckte man dann auch offiziell, dass Mittel- und Langwellensignale nur nachts über sehr große Entfernungen empfangen werden können. Bis Jahresende konnte dann wirklich die erste ordentliche Nachricht per Funk über den Atlantik geschickt werden.

Kultur

Kommen wir nach der Wissenschaft aber jetzt mal zur Kultur.

So ist das idyllische Städtchen St. Ives nicht nur als Urlaubsort bekannt, sondern vor allem auch als Künstlerkolonie. Neben bekannten kornischen und britischen Künstlern wie dem Keramiker Bernard Leach oder der Bildhauerin Barbara Hepworth kamen immer auch wieder internationale Größen für eine Zeitlang hierher, wie der Maler Piet Mondrian. Seit 1993 gibt es in St. Ives neben der früheren Werkstatt von Leach und einem Museum mit den Werken von Hepworth sogar einen offiziellen Ableger der Londoner *Tate Gallery*. Die Schriftstellerin Virginia Woolf hat ihre Kindheitseindrücke von den Urlauben in St. Ives unter anderem in den Romanen *Jacobs Zimmer* und *Zum Leuchtturm* verarbeitet – auch wenn letzterer auf der schottischen Insel Skye spielt.

Weitere Schriftsteller, die in Cornwall gewirkt haben, waren D. H. Lawrence, Daphne du Maurier und William Golding. David Cornwell, der eher unter dem Pseudonym John le Carré für seine Spionageromane bekannt ist, lebt ebenfalls hier.

Rosamunde Pilcher

Natürlich darf ich in diesem Zusammenhang Rosamunde Pilcher nicht unerwähnt lassen, die nicht weit von St. Ives geboren wurde. Viele ihrer Liebesschnulzen spielen in Cornwall, so unter anderem ihr bekanntestes Buch *Die Muschelsucher*. Das ZDF hat seit 1989 fast 120 von Rosamunde Pilchers Geschichten verfilmt und damit den deutschen Romantikern viele Landschaften Englands und Schottlands bekannt gemacht – sogar so bekannt, dass Pilcher und der damalige ZDF-Hauptredaktionsleiter Claus Beling schon 2002 mit dem Britischen Tourismus-Preis ausgezeichnet wurden.

Die Piraten von Penzance im Minack Theatre

Und wo wie schon bei launigen Geschichten sind: Ein ganz besonderes Stück kornischen Lokalkolorits durfte ich auch bei meinem damaligen Sprachurlaub erleben, und das gleich im doppelten Sinne. Eines der bekanntesten Stücke des englischen Operettengespanns Gilbert und Sullivan sind *Die Piraten von Penzance*. Wie der Name nahelegt, handelt es von kornischen Seeräubern. Es ist eine der am häufigsten gespielten Operetten und wird häufig musikalisch zitiert. Damals, in meinem

Sprachurlaub, hatte ich nicht nur die Ehre, eine Aufführung der *Piraten von Penzance* in Cornwall selbst zu erleben, sondern auch noch dazu im berühmten *Minack Theatre*. Das ist ein einzigartiges Freilichttheater, das in der Nähe von Land's End in einen Felsabhang direkt am Meer gebaut wurde.

Das Theater war die Idee von Rowena Cade, die das Gelände in den 1920ern für 100 Pfund kaufte und dort in einem selbst gebauten Haus lebte. 1931 bot Frau Cade der örtlichen Theatergruppe ihren Garten an, um das für Sommer 1932 geplante Stück – Shakespeares *Sturm* – direkt am Meer aufzuführen. Im vorangehenden Winter legten Cade und ihr Gärtner in mühsamer Arbeit aus örtlichen Steinen eine Bühne und Zuschauerreihen wie bei einem alten Amphitheater an. Die Aufführung war ein voller Erfolg, und Rowena Cade sollte bis zu ihrem Tod im Jahr 1983 das Theater mit der Hilfe von Freiwilligen immer weiter ausbauen. Heute werden im Minack Theatre jedes Jahr zwischen Juni und September 16 verschiedene Stücke aufgeführt, darunter oft welche von Shakespeare. Alle zehn Jahre gibt es eine Jubiläumsproduktion des *Sturms*. Gespielt wird zur Not auch bei schlechtem Wetter – dann werden vom Theater Regencapes gestellt. An den Inhalt der Operette kann ich mich nach über 20 Jahren nicht mehr wirklich erinnern – aber die abendliche Aufführung direkt an der kornischen Steilküste ist unvergesslich.

Mont-Saint-Michel & St. Michael's Mount

Apropos unvergessliche Küste: Der eine oder andere von Euch kennt vielleicht die Klosterinsel *Mont-Saint-Michel* in der Normandie. Etwa einen Kilometer vor der Küste im Wattenmeer liegt eine kleine Felseninsel, auf der sich ein imposantes befestigtes Kloster im frühen normannischen Stil befindet. Früher war die Insel nur bei Ebbe erreichbar, dann wurde irgendwann ein Damm für eine Straße aufgeschüttet, und die Gegend versandete immer mehr. Seit diesem Sommer gibt es nun eine filigrane Brücke, die die Insel mit dem Festland verbindet, der alte Damm wird abgetragen, und Mont-Saint-Michel soll bald wieder eine richtige Insel sein.

Sakralbauten gab es auf der kleinen normannischen Insel schon lange, aber 965 ließen sich hier Benediktinermönche nieder, und dank vieler Schenkungen wuchs im Verlauf von 500 Jahren die heute bekannte Anlage heran. Gleichzeitig hatten die Benediktiner zeitweise immensen politischen Einfluss, nicht nur durch die strategisch günstige Lage des Klosters an der Grenze zur Bretagne und am Ärmelkanal.

Als der normannische Fürst Wilhelm im Jahr 1066 Anspruch auf den englischen Thron erhob, wurde er unter anderem durch die Benediktiner von Mont-Saint-Michel unterstützt. Zum Dank schenkte er dem Orden nach seiner Thronbesteigung englische Ländereien, darunter eine kleine Insel vor der Südwestküste Cornwalls, die ganz ähnliche Eigenschaften aufweist wie Mont-Saint-Michel. Hier errichteten die Mönche ein Schwesterkloster, genannt *St. Michael's Mount*.

Beide Gezeiteninseln haben eine bewegte Geschichte hinter sich. Während die französische Klosterfestung insbesondere während der Revolutionszeit auch als Gefängnis herhalten musste, verloren die Benediktiner die englische Dependance im 15. Jahrhundert, als Heinrich V. Krieg gegen Frankreich führte, und den Orden kurzerhand enteignete. Danach ging St. Michael's Mount durch diverse adelige Hände und ist nun seit fast 400 Jahren im Besitz der Familie St Aubyn. Die lebt auch heute zeitweise noch auf der Insel, verwaltet wird sie aber gemeinsam mit dem *National Trust*, und man kann sie natürlich besichtigen.

Bei aller Ähnlichkeit mit Mont-Saint-Michel ist St. Michael's Mount vor allem nicht so sehr von Touristenmassen überlaufen wie das französische Original. Packt es also ruhig mit auf Eure Besichtigungsliste für den nächsten Urlaub in Cornwall.

Cider, Pasties & Cream Tea

Zum Abschluss muss ich noch drei Dinge erwähnen, für die Cornwall in ganz Großbritannien und teilweise darüber hinaus bekannt ist – und sie alle haben mit Essen zu tun.

Wie das gesamte *West Country* ist Cornwall *Cider*-Land – also Apfelschaumwein-Gegend. Der Zapfhahn für Cider gehört neben Bier in jeden britischen Pub – was mich vor vielen Jahren auch einmal dazu gebracht hat, mir mit einem Fingerzeig auf den falschen Zapfhahn aus Versehen ein Pint Cider statt eines Pints Lager zu bestellen und den Fehler erst prustend beim ersten Schluck zu bemerken. Ähnlich wie Bierliebhaber auf *real ale* schwören, kann man in klassischen Cider-Gegenden wie Cornwall nicht nur den pasteurisierten Cider von großen Marken wie *Bulmers*, *Strongbow* oder *Woodpecker* bekommen, sondern auch *real cider*, bei dem nicht-pasteurisierter lokaler Apfelsaft zur Herstellung verwendet wird.

Den Cider kann man dann zum Beispiel als Begleitung zu einer echten kornischen Pastete trinken. *Cornish pasty* oder auch *oggie* ist eine als EU-Marke geschützte Spezialität, von der es viele Varianten gibt, die aber in ihrer klassischen Form aus Stücken von Rindfleisch, Kartoffeln, Rüben und Zwiebeln besteht, die in einem Teigmantel gebacken werden. Gegessen wird die Pastete wahlweise warm oder kalt. Original kornische Pasteten sind übrigens nicht rund sondern halbkreisförmig – etwa wie eine *Pizza Calzone*. Ebenfalls wie bei einer Calzone sollte der zusammengedrückte Rand der Pastete seitlich sein und nicht etwa auf der Oberseite.

Wem herzhaft gefüllte Pasteten nicht süß genug sind, der kann es sich schließlich bei einem *cream tea* gemütlich machen. Damit ist nicht eine Tasse Tee mit Sahne gemeint – aber weit davon entfernt ist es auch nicht. Der *cream tea* ist eine besonders gehaltvolle Variante des Nachmittagstees, bei dem zu dem Tee *scones* gereicht werden – ein weiches, krustenloses Gebäck – sowie *clotted cream* – ein dicker Streichrahm mit mindestens 55% Fettgehalt – und *strawberry jam* – also Erdbeerkonfitüre. Die *scones* werden halbiert und jede Hälfte erst mit dem Streichrahm und dann mit Konfitüre bestrichen. Guten Appetit!

16 DOUGLAS ADAMS*)

Der Mann, der die Frage nach dem Leben, dem Universum und dem ganzen Rest beantwortete

Keine Panik! Ein Kapitel über den schreibfaulen Riesen, der uns depressive Roboter, holistische Detektive und seltsame Ortsnamen nahe brachte. Über Trunkenheit in Innsbruck, weiße, schwarze und falsche Nashörner, einen bombigen John Cleese und Feen im Garten. Was Richard Dawkins mit Doctor Who verbindet, wo Stephen Fry nur Zweiter wurde, und warum Terry Jones das Buch zu einem Computerspiel schrieb.

Die Geschichte beginnt vor vielen Millionen Jahren. Damals baute eine hochentwickelte außerirdische Rasse den bis dahin leistungsfähigsten Computer des Universums, um sich von ihm die Antwort auf die ultimative Frage geben zu lassen: Die Frage nach dem Leben, dem Universum und dem ganzen Rest. *Deep Thought* hieß dieser Computer, und er brauchte eine Weile für die Berechnung der Antwort – genauer gesagt 7,5 Millionen Jahre. Aber nach dieser langen Zeit hatte Deep Thought tatsächlich eine Antwort für die Nachfahren seiner Erbauer. "Aber Ihr werdet sie nicht mögen", sagte er ihnen. "Was ist die Antwort?", fragten sie. "42", sagte Deep Thought. Unverständnis und Wut schlugen ihm entgegen. "Das ist die richtige Antwort", versicherte Deep Thought, "aber ich glaube, Euer Problem ist, dass Ihr die genaue Frage nicht kennt. Wenn Ihr die ultimative Frage kennt, versteht Ihr auch die Antwort." Aber die ultimative Frage konnte auch Deep Thought seinen Erbauern nicht verraten – er konnte ihnen nur die Baupläne für einen noch größeren Computer geben, der in der Lage war, die Frage zu berechnen. Dieser Computer hatte die Größe eines Plane-

*) Quellen: Folgen "VB042 Douglas Adams" vom 06.09.2014, "VB044 Bits & Bobs 4" vom 04.10.2014

ten – und seine Bewohner hielten ihn sogar für einen Planeten – und sein Programm lief für viele Millionen Jahre. Doch wenige Minuten, bevor das Programm beendet und die ultimative Frage errechnet war, wurde der Computer dummerweise von einem außerirdischen Bautrupp zerstört, um einer Hyperraumumgehungsstraße Platz zu machen. Dieser Computer war die Erde, und unter den sehr wenigen Überlebenden war ein Brite namens Arthur Dent, der dank seines Freundes Ford Prefect entkam, der sich als Außerirdischer entpuppte, und als Reporter für den Reiseführer *Per Anhalter durch die Galaxis*.

"Keine Panik!" steht in großen, freundlichen Lettern auf dem Titel des Reiseführers, und dieser Spruch, der Name des Buches, die 42 als die ultimative Antwort, Deep Thought, Arthur Dent, Ford Prefect und viele weitere Figuren, Details und Anekdoten dieses fiktiven Universums sind fester Bestandteil der Popkultur geworden. Erdacht wurden sie vom britischen Autor Douglas Adams, und in Folge 42 des *Viva-Britannia*-Podcasts musste ich mich ihm einfach widmen.

Die frühen Jahre

Douglas Adams wurde 1952 geboren und wuchs in Essex auf. Bereits in der Schule fiel er durch seine ungewöhnliche Körpergröße auf – mit 12 Jahren war er schon über 1,80 Meter groß und sollte als Erwachsener fast zwei Meter erreichen. Adams interessierte sich eigentlich sehr für Naturwissenschaften, aber nachdem seine Mathematikleistungen nur mittelmäßig waren, begann er, sich aufs Schreiben zu konzentrieren. Für seine Schulaufsätze bekam er Bestnoten, und bereits damals wurden erste Science-Fiction-Geschichten von ihm veröffentlicht. Nach der Schule studierte Adams in Cambridge Englisch und engagierte sich dort bei verschiedenen studentischen Comedy-Gruppen, in denen er viele seiner späteren Mitstreiter kennen lernte. In seiner Freizeit liebte es Adams zu reisen, immer mit dem Buch *Per Anhalter durch Europa* von Ken Welsh im Gepäck.

1971 verirrte sich Adams bei einem Österreichaufenthalt in Innsbruck und lag schließlich nachts, nach einigen Bier, angetrunken auf einer Wiese und starrte in den Sternenhimmel. "Jemand müsste 'Per Anhalter durch die Galaxis' schreiben", dachte er damals. Und vergaß die Idee gleich wieder, für etwa sechs Jahre.

Douglas Adams verließ die Universität mit dem festen Vorsatz, Radio- und Fernsehautor zu werden, aber seine ersten Engagements verliefen schleppend. In dieser Zeit lerne er auch Graham Chapman von *Monty Python* kennen. Mit Chapman schrieb Adams Material für *Monty Python's Flying Circus*, und er ist einer von nur zwei Menschen, die neben den Mitgliedern von *Monty Python* offiziell als Autoren der Serie genannt werden. Adams ist bei *Flying Circus* auch in ein zwei kleinen Nebenrollen zu sehen. Abseits dieses Engagements passte Adams satirischer Schreibstil aber nicht so recht in die damalige Produktionspolitik der BBC. Um sich über Wasser zu halten, arbeitete er in kuriosen Nebenjobs wie Scheunenbauer, Hühnerstallreiniger, Krankenhauspförtner oder als Leibwächter für die Familie eines Ölmagnaten aus Katar. Die Misserfolge als Autor zehrten an ihm: Douglas Adams hatte selbst nie großes Vertrauen in seine schriftstellerischen Leistungen, und Schreibblockaden und depressive Phasen sollten ihn Zeit seines Lebens begleiten.

Per Anhalter durch die Galaxis

1977 kam dann schließlich der Durchbruch. *BBC Radio 4* kaufte ein Konzept von Douglas Adams und dessen Studienfreund Simon Brett für eine zunächst sechsteilige Science-Fiction-Hörspiel-Reihe mit dem Namen *Per*

Anhalter durch die Galaxis. Trotz des ursprünglich eingereichten Konzepts schrieb Adams die Serie Folge für Folge ohne echten langfristigen Plan. Für die letzten beiden Episoden holte er sich dann noch Hilfe von seinem Freund John Lloyd. Gesendet wurde das ganze im Jahr 1978 in Großbritannien und den USA. Nach dem ersten Erfolg kam eine Weihnachtsfolge – die inhaltlich aber nichts mit Weihnachten zu tun hatte – und 1980 weitere fünf Hörspiel-Episoden.

Die im Hörspiel angelegte Geschichte wurde in den folgenden Jahren durch Douglas Adams selbst für andere Medien immer wieder verändert und erweitert. Die ganze Veröffentlichungshistorie des Materials ist schon sehr verwirrend. Nur soviel: Adams verarbeitete das Material aus dem ursprünglichen Hörspiel zunächst in drei Büchern, die zwischen 1979 und 1982 erschienen. Im Deutschen heißen sie *Per Anhalter durch die Galaxis, Das Restaurant am Ende des Universums* und *Das Leben, das Universum und der ganze Rest*.

Dabei schrieb Adams zum Beispiel die ursprünglich von John Lloyd stammenden Hörspiel-Passagen komplett um, die Abfolge der Geschichte unterscheidet sich grundlegend vom Hörspiel, und manche Teile der beiden Versionen widersprechen einander deutlich. Parallel wurde auch eine erste Fernsehserie produziert, die sowohl von der Radioversion als auch den Büchern abwich. Das gleiche gilt für Schallplattenproduktionen des Hörspiels, für Comicbücher und andere Varianten. Als wäre der reine Inhalt von *Per Anhalter durch die Galaxis* nicht schon surreal genug, trägt diese komplexe Veröffentlichungsgeschichte noch zusätzlich zur Verwirrung bei – allerdings geht das fast alles auf das Konto von Douglas Adams selbst. Und letztlich tut es dem Spaß am Gesamtwerk wenig Abbruch.

Douglas Adams war dafür bekannt, dass er nicht besonders viel schrieb, Abgabefristen nie einhielt und ständig angetrieben werden musste. Für den 1984 erschienenen vierten Band der *Anhalter*-Trilogie, für den es keine Radio-Vorlage gab, ließ sich Adams' Herausgeber mit ihm drei Wochen lang in einer Hotelsuite einschließen, um sicher zu stellen, dass das Buch auch fertig wurde. Es trägt den Titel *Macht's gut und danke für den Fisch*. Trotz solcher Widrigkeiten gab es 1992 sogar noch einen fünften Band mit dem Titel *Einmal Rupert und zurück*.

Wie eingangs beschrieben hatte das Kaleidoskop an wilden, witzigen Ideen, die Adams in seinem *Anhalter*-Universum unterbrachte, nachhaltige Auswirkungen auf die Popkultur. Angesichts der planlosen Entstehungsgeschichte des Werks ist es kein Wunder, dass es beim *Anhalter* kaum eine stringente Hintergrundgeschichte gibt, sondern es sich mehr um lose zusammengefügte Episoden handelt. Der *Anhalter* ist ein Paradebeispiel für den surrealen britischen Humor, den ich bereits im ersten *Viva-Britannia*-Buch beschrieben hatte: Selbstironisch, mit einem scharfen Blick auf die Unfähigkeit der Schönen, Reichen und Mächtigen, die lähmende universelle Kraft der Bürokratie und die Tragik allzu menschlicher Kurzsichtigkeit. Bei Adams finden sich depressive Roboter; intrigierende Mäuse; Galaxien-umspannende Medienimperien; sich selbst als Abendessen anpreisende Kühe; schrecklich schlechte Gedichte; und Unsterbliche, die nichts besseres mehr mit ihrer Zeit anzufangen wissen, als alle Bewohner des Universums zu beleidigen – und zwar in alphabetischer Reihenfolge.

Ich selbst bin das erste Mal mit dem *Anhalter* durch die erwähnte sechsteilige BBC-Fernsehserie in Berührung gekommen. Inhaltlich umfasst sie in etwa die ersten Folgen des Hörspiels, und auch die meisten Schauspieler sind diejenigen, die im Hörspiel die entsprechenden

Rollen gesprochen hatten. 1984 brachte der *Süddeutsche Rundfunk* die Serie in einer deutlich gekürzten deutschen Fassung ins Fernsehen. Kurz darauf kaufte ich mir die ersten *Anhalter*-Bücher – damals allerdings noch auf Deutsch. In den folgenden Jahren sollten mich Douglas Adams und sein Werk weiter begleiten.

42

In der Anfangsphase der *Anhalter*-Euphorie arbeitete Douglas Adams auch noch weiter als Drehbuchautor für die BBC. Unter anderem schrieb er drei Abenteuer mit insgesamt 14 Folgen für die klassische Science-Fiction-Serie *Doctor Who*. Die war Thema bei *Viva-Britannia*-Folge 21. Mhm, seltsam – 3 Abenteuer, 14 Folgen, 3 mal 14 ist 42. Und Folge 21 ist genau halb so viel wie 42. Außerdem habe ich Teile dieser Episode geschrieben, als ich im Zug auf Platz 42 saß. Alles Zufall?

Viele Hobby-Forscher haben versucht zu ergründen, warum Douglas Adams ausgerechnet die Zahl 42 als die Antwort auf die ultimative Frage gewählt hat. Auch Lewis Carroll, der *Alice im Wunderland* schrieb, hat in seinen Werken immer wieder die Zahl 42 verarbeitet. Aber Douglas Adams selbst hat irgendwann alle Spekulationen zur Seite gewischt. „Die Antwort ist ganz einfach.", schrieb er damals in einem Forum. "Es war ein Scherz. Es musste eine Zahl sein, eine gewöhnliche, relativ kleine Zahl, und ich entschied mich für diese. Binäre Darstellungen, Basis 13, tibetische Mönche: das ist alles kompletter Unsinn. Ich saß am Schreibtisch, schaute in den Garten und dachte ‚42 geht'. Ich schrieb es hin. Das war alles."

Der (tiefere) Sinn des Labenz

An anderer Stelle hat Douglas Adams aber sehr wohl tieferen Sinn in seine Werke gepackt.

1983 veröffentlichte er mit John Lloyd das Büchlein *The Meaning of Liff.* Seit ihren gemeinsamen Universitätstagen frönten die beiden einem Spiel: Sie nahmen ungewöhnliche englische Ortsnamen und überlegten sich, welchen allgemein bekannten Gegenstand oder welche vertraute Erfahrung, für den oder die es bisher noch keine Bezeichnung gibt, diese Ortsnamen stehen könnten. Während eines gemeinsamen Urlaubs stellen Adams und Lloyd solche Definitionen zu einem Wörterbuch zusammen und veröffentlichten es dann. Sven Böttcher übersetzte das Werk unter dem Titel *Der Sinn des Labenz* nicht nur ins Deutsche, sondern er suchte auch passende deutschsprachige Ortsnamen für die jeweiligen Definitionen. Das gleiche taten unter anderem der holländische und finnische Übersetzer des Buchs.

So beschreibt im Original das Wort *harbottle* die ganz spezielle Fliegenart, die es schafft, zwischen den Scheiben von Doppelfenstern zu leben. Das gedrehte Fitzelchen Darm zwischen zwei Würsten ist ein *kerry.* Und jemand, der für eine einzige Etage den Aufzug nimmt, ist ein *nybster.*

Die deutsche Ausgabe hat natürlich auch ein Wort für den Zustand, wenn man nicht mehr durstig ist. Wenn man nicht mehr hungrig ist, ist man satt. Wenn man nicht mehr durstig ist, ist man *stulln.* Geographisch ist Stulln übrigens eine Gemeinde in der Oberpfalz.

Später gab es noch ein Nachfolgewerk *The Deeper Meaning of Liff*, die deutsche Fassung ist entsprechend *Der tiefere Sinn des Labenz.*

Computer

Neben dem Schreiben entdeckte Douglas Adams den Sinn seines Lebens vor allem noch in zwei Bereichen: In Computern und im Schutz bedrohter Tierarten.

Douglas Adams liebte Computer und Computerspiele. Anfang der 1980er kaufte er seine ersten elektronischen Textsysteme und Computer. Als er mit der legendären Computerspielfirma *Infocom* an einem Text-Adventure zum *Anhalter* arbeitete, lernte er den Apple Macintosh kennen. 1984 kam der Macintosh erstmals in Europa auf den Markt, und Douglas Adams war der erste Europäer, der einen kaufte. Das zweite Gerät in Europa ging übrigens an Adams Freund Stephen Fry. Zeit seines Lebens sollte Adams der Marke treu bleiben, ebenso wie dem Internet. Er nutzte E-Mail, lange bevor das Medium breiter bekannt war, er postete häufig Beiträge und öffentliche Antworten in seinem eigenen Fan-Forum im *Usenet*, und er produzierte eine BBC-Dokumentation zu den Anfängen von Hypertext.

1999 erschien das Computerspiel *Starship Titanic*, entworfen von Douglas Adams. In bester *Anhalter*-Manier geht es um ein Raumschiff voller kurioser Roboter, Computer und anderer Gestalten. Adams war so mit dem Spiel beschäftigt, dass der dazugehörige Roman stattdessen von dem *Monty-Python*-Mitglied Terry Jones geschrieben wurde, der im Spiel auch einen Papagei spricht. Kollege John Cleese lieh dem Spiel ebenfalls seine Stimme: Er verkörpert eine intelligente Zeitbombe.

Die Letzten ihrer Art

Soweit zur Technik – aber wie war das mit den bedrohten Tierarten? 1989 bekamen Douglas Adams und der Zoologe Mark Carwadine von *BBC Radio 4* das OK für eine

Dokumentation: Sie sollten seltene und vom Aussterben bedrohte Tierarten ausfindig machen und darüber berichten. Carwardine beschrieb den Planungsprozess später in etwa so: "Wir nahmen eine große Weltkarte, Douglas steckte Nadeln an alle Orte, die er besuchen wollte, und ich steckte Nadeln an alle Orte, an denen es bedrohte Tierarten gab. Wo zwei Nadeln steckten, fuhren wir hin." Im Verlauf von insgesamt acht Expeditionen suchten (und in den meisten Fällen fanden) die beiden unter anderem Komodowarane in Indonesien, Berggorillas und weiße Nashörner in Zaire und Flussdelphine im Yangtze. Aus der Radioserie *Last Chance to See* – zu Deutsch *Die Letzten ihrer Art* – wurde schließlich auch wieder ein Buch, das eindrucksvolle Geschichten zu Tierarten und zum Artenschutz mit Adams' unnachahmlicher Komik verbindet. Versucht Ihr mal, ohne Sprachkenntnisse im chinesischen Hinterland Kondome zu kaufen, um damit ein Mikrofon wasserdicht zu machen.

Aber Douglas Adams' Bemühungen zum Tier- und Umweltschutz endeten nicht mit *Die Letzten ihrer Art.* Unter anderem engagierte er sich zeitlebens in der Gorilla-Stiftung von Diane Fossey, und 1994 bestieg Adams für die gemeinnützige Organisation *Save the Rhino* den Kilimanjaro in einem Nashorn-Kostüm. Hierbei kamen gut 100.000 Pfund für den Schutz des schwarzen Nashorns in Tansania zusammen.

Dirk Gentlys Holistische Detektei

Zum Schluss aber noch einmal kurz zurück zum Science-Fiction-Autor Douglas Adams.

Neben dem *Anhalter* hat Adams nur eine weitere Romanreihe geschrieben, und das sind die zweieinhalb Bücher um Dirk Gently und seine holistische Detektei. Der erste Band hiervon erschien 1987 in Deutschland unter dem etwas abweichenden Titel *Der elektrische Mönch*. Die Bücher handeln von dem konfus wirkenden Privatdetektiv Dirk Gently, der an die Verbundenheit aller Dinge im Universum glaubt, und mit diesem Ansatz viele kleine Details und seltsame Begebenheiten, die scheinbar nichts miteinander zu tun haben, zu einem großen Ganzen formt. Genau diese Wirkung haben auch die beiden Bücher: Lange Zeit hat man als Leser keine Ahnung, wie das alles zusammenhängen soll, und schließlich fügt es sich dann doch. Insofern sind die Geschichten etwas weniger schrill als der *Anhalter* und die Geschichte etwas konsistenter konstruiert – dennoch kann man sich auch hier nicht des Eindrucks erwehren, dass Douglas Adams zum Ende des Schreibprozesses hin wieder der Verlag im Nacken saß.

Die Veröffentlichungshistorie von Dirk Gently nahm den umgekehrten Weg zum *Anhalter*: Erst kamen die Bücher, dann Hörspiele und Fernsehproduktionen. Die letzte davon, mit Stephen Mangan in der Titelrolle, wurde 2012 nach insgesamt vier einstündigen Folgen leider eingestellt.

Tod und Würdigung

Warum habe ich gesagt, dass es über Dirk Gently zweieinhalb Bücher gibt? Douglas Adams hatte angefangen, an einem dritten Buch zu arbeiten, starb aber am 11. Mai 2001 überraschend an einem Herzinfarkt – er wurde keine 50 Jahre alt.

Ein Fan-Aufruf führte dazu, dass zwei Wochen später – am 25. Mai 2001 – der erste *Towel Day* – der Handtuchtag – begangen wurde. Ken Welsh hatte in seinem realen Reiseführer *Per Anhalter durch Europa* auf die Wichtigkeit und vielseitige Verwendbarkeit eines Handtuchs als Reiseaccessoire hingewiesen, und Adams griff diesen Gedanken in *Per Anhalter durch die Galaxis* auch für Reisende durchs All auf. Jemand, "der weiß, wo sein Handtuch ist", ist demnach ein ganz ausgefuchstes Kerlchen. Seitdem tragen weltweit am 25. Mai viele Menschen ein Handtuch bei sich – im Andenken an Douglas Adams.

Ein Jahr nach Adam's Tod erschien posthum sein letztes Buch *The Salmon of Doubt – Lachs im Zweifel.* Es enthält nicht nur die elf erhaltenen Kapitel des unvollendeten dritten Dirk-Gently-Romans, sondern auch Kurzgeschichten, Essays und Briefe von Douglas Adams, sowie Nachrufe von Wegbegleitern, wie Stephen Fry, Terry Jones und Richard Dawkins.

Mit dem Evolutionsbiologen Richard Dawkins verbindet Adams nicht nur die Liebe zur Natur und Naturwissenschaft. Einerseits hatte Douglas Adams während der Feier zu seinem 40. Geburtstag Richard Dawkins mit der Schauspielerin Lalla Ward bekannt gemacht, die unter anderem für die Rolle der Romana in *Doctor Who* bekannt ist. Dawkins und Ward sollten nur ein Jahr später heiraten. Andererseits war Douglas Adams ein ausgesprochener Atheist, was in seinen Büchern auch immer wieder in seinen Satiren auf Religionen deutlich wird.

Richard Dawkins widmete seinen Bestseller *The God Delusion – Der Gotteswahn* – Douglas Adams, und er beginnt das Buch mit einem Adams-Zitat: „Genügt es nicht zu sehen, dass ein Garten schön ist, ohne dass man auch noch glauben müsste, dass Feen darin wohnen?"

Schließlich möchte ich noch zwei weitere Würdigungen zu Douglas Adams erwähnen – und damit meine ich nicht die mittelmäßige Hollywood-Verfilmung des *Anhalters*, die 2005 in die Kinos kam, oder das sechste Buch in der *Anhalter*-Reihe von 2009, geschrieben von Eoin Colfer: In Erinnerung an seine Bemühungen um den Tierschutz organisiert *Save the Rhino* seit 2003 in der Zeit um Douglas Adams' Geburtstag jeden März eine öffentliche Vorlesung und Spendenaktion. In diesem Zusammenhang hat der mir verbundene englische Podcast *The Pod Delusion* 2011 eine Sonderausgabe produziert, mit interessanten Interviews mit Freunden und Begleitern von Douglas Adams. Googlet doch einfach mal "Pod Delusion" und "Douglas Adams".*)

So long, and thanks for all the fish.

*) Das Googlen bringt Euch hoffentlich zu http://poddelusion.co.uk/blog/2011/03/08/a-tribute-to-douglas-adams/

17 MONTY PYTHON*)

Die Hohepriester des britischen Humors

Knick-knack, zwinker-zwinker, das sagt mir alles: Das surreale Vermächtnis von fünf britischen Elite-Studenten und einem amerikanischen Studienabbrecher. Über künstlerische Freiheiten, wechselnde Kooperationen und effiziente Kulturbildung. Wie Pink Floyd dazu beitrug, dass König Artus einen Alkoholiker läuterte, was die Beatles mit der Bergpredigt zu tun haben, wie Alfred Biolek den Mythos der deutschen Humorlosigkeit zerstörte, und warum wir dank Monty Python immer wieder Dosenfleisch im Briefkasten haben. Und Finger weg von der Lachsschaumspeise!

43 Sekunden hat es nur gedauert, bis die Karten für die Abschiedsshow der britischen Komiker-Truppe *Monty Python* ausverkauft waren. Das ist aber nicht der eigentliche Grund, warum ich die legendären Komiker ausgerechnet in der 43. Podcast-Folge von *Viva Britannia* behandelt habe. Etwa 45 Jahre vor dieser Folge, am 5. Oktober 1969, wurde der erste Sketch der Gruppe im britischen Fernsehen ausgestrahlt.

Sechs Männer produzieren gerade mal dreieinhalb Staffeln einer Fernsehserie und danach noch drei nennenswerte Kinofilme. Das wäre heute wohl kein Garant mehr für ewigen Ruhm. Aber Komiker vom Rang der Pythons sind ja auch rar geworden. Was die Beatles als britischer Beitrag für die Popmusik sind, ist Monty Python für die Comedy – und da zählt vor allem Qualität, nicht Quantität.

---

*) Quellen: Folgen "VB043 Monty Python" vom 22.09.2014, "VB044 Bits & Bobs 4" vom 04.10.2014

Wer sind also diese ominösen sechs Herren, was haben sie gemacht, und was ist daran so besonders?

Sechs Scherzbolde treffen sich

Die Geschichte der Pythons beginnt in den 1960ern. Zu dieser Zeit studierten zwei von ihnen in Oxford und drei in Cambridge, und sie studierten teils sehr verschiedene Fächer. Der sechste im Bunde war ein Amerikaner, der sein Studium der Sozialwissenschaften abgebrochen hatte, und seinen Lebensunterhalt als Zeichner für ein Satire-Magazin in New York bestritt. Dass diese sechs zusammenfanden, daran waren die bekannten Comedy-Clubs der beiden rivalisierenden englischen Universitäten Schuld.

In Oxford trafen sich Terry Jones und Michael Palin. Terry Jones wurde 1940 in Wales geboren und kam nach Oxford, um Englisch zu studieren, schaute sich aber wohl auch gehörig bei den Historikern um. Michael Palin stammt aus der Arbeiterstadt Sheffield und ist drei Jahre jünger als Jones und damit der jüngste Python überhaupt. Palin kam nach Oxford, um neuere Geschichte zu studieren, war aber bereits seit langem auch von der Schauspielerei begeistert. Nachdem Terry Jones Palin bei einer Aufführung der Comedygruppe *Oxford Revue* gesehen hatte, freundete er sich mit ihm an, und die beiden sollten jahrzehntelang als Autorenpaar miteinander arbeiten. Aus der *Oxford Revue* sind auch noch viele andere bekannte britische Comedians hervorgegangen, wie zum Beispiel Dudley Moore, Rowan Atkinson (bekannt als *Mr. Bean* und *Blackadder*), Al Murray, Stewart Lee und Richard Herring.

Die drei anderen britischen Pythons Graham Chapman, John Cleese und Eric Idle trafen sich entsprechend über die Konkurrenzgruppe der Universität Cambridge, die

Footlights. Mit den *Footlights* verbindet man unter anderem auch Namen wie Douglas Adams (siehe letztes Kapitel), John Lloyd (siehe ebenfalls letztes Kapitel), Stephen Fry & Hugh Laurie, David Mitchell & Robert Webb, Richard Ayoade (bekannt als Ross aus *IT Crowd*), John Oliver (bekannt aus der amerikanischen *Daily Show* und *Last Week Tonight*), sowie Salman Rushdie und Prinz Charles, die alten Komiker.

Graham Chapman war Jahrgang 1941 und stammte aus Leicester. In Cambridge studierte er Medizin und schloss das Studium auch ab – er praktizierte aber nie als Arzt. Chapman liebte Männer, das Pfeiferauchen und den Alkohol – letzteres leider zu sehr. Schon während seines Studiums wurde er zum Alkoholiker, und der Hang zur Flasche sollte auch seine Arbeit mit den Pythons immer wieder schwierig machen. Dennoch wurde er ein sehr erfolgreicher Comedy-Autor und später sogar Hauptstar der Python-Filme. Zu seiner Homosexualität sollte sich Chapman kurz nach den ersten Erfolgen von Monty Python in einer Talkshow bekennen – er war damit einer der ersten britischen Stars mit einem öffentlichen *coming out* und wurde zu einem bekannten Sprecher der Schwulenbewegung.

Aber zurück zu seinen Kommilitonen – die Hälfte der Pythons fehlt uns ja noch.

John Cleese ist mit Jahrgang 1939 der Älteste der Pythons und mit fast zwei Metern auch der Längste. John Cleese konnte nach seinem Schulabschluss nicht direkt in Cambridge studieren, weil es dank des Endes der englischen Wehrpflicht zu dieser Zeit doppelt so viele Studienbewerber gab wie sonst. Also kehrte er für zwei Jahre an seine Schule zurück, um dort als Hilfslehrer zu unterrichten. Er traf schließlich gleichzeitig mit dem zwei Jahre jüngeren Graham Chapman in Cambridge ein, um dort Jura zu studieren. Die beiden begegneten sich bei den *Footlights* und sollten langjährige Schreibpartner für Sketche werden.

Eric Idle kam ein Jahr nach Chapman und Cleese nach Cambridge, um Englisch zu studieren, und entdeckte die *Footlights* eher zufällig. Die drei wurden Freunde.

Eine Show der Cambridge *Footlights* war beim *Edinburgh Fringe Festival* so erfolgreich, dass sie anschließend auf Bühnen in Großbritannien und im Ausland auf Tour ging. John Cleese ging mit der Produktion nach New York und blieb anschließend noch länger dort, um in anderen Broadway-Shows aufzutreten. In dieser Zeit lernte der den Amerikaner Terry Gilliam kennen. Der arbeitete als Trickfilmer und Cartoonist, vor allem für das Satire-Magazin *Help!*, eine Schwesterpublikation zu *MAD*. Als das *Help!*-Magazin 1965 pleite ging, wanderte Gilliam nach England aus. Dort begann er, für BBC-Produktionen als Trickfilmer zu arbeiten, traf dabei John Cleese wieder und lernte die anderen Mitglieder der späteren Pythons kennen.

Monty Python's Flying Circus

So kam es, dass sich alle sechs Mitglieder von Monty Python Mitte der 1960er ihr Geld bei Radio- und Fernsehproduktionen in Großbritannien verdienten – die fünf Briten vor allem als Autoren und ab und zu als Darsteller, und der Amerikaner als Trickfilmer. 1967 trafen die beiden Oxford-Absolventen und die drei Cambridge-Absolventen erstmals zusammen, und zwar bei der Arbeit für die satirische Fernsehsendung *The Frost Report*, moderiert von der Journalistenlegende David Frost.

Nachdem sich alle sechs bei verschiedenen Produktionen einen Namen gemacht hatten, bot die BBC John Cleese und Graham Chapman eine eigene Sendung an. Cleese war zögerlich, das Projekt nur zu zweit anzugehen, unter anderem auch wegen der schwierigen Zusammenarbeit mit Chapman. Cleese erinnerte sich gern an die Zeit mit Michael Palin beim *Frost Report*, und wie es der Zufall wollte, hatte der Konkurrenzsender ITV Palin, Idle, Jones und Gilliam gerade ebenfalls eine Sendung angeboten. Das BBC-Projekt war weiter fortgeschritten, und alle Beteiligten ließen sich darauf ein, es gemeinsam zu probieren – und so wurden die Gruppe Monty Python geboren und ihre legendäre Sendung *Monty Python's Flying Circus.*

Das Besondere der Sendung lässt sich vor allem an drei Merkmalen festmachen.

Zum einen hatten die Pythons fast vollständige künstlerische Kontrolle über die Sendung: Sie waren Autoren- und Schauspielergruppe in einem. Die Pythons schrieben fast alles Material selbst; wie im letzten Kapitel geschildert werden als weitere Gelegenheitsautoren nur Douglas Adams und Neil Innes genannt. Jeweils mehrere Tage lang entwickelten die Pythons neues Material – Cleese zusammen mit Chapman, Jones mit Palin, und Idle für sich alleine. Dann traf man sich, bewertete die Ideen, und entschied, was in die nächste Sendung kommen sollte. Sobald die Themen feststanden, hatte Terry Gilliam für seine Animationen, die zwischen den Spielszenen laufen sollten, freie Hand. Ebenso lief es mit dem schauspielerischen Teil: Alle Pythons verstanden sich mehr als Autoren denn als Schauspieler, und so drängte sich niemand in den Vordergrund. Die Rollen wurden je nach Passung vergeben, und es gab eine Handvoll von weiteren Darstellern, auf die man zurückgriff, wenn eine Rolle keinem der Pythons so recht passte – oder man wirklich mal eine Frau in einer Frauenrolle haben wollte.

Die zweite Besonderheit von *Monty Python's Flying Circus* ist sicherlich der eigentümliche Stil. Für die Pythons litten viele gute und absurde Sketche darunter, dass ihre Pointe dem Rest des Materials jeweils nicht gerecht wurde. So kamen die Pythons zunächst auf die Idee, in vielen Fällen einfach auf eine Pointe zu verzichten. Insbesondere in den ersten Folgen des *Flying Circus* finden die meisten Szenen einfach ein abruptes Ende. Sei es, dass John Cleese als Nachrichtensprecher plötzlich mit dem bekannten "*And now for something completely different*" – "Und nun zu etwas völlig anderem" hereinbricht, oder dass Terry Gilliam als Ritter auftaucht, und dem gerade Sprechenden ein Gummihuhn über den Kopf zieht. Kurz danach entwickelten die Pythons dieses Prinzip aber weiter: Sie konzipierten fortan jede Sendung als eine Art "Bewusstseinsstrom", bei dem Szenen in einander übergehen und sich gegenseitig beeinflussen können. Die teilweise wilden Assoziationsketten und abrupten Richtungswechsel in einer Sendung machen das Material dann noch eine Spur absurder, als es ohnehin schon ist.

Maßgeblich zum Stil der Pythons trägt auch das dritte Merkmal bei: Die Trickfilme von Terry Gilliam. Wie gesagt hatte Gilliam bei deren Gestaltung völlig freie Hand – sobald die Inhalte einer Sendung feststanden, machte er sich daran, mit Ausschnitten aus meist viktorianischen Photos, Pinsel und Kamera eigentümliche Collagen als Übergänge zwischen den Spielszenen zu entwickeln. Später entstanden so auch die Titelsequenzen der Monty-Python-Kinofilme und die Cover diverser anderer Veröffentlichungen, seien es Bücher oder Schallplatten. Dadurch, dass Gilliam mit Photos und Zeichnungen arbeitete, konnte er in seinen Animationen noch einmal deutlich anzüglicher und brutaler sein, als es den Pythons in ihren Spielszenen möglich war.

Es wäre müßig, die ganzen Sketch-Klassiker anzuführen, die die Pythons in die insgesamt 45 Folgen des *Flying Circus* gepackt haben. Ihr Stil vereint all die Merkmale urbritischen Humors, die ich im ersten *Viva-Britannia*-Buch genannt hatte: Beißende Satire am Establishment, grandiose Selbstironie und eine unglaubliche Absurdität. Dass Monty Python neue Höhen des Surrealismus im englischen Humor erreichten, wurde auch mit einem eigenen Wort gewürdigt – seitdem bezeichnet man solchen Humor nämlich auch als "pythonesk". Dabei sind die Witze der Pythons selten platt – man merkt deutlich, dass das Material aus der Feder von Absolventen von Elitehochschulen stammt.

Von *Monty Python's Flying Circus* wurden insgesamt dreieinhalb Staffeln produziert, die zwischen 1969 und 1974 ausgestrahlt wurden. Nach den ersten drei Staffeln mit jeweils 13 Folgen stieg John Cleese aus – er hatte den Eindruck, dass sie keine neuen Ideen mehr hätten, und eher altes Material aufwärmen würden. Die restlichen fünf Mitglieder produzierten noch sechs weitere Episoden ohne John Cleese, dann erklärten sie die Fernsehserie für beendet.

Monty Pythons Fliegender Zirkus

Wobei – die Deutschen konnten sich über zwei weitere Folgen des *Flying Circus* freuen. Nachdem er *Monty Python* bei einem Besuch auf der Insel entdeckt hatte, lud Alfred Biolek sie nach Deutschland ein, um zwei Sendungen eigens für das deutsche Fernsehen zu drehen. Die Gruppe schrieb hierfür teilweise völlig neues Material, die Aufnahmen wurden fast alle vor Ort in Bayern gedreht, und die erste Folge wurde tatsächlich vollständig in Deutsch gespielt und ausgestrahlt. Die deutschen Akzente einiger Pythons waren jedoch so massiv, dass die zweite Folge in Englisch gedreht und vor der Ausstrahlung synchronisiert wurde. 1972 war das ganze dann unter dem Titel *Monty Pythons Fliegender Zirkus* in deutschen Fernsehen zu sehen.

Monty Python machten gerne Scherze darüber, dass ausgerechnet die angeblich so humorlosen Deutschen als erste auf die Gruppe zukamen, um ihren Witz zu importieren. Michael Palin sagte später, dass diese Erfahrung alle Vorurteile über den Haufen werfe – immerhin hätten die Deutschen Monty Python lange vor vielen anderen Ländern verstanden, und auch ihre späteren Filme hatten von Beginn an besonders in Deutschland ein begeistertes Publikum.

Die Filme

Wenn ich von Filmen spreche, meine ich die drei Originalfilme, die nach *Flying Circus* entstanden. Bereits 1971 drehte Monty Python einige Sketche der ersten beiden Fernsehstaffeln nach, um mit dem resultierenden Film *And Now for Something Completely Different* den amerikanischen Markt zu erobern, was aber nur mäßig gelang. Im Deutschen heißt dieser Streifen *Monty Pythons Wunderbare Welt der Schwerkraft*.

1975 erschien *Monty Python and the Holy Grail*, zu Deutsch *Die Ritter der Kokosnuss*. Hier nahmen sich die Pythons der Sage um König Artus an, um allerlei mittelalterlichen Schabernack zu treiben. Die Produktion des Films kostete nur etwa 230.000 Pfund, und er wurde kurioserweise von mehreren britischen Musikgrößen finanziert, darunter Pink Floyd, Led Zepplin und Jethro Tull. In der Hauptrolle des König Artus ist Graham Chapman zu sehen. Dessen Alkoholkrankheit machte die Dreharbeiten für ihn sehr schwierig, aber er stand sie durch, und er fasste den Entschluss, endgültig mit dem Trinken aufzuhören. Es sollte zwar noch bis kurz vor den Dreharbeiten zum nächsten Film dauern, bis Chapman wirklich soweit war, aber dann wurde er für den Rest seines Lebens trocken.

Dieser nächste Film war *The Life of Brian*, zu Deutsch *Das Leben des Brian*. Nach dem Erfolg ihres ersten Films wurden die Pythons in Interviews immer wieder gefragt, was denn das Thema ihres nächsten Streifens sei, und im Scherz gewöhnten sie sich an zu antworten *Jesus Christus – Lüsternd nach Ruhm*. Irgendwann entschlossen sie sich aber, auf den Scherz Taten folgen zu lassen. Obwohl alle sechs Pythons religionskritisch sind, entschieden sich gegen eine direkte Persiflage auf die Legende von Jesus Christus, sondern wählten als Thema die Leichtgläubigkeit und Scheinheiligkeit von Anhängern eines Religionsführers, der keiner sein will. *Das Leben des Brian* wurde in Tunesien gedreht und unter anderem wieder von einer Musikgröße finanziert, dem Ex-Beatle George Harrison. Der hat in dem Film auch einen Gastauftritt als der Besitzer des Berges der Bergpredigt. In der Hauptrolle des Brian ist wieder Graham Chapman zu sehen. Trotz des kontroversen Themas wird *Das Leben des Brian* bei Rankings immer wieder als eine der besten Filmkomödien aller Zeiten gewählt.

Der dritte und letzte Film erschien 1983 – *The Meaning of Life*, zu Deutsch *Der Sinn des Lebens*. Stilistisch ist dieser Film wieder näher am *Flying Circus* – er besteht aus einer Serie von Szenen mit Themen von der Geburt bis zum Tod. *Der Sinn des Lebens* zeichnet sich durch sehr viel schwarzen Humor und Gewalt aus. Laut den Pythons war es ihr Ziel, "diesmal alles und jeden zu beleidigen". Dieser Film, der vor mehr als 30 Jahren in die Kinos kam, sollte die letzte gemeinsame Arbeit aller sechs Pythons sein.

Douglas Adams & Monty Python: The Meaning of Liff & Life

Und wo wir gerade bei *The Meaning of Life* angekommen sind: Es gibt eine weitere witzige Verbindung zwischen dem im letzten Kapitel erwähnten Douglas Adams und Monty Python, die über Douglas Adams' Beiträge zum *Flying Circus* hinausgeht: Douglas Adams und John Lloyd veröffentlichten ihr alternatives Wörterbuch *The Meaning of Liff* im gleichen Jahr, in dem Monty Python ihren letzten Film *The Meaning of Life* in die Kinos brachten. Das Manuskript für *The Meaning of Liff* war gerade fertig, als Douglas Adams hörte, wie der nächste Python-Film heißen sollte. Daraufhin sprach er Terry Jones an, um mögliche Probleme wegen der ähnlichen Titel zu vermeiden. Gemeinsam entschied man sich aber, es bei den gewählten Titeln zu belassen. Nichtsdestotrotz ließ es sich Terry Gilliam nicht nehmen, in der Titelanimation zu the *Meaning of Life* einen Grabstein zu zeigen, auf dem deutlich *The Meaning of Liff* steht, bevor ein Blitz den fehlenden Strich ergänzt und aus dem *Liff* ein *Life* wird.

Die Zeit danach

Nach dem Ende des *Flying Circus* und abgesehen von den genannten Filmen wandelten alle Pythons auf Solo-Pfaden oder realisierten Film- und Fernsehprojekte in verschiedenen Konstellationen.

Am geschäftigsten und erfolgreichsten ist sicher John Cleese, der es auf etwa 60 Filme und 22 Fernsehprogramme bringt, darunter die Hit-Komödie *A Fish Called Wanda*, deren Drehbuch er schrieb und in der er gemeinsam mit Michael Palin vor der Kamera stand. Unvergesslich ist hierbei sicher die Szene, bei der Kevin Kline, der für die Nebenrolle des Otto einen Oscar gewann, Michael Palin Pommes in die Nase steckt...

John Cleese und Michael Palin traten auch in Terry Gilliams Film *Time Bandits* auf, den Gilliam wiederum gemeinsam mit Palin schrieb.

John Cleese war auch der einzige, der mit seiner eigenen Comedy-Serie *Fawlty Towers* über ein Hotel auch im Fernsehen nicht nur an den Erfolg der Pythons anschließen konnte, sondern sie sogar übertraf – in Umfragen landet *Fawlty Towers* regelmäßig vor dem *Flying Circus* als beste britische Comedy-Serie aller Zeiten.

Finanziell am erfolgreichsten ist jedoch Eric Idle. Zunächst landete er im Laufe der Jahre wiederholt mit dem Song *Always Look on the Bright Sight of Life* aus dem Film *Leben des Brian* in den Musikcharts. Eric Idle hatte das Lied geschrieben und eingesungen. Darüber hinaus ist er für die pythonesken Theaterstücke *Spamalot* und *Not the Messiah* verantwortlich, die weltweit auf Musical-Bühnen Erfolge feiern.

Terry Gilliam mauserte sich zu einem erfolgreichen Regisseur und machte nach *Time Bandits* bis heute noch ein gutes Dutzend weiterer Filme, darunter *12 Monkeys* mit Bruce Willis und Bratt Pitt, *The Fisher King* mit Jeff Bridges und einem tragischen Robin Williams, sowie zuletzt *The Zero Theorem* mit Christoph Waltz.

Terry Jones hat sich vor allem einen Namen als Autor, Buchillustrator und Sprecher von Dokumentationen zu mittelalterlichen Themen gemacht. Wir erinnern uns: Er war eigentlich in Oxford, um Englisch zu studieren, sein Herz schlug aber für Geschichte.

Michael Palin schließlich hat sich in den letzten 30 Jahren auf der Insel vor allem einen Namen als Reise- und Kunstjournalist gemacht, mit zahlreichen Büchern und Fernsehserien.

Jubiläen, Wiedervereinigungen und ein Todesfall

Zum 20jährigen Jubiläum der Erstausstrahlung des *Flying Circus* im Jahr 1989 produzierte die BBC eine einstündige Show mit alten Ausschnitten, präsentiert vom amerikanischen Schauspieler und Python-Fan Steve Martin. Ein neuer Sketch mit Martin und den sechs Pythons wurde für diese Gelegenheit zwar gedreht, aber nicht ausgestrahlt, weil die Pythons die Szene nicht lustig genug fanden; stattdessen wurde nur ein ganz kurzer Moment eingeblendet, in dem die sechs zusammen in einem Schrank sitzen.

Im Nachhinein bedauerten die Pythons, den vollständigen Sketch nicht doch gesendet zu haben: Eine Nacht vor dem Jubiläum und der Ausstrahlung der Sendung verstarb Graham Chapman, der schon lange an Krebs erkrankt gewesen war, im Alter von 48 Jahren. Um Chapmans Beerdigung nicht zu einem Medienrummel zu machen, verzichteten die fünf überlebenden Pythons auf eine Teilnahme an der offiziellen Trauerfeier im Familienkreis und richteten einige Monate später eine eigene Abschiedsfeier aus. John Cleese hielt eine dem Anlass angemessene – und das heißt wohlmeinende aber provozierende und witzige – Rede, und zum Abschluss sang man gemeinsam *Always Look on the Bright Side of Life*.

Mit Chapmans Tod war eine vollständige Wiedervereinigung der Pythons nicht mehr möglich. In den folgenden Jahren traten die übrigen fünf Mitglieder immer mal wieder zusammen auf, insbesondere zu den Premieren der erwähnten Musicals aus der Feder von Eric Idle oder den weiteren runden Jubiläen. Ein großes, gemeinsames Projekt sollte es aber nicht mehr geben.

Bis zum November 2013. Nach Monaten geheimer Gespräche verkündeten die fünf überlebenden Pythons, dass sie im Juli 2014 – gut 45 Jahre nach der Erstausstrahlung des *Flying Circus* – ein letztes Mal gemeinsam auf der Bühne stehen würden, und zwar in der riesigen O2-Arena in London. Als die Karten für die Show *Monty Python Live (mostly)* in den Verkauf gingen, waren sie innerhalb von 43 Sekunden ausverkauft. Aus dem einen Termin wurden schnell zehn – und die letzte Show am 20. Juli 2014 wurde nicht nur live von vielen Fernsehsendern übertragen, sondern auch weltweit in viele Kinosäle. Die Pythons – mittlerweile alle in ihren Siebzigern – führten über drei Stunden lang vor allem klassisches Material auf, mit Trickfilmen von Terry Gilliam und Einspielern mit Graham Chapman, sowie unterstützt von Orchester, Tanzgruppen und wechselnden Gästen, darunter Stephen Fry, Simon Pegg, Eddie Izzard, Mike Myers sowie den Physikern Brian Cox und Stephen Hawking.

Monty Python auf dem Heißluftdampfer

Zwei deutsche Podcast-Kollegen, die jahrzehntelange Monty-Python-Fans sind und bei der ersten der Londoner Abschiedsshows dabei waren, sind Kapitän Olli und Kapitän Jörg vom *Heißluftdampfer.* Sie haben ihren Trip nach London zum Anlass genommen, eine ganze Folge – und zwar Episode Nummer 3 – ihres Podcasts Monty Python zu widmen. Dafür nehmen sie sich fast vier Stunden Zeit – wer also noch tiefer in das Thema einsteigen möchte, dem sei ein Trip auf dem *Heißluftdampfer* wärmstens empfohlen.[*)]

*) Zu finden unter http://www.heissluftdampfer.de

Was bleibt uns also von Monty Python? 47 Folgen *Flying Circus*, drei Kinofilme, zwei Musicals, unzählige Zitate und Anspielungen, und vor allem ein unglaublicher Einfluss auf die Geschichte der Comedy. Die Pythons konnten sich erlauben, ganz Neues und Verrücktes auszuprobieren, das dabei auch noch ein gewisses Niveau hatte. Diese sechs hellen Köpfe haben das Genre nachhaltig geprägt.

Zum Schluss sei noch erwähnt, dass Monty Python auch unsere Sprache nachhaltig geprägt haben: Oder wann habt Ihr das letzte Mal E-Mail-Müll als "Spam" bezeichnet? *Spam* ist nämlich eigentlich der Markenname für Dosenfleisch. Spam war während des Zweiten Weltkrieges eines der wenigen Lebensmittel, das immer verfügbar war, so dass die Briten ihm schnell überdrüssig wurden. Darüber machen sich Monty Python in einem *Flying-Circus*-Sketch lustig – in einem Café enthalten fast alle Gerichte das ominöse Dosenfleisch, und in bester pythonesker Manier wird die Szene immer wieder durch eine Gruppe Wikinger unterbrochen, die "*Spam, Spam, Spam*" singen. Irgendwann bürgerte es sich dann ein, dass man auch unerwünschte E-Mails, die im Überfluss vorhanden sind und denen man schnell überdrüssig wird, als "Spam" bezeichnet – dank Monty Python. Wohl bekomm's!

18 REISEPLANUNG*)

Das Wichtigste für Insel-Touristen

Auf vielfachen Wunsch ein praktisches Reiseführer-Kapitel: Im Schnelldurchgang durch Anreise, Einreise, Rumgereise, Unterkunft, Verpflegung und Notfälle. Warum es keine perfekte Reisezeit gibt, das eigene Auto nicht wirklich sinnvoll ist, und man immer Tee machen und Sandwiches essen kann. Von Adaptersteckern, B&Bs und Congestion Charges. Wo Trinkwasser, Internet und Museen kostenlos sind, aber die Unterkunft die Welt kosten kann.

Hier ist ein Kapitel, nach dem ich immer wieder gefragt wurde: *Viva Britannia* soll ja eigentlich Themen behandeln, die über die üblichen Reiseführer zu Großbritannien hinausgehen. Aber wenn man da schon jemanden hat, der immer wieder auf der Insel Urlaub gemacht hat, kann man irgendwann doch auch einmal eine Zusammenstellung der wichtigsten Hinweise zur Reisevorbereitung erwarten, oder? Hinzu kommt, dass ich in einem späteren Kapitel ganz konkrete Empfehlungen zu dem wohl beliebtesten Reiseziel in Großbritannien behandle – und dafür sollte ich wohl erst einmal für die Grundlagen sorgen. Hier geht es also – ganz knapp zusammengefasst – um all das, was ich jemandem, der einen Urlaub auf der Insel plant, an praktischen Hinweisen zurufen möchte. Los geht's!

Begrifflichkeiten

Zuerst noch einmal ganz kurz zu den Begrifflichkeiten. Der notwendige Hinweis zu Beginn des ersten Buches ist schon eine Weile her, daher als Erinnerung: Der offizielle Name des Staates, in den man einreist, ist *Verei-*

*) Quelle: Folge "VB045 Reiseplanung" vom 22.10.2014

nigtes Königreich von Großbritannien und Nordirland, im Englischen *United Kingdom of Great Britain and Northern Ireland*, abgekürzt *UK*. Großbritannien – gerne abgekürzt als "GB" – ist eigentlich nur der Name der Insel, auf der die Nationen England, Wales und Schottland liegen. Einen Iren als Briten oder einen Schotten als Engländer zu bezeichnen, kann persönliche Konsequenzen nach sich ziehen. Wer nach London fliegt, besucht England, wen es in die Highlands zieht, Schottland, und beides liegt auf der Insel Großbritannien und im Vereinigten Königreich. Alles klar?

Einreise

Zur Einreise ins Vereinigte Königreich reicht der deutsche Personalausweis. Einen Reisepass kann man sich als deutscher Staatsbürger sparen, und grundsätzlich haben EU-Bürger bei der Einreise mit einem Ausweis oder Pass kein Problem. Aber aufgepasst: Die Insel gehört zwar der EU an, aber sie ist nicht dem Schengener Abkommen beigetreten. Das heißt konkret: Es gibt Grenzkontrollen, und Nicht-EU-Bürger brauchen oft ein Visum. Das trifft zum Beispiel auch auf Nicht-EU-Bürger zu, die in Deutschland eine Daueraufenthaltsgenehmigung genießen. Schon so manche deutsche Schülerreisegruppe hat mit beispielsweise türkischstämmigen Mitschülern Überraschungen erlebt. Also: Als Nicht-EU-Bürger besser vorher die Einreisebestimmungen prüfen.

Einreise mit Tieren

Wer mit Tieren nach Großbritannien einreisen will, muss zusätzlich aufpassen: Grundsätzlich gelten immer noch sechs Monate Quarantäne. Für Hunde, Katzen und Frettchen gibt es aber Ausnahmen. Dafür muss man zum einen aber dafür sorgen, dass das Tier einen Mikrochip hat, einen gültigen Haustierausweis, eine frühzeitige

Impfung gegen Tollwut, und bei Hunden auch eine Behandlung gegen Bandwürmer. Außerdem darf man in das Land dann nur über bestimmte Flugrouten beziehungsweise Grenzübergänge einreisen. Bei Blindenhunden ist diese letzte Regel etwas gelockert, aber alles andere gilt auch hier. Von daher: Wer mit einem Tier auf die Insel will, sollte vorher ebenfalls genau die Einreisebestimmungen prüfen.

Geld

Was sollte man noch im Portmonee haben? Eine EC-Karte. Auch beim Geld zeigen sich die Briten anti-europäisch und haben ihr Britisches Pfund behalten. Es lohnt sich aber nicht wirklich, vor der Reise groß Geld zu tauschen oder zu bestellen. Mit einer EC-Karte beziehungsweise Maestro-Karte kann man sich eigentlich an allen britischen Geldautomaten Bargeld ziehen oder in Geschäften oder Restaurants bezahlen; eine Kreditkarte wie MasterCard oder VISA tut es natürlich auch. Bevor man aus dem Flughafen oder Bahnhof tritt, braucht man in der Regel kein britisches Bargeld, deshalb ziehe ich mir meist einfach vor Ort am Automaten welches. An vielen Flughäfen findet man Geldautomaten auch bereits in der Gepäckabhol-Halle, spätestens aber direkt dahinter.

Toiletten

Apropos Gepäckabholung im Flughafen: Das ist auch der Ort, an dem viele Touristen zum ersten Mal eine öffentliche Toilette auf der Insel aufsuchen. Grundsätzlich kann man sagen: Öffentliche Toiletten sind in der Regel gut gepflegt und in angemessener Frequenz vorhanden. Die britischen Medien beklagen zwar ein zunehmendes Verschwinden öffentlicher Toiletten, aber meine Erfahrung bei längeren Autofahrten war, dass im Zentrum selbst kleinerer Orte fast immer ein kleines Informationszentrum zu finden ist und eine deutlich ausgeschilderte öffentliche Toilette. In der Regel sind diese Toiletten auch kostenlos, ebenso wie die Toiletten auf Autobahnraststätten. Da sollten sich die deutschen Raststättenbetreiber mal ein Beispiel nehmen! Offiziell ist es in Pubs und Fast-Food-Restaurants der Entscheidung des Besitzers überlassen, ob sie nicht-zahlende Gäste ihre Toiletten benutzen lassen, aber im Allgemeinen gibt es kein Problem damit. Was dem deutschen Touristen aber schnell auffallen wird: Der Standard zum Händetrocknen sind auf der Insel Heißlufttrockner – Papierhandtücher wird man in den seltensten Fällen finden.

Trinkwasser

Und wo ich gerade bei Notfällen bin: Wie im Zusammenhang mit Pubs bereits erwähnt, sind in vielen Gegenden Gaststätten dazu verpflichtet, einfaches Leitungswasser, im Englischen *tap water,* kostenlos auszuschenken. Wer also schnell zur Einnahme eines Medikaments oder aus ähnlichen Gründen einen Schluck Wasser braucht, kann notfalls auf die Hilfe von Barkeepern oder Apothekern zurückgreifen. Viele Einkaufscenter bieten auch öffentliche Wasserspender.

Was die Trinkwasserqualität auf der Insel angeht, kann man Wasser aus dem Kaltwasserhahn eigentlich immer bedenkenlos trinken. Bei Wasser aus dem Warmwasserhahn sollte man vorsichtiger sein – das kann bei wirklich alten Gebäuden schon mal aus einem Tank unter dem Dach stammen, dessen Zustand nicht der beste sein muss. In Zeiten zentraler Wasserversorgung und Heißwasserboilern gehört dieses Thema zwar zunehmend der Vergangenheit an, aber dieser Umstand ist der eigentliche Grund, warum es auf der Insel traditionell getrennte Wasserhähne für kaltes und warmes Wasser gibt, und warum man britische Kinder lange Zeit davor warnte, aus dem Warmwasserhahn zu trinken.

Strom

Jetzt aber zurück zu den Reisevorbereitungen. Was ist noch anders auf der Insel? Steckdosen. Um die Spannung und Frequenz der Stromversorgung muss man sich als europäischer Tourist zwar keine Gedanken machen, aber die englischen Stecker und Steckdosen sind deutlich anders. Warum das so ist und warum das gut so ist, darauf gehe ich später in Kapitel 23 ein. Für die Reisevorbereitung heißt es konkret: Man sollte für seine Elektrogeräte und vor allem Ladekabel von Handys, Laptops oder Kamera-Akkus in jedem Fall ein, zwei oder drei passende Steckeradapter dabei haben. Oder, um es sich einfach zu machen: Packt eine deutsche *Steckerleiste* ein, und dann reicht *ein* Adapter und vor Ort *eine* Steckdose. Natürlich kann man Adapter auch an vielen Hotelrezeptionen leihen oder am Flughafen nachträglich kaufen, aber vorgesorgt macht man sich weniger einen Kopf.

Und auch an dieser Stelle möchte ich noch einmal erwähnen: Die meisten britischen Steckdosen haben einen eigenen Schalter. Es reicht also oft nicht, einfach nur den Stecker in die Steckdose zu stecken, sondern man muss sie auch noch einschalten. Dann lädt das Handy auch wirklich über Nacht, und man erlebt morgens keine böse Überraschung.

Krankheitsfälle

Fassen wir also noch einmal zusammen: Unabdingbar für den Besuch auf der Insel sind Personalausweis, EC-Karte und Adapterstecker. Wer auf der Insel ein Auto fahren möchte, sollte natürlich auch seinen Führerschein mitnehmen – dazu komme ich gleich noch.

Was aber ist mit der Krankenversichertenkarte? Die kann man mitnehmen, sie ist aber eigentlich überflüssig. Die Briten haben mit dem NHS – dem *National Health Service* – eine steuerfinanzierte öffentliche Krankenversicherung, und in deren Genuss kommen im Notfall auch Touristen. Für alle Touristen sind Behandlungen in der Notaufnahme von Krankenhäusern grundsätzlich kostenlos. Aber für EU-Bürger ist selbst die notwendige Überweisung an einen Facharzt oder der Besuch einer lokalen Arztpraxis kostenfrei. Eine deutsche Versichertenkarte kann da helfen, aber in der Regel reicht auch hier der Personalausweis. Mehr zum britischen Gesundheitssystem habe ich ja schon in Kapitel 6 erzählt.

Wer übrigens nur mal schnell Kopfschmerz- oder Magentabletten oder andere verschreibungsfreie Medikamente braucht, wird in jedem größeren Supermarkt oder der Drogeriekette *Boots* fündig. Eine Apotheke muss man hierfür nicht extra suchen.

Supermärkte

Überhaupt sind Supermärkte die beste Anlaufstelle für jeglichen Bedarf des täglichen Lebens. Neben Lebensmitteln findet man in den größeren Filialen auch Geschirr, Haushaltsgeräte und Kleidung. Wer also seinen Fön vergessen hat und unbedingt einen braucht, muss dafür nicht in ein Fachgeschäft. Zudem haben viele Supermärkte ausgesprochen lange Öffnungszeiten und sind auch sonntags mindestens am Nachmittag geöffnet. Näheres zum Thema Einkaufen habe ich in Kapitel 3 besprochen.

Reisemittel

Sprechen wir jetzt aber mal über Reisemittel.

Mittlerweile würde ich eigentlich immer mit dem Flugzeug nach Großbritannien einreisen, egal was ich dann dort vorhabe. Es gibt vom europäischen Festland aus unzählige Flugverbindungen überall auf die Insel, zum Teil mit günstigen Fluglinien sogar in entlegenere Ecken wie den Norden Schottlands.

Bei einer Städtetour in London, Edinburgh oder Manchester geht es dann vom Flughafen mit öffentlichen Verkehrsmitteln – sei es Flughafenbus oder Bahnanbindung – in die Innenstadt, und dann bewegt man sich zu Fuß, mit dem lokalen Nahverkehr oder Taxen fort. Mit einem eigenen Auto oder Mietwagen würde ich mich in diesen großen Städten normalerweise nicht herumschlagen, zumal die Parkplatzsituation sehr häufig eine Katastrophe ist. Im Falle eines Städteurlaubs in London kann man natürlich auch statt dem Flugzeug den Zug nehmen – mit dem *Eurostar* durch den Ärmelkanaltunnel direkt mitten in die Stadt.

Wenn man natürlich wenig auf der Insel herumfahren möchte, sollte man sich vor Ort einen Mietwagen organisieren. Den bucht man am besten im voraus. Ein typischer Schottland-Urlaub sieht zum Beispiel bei mir so aus, dass ich nach Edinburgh fliege, am Flughafen einen Mietwagen in Empfang nehme, ein oder zwei Wochen durch das Land fahre, dann den Mietwagen wieder zurückgebe, und anschließend noch ein paar Tage unbelastet von einem Auto in Edinburgh selbst zubringe.

Natürlich kann man auch mit dem eigenen Auto auf die Insel fahren. Das hat dann aber gleich mehrere Nachteile: Zum einen muss man dann entweder über Frankreich per Ärmelkanaltunnel anreisen, oder man nimmt eine Autofähre von Belgien, Holland oder Hamburg aus. Je nach Strecke braucht diese Anreise schon ihre Zeit, und man landet nicht notwendigerweise direkt in dem Teil der

Insel, wo man eigentlich hin will. Zum Beispiel gibt es meines Wissens keine wirklichen Autofährverbindungen direkt nach Schottland, sondern man landet maximal im englischen Norden in Newcastle und fährt von da aus noch eine ganze Weile, bis man erst einmal Edinburgh und die Lowlands erreicht hat – von den Highlands ganz zu schweigen.

Der zweite Nachteil des eigenen Autos ist natürlich, dass es für den britischen Linksverkehr nicht wirklich ausgerichtet ist. Man sitzt als Fahrer plötzlich auf der Außenseite der Fahrbahn mit entsprechend schlechterem Überblick, und Automaten an Parkhausein- und ausfahrten oder Mautstationen sind plötzlich auf der Beifahrerseite. Da nehme man doch lieber einen britischen Mietwagen mit Rechtslenker. Da muss man sich zwar auch etwas umgewöhnen, aber wenigstens wird man ständig daran erinnert, dass man nicht in seinem normalen Auto auf einer normalen kontinentalen Straße unterwegs ist. Und wer Angst davor hat, plötzlich mit der linken Hand schalten zu müssen, kann ja auch einen Mietwagen mit Automatik bestellen. Außerdem stellt man mit einem britischen Mietwagen sicher, dass die Angaben auf den Geschwindigkeitsbegrenzungen und die Skala des Tachos zueinander passen…

Ach ja: Und natürlich bietet es sich an, beim Autofahren auf der Insel entweder sein eigenes Navigationsgerät mitzubringen, oder für den Mietwagen eines mit zu bestellen. Die Ausschilderung der britischen Autobahnen ist zwar sehr gut, aber spätestens wenn man in landschaftlich schönen aber weniger erschlossenen Gebieten unterwegs ist, sollte man sich den Stress des Navigierens nach Papier-Straßenkarte lieber sparen. Schließlich ist man im Urlaub.

Wie gesagt: Wenn man nicht ausgerechnet mit einem Wohnmobil anreist – worauf ich auf den *single track roads* der Highlands eher verzichten würde – gibt es kaum einen Grund, warum man mit dem eigenen Auto auf die Insel fahren sollte. Selbst Mitbringel sind kein Thema: Im Gegensatz zu Italien oder Frankreich ist Großbritannien nicht gerade als Land bekannt, aus dem man kistenweise Olivenöl oder Wein mit nach Hause bringt. Selbst Whisky kann man genauso günstig auf dem Kontinent erwerben.

Aber was ist noch zum Autofahren auf der Insel zu sagen? Im Zweifelsfall erst einmal das gleichnamige Kapitel im ersten *Viva-Britannia*-Buch lesen. Ansonsten bleibt zu sagen: Die britischen Straßenschilder sind den deutschen sehr ähnlich, da vertut man sich nicht. Nur muss man daran denken, dass Entfernungsangaben in Meilen und Yards gemacht werden – sonst kann man sich in der Entfernung zur nächsten Tankstelle schon einmal arg vertun. Zusätzlich sollte man noch wissen, dass durchgezogene gelbe Linien am Straßenrand ein Parkverbot anzeigen und rote Linien ein Halteverbot. Handelt es sich jeweils um eine einzelne Linie, gilt das jeweilige Verbot nur zu bestimmten Zeiten, bei einer doppelt durchgezogenen Linie gilt grundsätzlich ein Park- beziehungsweise Halteverbot.

Es gibt auf der Insel im übrigen keine Autobahngebühren. Allerdings gibt es ein paar Tunnel oder spezielle Brücken, für deren Benutzung eine kleine Gebühr verlangt wird. Das wird allerdings frühzeitig angezeigt, und es gibt in der Regel auch eine längere ausgeschilderte Strecke, die den gebührenpflichtigen Teil umgeht. Außerdem gibt es in der Londoner Innenstadt die sogenannte *Congestion Charge Zone*, ein deutlich ausgeschildertes und videoüberwachtes Gebiet, für dessen Befahrung man eine gebührenpflichtige Erlaubnis braucht. Dies soll zur allgemeinen Verkehrsentlastung beitragen. Wenn man aus Versehen in diese Zone fährt, kann man am gleichen Tag noch online die entsprechende Gebühr entrichten, aber die *Congestion Charge* ist nur einer von vielen Gründen, warum ich in London nicht selbst mit dem Auto fahren würde. Ein weiterer Grund ist, dass die U-Bahn einen in der Regel um ein Vielfaches schneller ans Ziel bringt.

Einen grundsätzlichen Nachteil, mit eigenem Auto oder Mietwagen auf der Insel unterwegs zu sein, möchte ich aber auch nicht verschweigen: Die Benzinpreise sind dort höher als in Deutschland, und die Dieselpreise gehören regelmäßig sogar zu den höchsten in Europa. Aktuell liegt der deutsche Durchschnittspreis für einen Liter Diesel bei 1,21 Euro, auf der Insel kostet er umgerechnet 1,74 Euro.*)

Unterkunft

Kommen wir nach den Reisemitteln aber mal zur Unterkunft. Zentral gelegene Hotels in London und Edinburgh sind teuer. Es gibt zwar auch Hotels einfacher Kategorie oder Herbergen – im Englischen *hostels* – im Allgemeinen wird die Unterkunft aber das Teuerste bei einem Aufenthalt auf der Insel sein. Es gibt da natürlich auch die typisch britische Einrichtung der *Bed & Breakfasts*, kurz *B&Bs*. Das sind privat geführte Übernachtungsmöglichkeiten inklusive Frühstück, und die reichen von einem einzelnen vermieteten Schlafzimmer in einem ansonsten privat genutzten Haus bis hin zu eher hotelartigen Etablissements. Die Grenzen zwischen Hotels und B&Bs sind fließend, sowohl was Ausstattung, Qualität und Preis angeht. Allerdings gibt es ein offizielles Bewertungssystem, um Licht ins Dunkel zu bringen: Auf den offiziellen Internetseiten, die ich am Ende dieses Kapitels nenne, gibt es eine Datenbank aller offiziell anerkannten

*) Stand Juli 2015

Hotels und B&Bs, und diese sind jeweils mit zwei Skalen nach Ausstattung und Qualität bewertet. Die entsprechenden Verzeichnisse gibt es bei Bedarf auch als Bücher. Hotels und B&Bs präsentieren die Plaketten mit ihren Bewertungen gewöhnlich deutlich sichtbar, so dass man sich bereits von außen ein wenig orientieren kann, was einen innen jeweils erwartet.

Gerade wenn man in den jeweiligen Hochsaisons reist, ist eine frühzeitige Reservierung auch bei B&Bs dringend zu empfehlen. In Schottland und insbesondere Edinburgh wird es vor allem im Sommer und hier in der Festivalzeit August sehr eng, sowie um den Jahreswechsel. London ist eigentlich immer teuer, aber in der Vorweihnachtszeit treiben Touristen auf Einkaufstour die Unterkunftspreise noch einmal weiter in die Höhe. Ist man außerhalb der Stoßzeiten oder in etwas entlegeneren Ecken mit dem Auto unterwegs, entwickelt man schnell ein Auge für die Art von Wohngebiet, in denen sich üblicherweise B&Bs befinden. Die haben eigentlich immer deutlich sichtbare Zeichen vor der Tür, auf denen auch mit *Vacancies* oder *Rooms* signalisiert wird, wenn sie noch freie Zimmer haben.

Eine Besonderheit eigentlich aller britischen Unterkünfte sei noch erwähnt: Der Brite will immer die Möglichkeit haben, sich auf dem Zimmer selbst ein Tässchen Tee zu machen. Deswegen gehören sogenannte *tea and coffee making facilities* – gerne mal abgekürzt *TCMF* – zur Standardausstattung jedes Hotel- und eigentlich auch B&B-Zimmers: Wasserkocher, Tassen, Zucker, Milch, Teebeutel, Instant-Kaffee und auch ein gelegentlicher Keks müssen sein. Dann klappt's auch um vier Uhr morgens mit der heißen Tasse Was-auch-immer.

Verpflegung

Apropos Verpflegung. Ein grundsätzlich ordentliches Frühstück ist bei B&Bs immer Teil des Pakets, bei einer Hotelübernachtung kann man es buchen oder auch nicht. Ansonsten bieten aber auch viele Cafès Frühstück an. Für den Snack zwischendurch oder als Reiseverpflegung bekommt man in fast allen Supermärkten, Drogerien oder Tankstellen durchgängig täglich frische abgepackte Sandwiches in meist sehr guter Qualität – schließlich ernähren sich viele Briten mittags ausschließlich davon. Zum Thema Essen sei ansonsten Kapitel 8 im ersten *Viva-Britannia-Buch* erwähnt. Da erzähle ich auch, was man von einem *Chippie* – also einer Imbissbude – so erwarten kann. Vor allem aber ist das britische Essen meilenweit besser als sein Ruf. Es muss ja nicht immer Lamm in Minzsoße sein.

Vermischtes

Was möchte ich Insel-Neulingen noch zurufen? Sonnengarantie hat man auf der Insel nie. Juli und August sind traditionell die wärmsten Monate, aber je nach Gegend sind sie auch die niederschlagsreichsten. Stellt Euch einfach unabhängig von der Jahreszeit darauf ein, dass es auch mal einen Regenschauer geben kann. Die einzige Zeit, in der ich die Insel vielleicht meiden würde, sind Dezember und Januar – es sei denn eben, man möchte ausgerechnet zum Weihnachtseinkauf nach London oder zu Silvester nach Edinburgh. Mehr zum Thema Wetter habe ich in Kapitel 16 des ersten Buches behandelt.

Was kann man auf der Insel besichtigen? Die meisten Museen kosten keinen Eintritt und sind sehr besucherfreundlich aufgemacht. Wenn man mit dem Auto unterwegs ist, sind historisch oder kulturell bedeutsame Punkte auf eigenen braunen Schildern aufgeführt – das lädt zu spontanen Zwischenstops ein.

Überhaupt kann man sich auf der Insel in der Regel sehr gut orientieren, und der Brite ist ausgesprochen hilfsbereit suchenden Touristen gegenüber. Die vermeintliche Animosität der Briten insbesondere den Deutschen gegenüber habe ich in all meiner Zeit auf der Insel nie wirklich verspürt – da habe ich mich häufiger gefreut, kein Franzose zu sein.

Ach ja, WLAN: Wie in fast allen Ländern außer Deutschland gibt es auch auf der Insel recht viele kostenlose WLANs. Nicht nur in den bekannten amerikanischen Coffee-Shops kann man sich seine Dosis Internet holen, sondern mittlerweile in vielen Restaurants, Pubs, Cafés und öffentlichen Einrichtungen. Nur einige Hotels haben es immer noch nicht begriffen und verlangen für Internetzugang etwas extra. Vielleicht stirbt das ja auch endlich mal aus.

Informationsquellen

Zum Schluss möchte ich wie angekündigt zwei wirklich gute Anlaufpunkte für Reiseinformationen erwähnen.

Der Klassiker ist die Internetseite *visitbritain.com*, das offizielle Reiseportal des britischen Fremdenverkehrsamts. Das gibt es mittlerweile sogar in einer eigenen deutschen Sprachversion. Hier findet man auch die erwähnte Datenbank zu Unterkünften sowie viel mehr Details zur Reiseplanung als ich hier in einem Kapitel abhandeln kann.

Meine zweite Empfehlung ist die Internetseite beziehungsweise die Smartphone-App *Tripadvisor*. Die hat sich in den letzten Jahren zu einem der führenden Portale für Reiseempfehlungen gemausert, sowohl was Unterkünfte, Restaurants und Sehenswürdigkeiten angeht. *Tripadvisor* ist eigentlich ein Online-Portal, für viele größere Städte oder Regionen kann man sich aber auch einen aktuellen Stand der Datenbank lokal auf sein Smartphone herunterladen, um es ohne Internetverbindung nutzen zu können. Das gilt zum Beispiel auch für London. Natürlich sind die Empfehlungen auf *Tripadvisor* mit ein wenig Vorsicht zu genießen, wie bei allen Reiseführern und insbesondere Online-Diensten, die auf die subjektiven Beiträge von Nutzern angewiesen sind. Aber dank *Tripadvisor* haben wir schon für viele unserer Reisen wirklich gute Tipps gefunden.

Das soll als erster Rundumschlag für den Inselbesucher reichen. Wie versprochen gibt es später in Kapitel 21 noch konkrete Tipps für eine beliebte Destination auf der Insel.

19 RECHTLICHES*)

Von Gesetzen, Gerichten und Anwälten

Wir drehen uns in Rechtskreisen: Vom römisch-germanischen zum anglo-amerikanischen. Mit Sheriffs, fahrenden Richtern und teuflischen Tutoren. Über einen Mord in der Kathedrale, einen zahlenlosen König und Casanovas Auszeit in London. Ein Kapitel voller Advocates, Barristers und Solicitors, mit Civil, Common, Criminal und Statute Law und allem dazwischen. Und die Schotten machen wieder (fast) alles anders.

Nachdem ich in Kapitel 8 bereits einen konkreten Gerichtsfall von der Insel geschildert hatte – und zwar die Auseinandersetzung zwischen dem Wissenschaftsjournalisten Simon Singh und der Britischen Chiropraktiker-Vereinigung – wird es Zeit, dass ich mich einmal dem britischen Rechtssystem im Allgemeinen widme. Denn bekanntermaßen gibt es da so einige Unterschiede zu unserem kontinentaleuropäischen Rechtssystem – und das nicht nur, weil auf der Insel Anwälte und Richter scheinbar noch immer Perücken tragen. Schauen wir uns diese jahrhundertealte Rechtstradition also einmal genauer an.

Dabei beginnen wir der Einfachheit halber mit der Rechtsgeschichte von England und Wales – und werden dann nach und nach komplizierter.

Römisch-germanischer Rechtskreis

Was ist überhaupt rechtmäßiges Verhalten? Was ist verboten und was erlaubt? Wer legt das fest? Und wenn ich mich unrechtmäßig behandelt fühle, wer entscheidet darüber, ob ich Recht habe, und auf Grundlage welcher

---

*) Quelle: Folge "VB046 Rechtliches" vom 02.11.2014

Maßgaben? Diese Fragen wurden von unterschiedlichen Kulturen historisch unterschiedlich beantwortet, und so gibt bis heute deutlich unterschiedliche sogenannte "Rechtskreise". Die beiden bekanntesten großen Rechtskreise sind der römisch-germanische einerseits und der anglo-amerikanische Rechtskreis andererseits. Deutschland und eigentlich ganz Kontinentaleuropa gehören dem römisch-germanischen Rechtskreis an, und England ist der Geburtsort des anglo-amerikanischen Rechtskreises.

Der römisch-germanische Rechtskreis geht – wie der Name schon sagt – auf die alte römische Rechtsphilosophie zurück. Hier funktioniert Rechtsprechung sehr vereinfacht so: Eine Regierung erlässt Gesetze, und wenn es zu einem Rechtsstreit kommt, untersucht letztlich ein Richter den Vorfall, um auf Basis der Gesetze zu entscheiden, ob ein Rechtsverstoß stattgefunden hat, und wie er zu ahnden ist. Hier steht der Richter zwar im Mittelpunkt der Rechtsprechung, aber die Gesetzgebung liegt bei der Regierung.

Interessanterweise hat es aber ausgerecht in Deutschland sehr lange gedauert, bis diese Rechtstradition auch dazu führte, dass es deutschlandweit gültige Gesetze gab – einfach weil Deutschland lange Zeit aus vielen verschiedenen Territorien und Fürstentümern bestand, die natürlich als Regierungen in ihren jeweils eigenen Grenzen Gesetze erließen. Nur weil die Rechtsprechung grundsätzlich vergleichbar abläuft, heißt das ja noch lange nicht, dass die Gesetze gleich sein müssen. Erst im Jahr 1900 hielt mit dem Bürgerlichen Gesetzbuch erstmals eine einheitliche Gesetzesgrundlage für das Zivilrecht in Deutschland Einzug.

Civil Law vs. Criminal Law vs. Common Law

Apropos Zivilrecht: Im Recht unterscheidet man gewöhnlich Zivilrecht und Strafrecht.

Im Zivilrecht geht es um so Dinge wie Verträge, Familienangelegenheiten, Handelsrecht – also Situationen, in denen meist zwei rechtlich gleich gestellte Parteien miteinander um etwas streiten. Jemand hat sich nicht an eine Vereinbarung gehalten, und es soll zwischen den beiden Parteien zu einem Ausgleich kommen. Beide Parteien treten vor einen Richter, der über die Schuldfrage und die möglicherweise notwendige Entschädigung entscheiden soll.

Im Strafrecht hingegen geht es darum, dass eine Person etwas getan hat, das nach dem allgemeinen Rechtsverständnis niemand tun sollte; die Person hat also quasi (auch) gegen den ungeschriebenen Vertrag mit der Gesellschaft verstoßen: Man soll nicht stehlen oder anderen Personen Leid zufügen, und wenn man es doch tut, ist dafür nicht nur eine (zivilrechtliche) Entschädigung fällig, sondern man wird zusätzlich auch von der Gesellschaft für sein Vergehen bestraft. Entsprechend ist im Strafrecht auch keine Privatperson der Kläger, sondern die Gesellschaft, vertreten durch einen Staatsanwalt.

Im Deutschen ist das Bürgerliche Gesetzbuch die Grundlage für das Zivilrecht und das Strafgesetzbuch die Grundlage für das Strafrecht. Für beide Rechtsbereiche gibt es unterschiedliche Gerichtsordnungen, mit unterschiedlichen zuständigen Gerichten und Verfahrensweisen.

Diese Unterscheidung zwischen Zivilrecht und Strafrecht gibt es im anglo-amerikanischen Rechtskreis auch; Streitfälle zwischen Privatpersonen und die Ahnung von

Straftaten werden unterschiedlich gehandhabt. Das englische Wort für Zivilrecht ist *civil law,* und das für Strafrecht *criminal law.* Soweit so einfach.

Jetzt kommt aber eine erste mögliche Begriffsverwirrung: Im Englischen bezeichnet man die grundsätzliche Philosophie des römisch-germanischen Rechtskreises *auch* als *civil law*. Das steht dann nicht für Zivilrecht, sondern beschreibt historisch, dass im römisch-germanischen Rechtskreis eben für alle Bürger grundsätzlich das gleiche Recht gilt. Demgegenüber heißt das Rechtssystem des anglo-amerikanischen Rechtskreises im Englischen *common law* – im Sinne eines Rechtssystems, dass "gemeinsam" fortwährend erarbeitet wird. Und wie es zu diesem Namen kam, darum geht es jetzt.

Recht unter den Angelsachsen

Als im frühen Mittelalter die Angelsachsen über die Insel herrschten, gab es zwar einen König, der auch gelegentlich Bestimmungen für das gesamte Reich erließ, aber die eigentliche Musik in der Juristerei spielte auf Gemeindeebene – in den sogenannten *shires*. Dort trat regelmäßig der *shire court* zusammen, was man zwar als "Ortsgericht" übersetzen kann, aber eher einem heutigen Gemeinderat entspricht; die Verwaltung der Gemeinde stand hier eigentlich im Mittelpunkt, und Rechtsstreitigkeiten waren nur ein Teil davon.

Traditionell gehörten dem *shire court* alle freien Männer der jeweiligen Gegend an. Im Laufe der Zeit wurde die Mitgliedschaft im Rat aber ein Recht und eine Pflicht für alle Grundbesitzer. Der Vorsitzende dieses Rates war ein Mann, der in früheren Zeiten gewählt und später vom König ernannt wurde, der sogenannte *reeve.* Aus der Wortverbindung *shire reeve* wurde dann irgendwann einfach *sheriff.* Der Sheriff war nicht etwa der oberste

Richter, sondern nur der Vorsitzende des Gemeinderats. Bei Streitfällen oblag dem *shire court* gemeinsam die Rechtsprechung, und zwar auf Basis vor allem der lokalen Gebräuche und dem gemeinsamen Rechtsverständnis. Damit konnte sich die Rechtsprechung für den gleichen Sachverhalt zwischen zwei *shires* deutlich unterscheiden.

Neben der weltlichen Gerichtsbarkeit gab es natürlich auch noch die geistliche – die Kirchen erhoben den Anspruch, vermeintliche Vergehen gegen den Glauben in eigenen Verfahren unter Vorsitz eines Geistlichen zu ahnden. Auch hier konnten die Gepflogenheiten von Gegend zu Gegend recht verschieden sein.

Recht unter den Normannen

Als die Normannen auf der Insel die Macht übernahmen, fanden sie dieses sehr ausdifferenzierte aber eben auch sehr dezentrale Rechtssystem vor. Um ein für das ganze Reich gemeinsames Recht – ein *common law* – zu schaffen, gingen sie aber nicht den römisch-germanischen Weg, einfach alle Gesetze seitens der Regierung gewissermaßen "von oben" vorzugeben. Stattdessen machte es König Heinrich II. genau umgekehrt und entwarf im 12. Jahrhundert ein gemeinsames Recht "von unten".

Heinrich II. sandte von seinem königlichen Gerichtshof in Westminster aus fahrende Richter in das ganze Land. Diese Richter übernahmen den Vorsitz in Gerichtsverhandlungen vor den *shire courts* und entschieden dann auf Basis der von ihnen interpretierten lokalen Gepflogenheiten. Zwischendurch kehrten die Richter immer wieder nach London zurück, um sich dort über die von ihnen verhandelten Fälle und ihre Entscheidungen auszutauschen. Die Details aller dieser lokalen Verhandlungen wurden zentral dokumentiert, und im Laufe der Zeit entwickelte sich das sogenannte "Präzedenz-Prinzip":

Wenn ein Richter bei einer Verhandlung auf eine Situation stieß, die so ähnlich bereits einmal von einem anderen Richter entschieden worden war, war der Richter an die Entscheidung seines Vorgängers gebunden. Auf diese Weise wurde das ehemalige angelsächsische Rechtssystem mit unterschiedlichen lokalen Vorschriften nach und nach durch ein "gemeinsames Recht" für das gesamte Reich ersetzt.

Dabei muss ich noch erwähnen, dass die Richter die Verhandlungen nicht alleine führten: In den *shire courts* war es immer eine Gruppe von Gemeindemitgliedern gewesen, die den vorliegenden Fall gemeinsam untersuchten. Diese Tradition wurde in der Form der *juries* fortgesetzt: Laien werden zu Geschworenen vereidigt, sie beurteilen die ihnen vorgelegten Fakten und stellen die grundsätzliche Schuld oder Unschuld fest. Anschließend bestimmt der Richter das Strafmaß. Ob es eine Jury gibt, wie groß sie ist und welche Aufgabe sie genau hat, unterscheidet sich bis heute je nach Zivil- und Strafrecht und nach der Höhe des Gerichts – im Kern gilt aber auch heute noch, das *peers* – also Ebenbürtige – über einander urteilen.

Heinrich II., Heinrich der Jüngere und Thomas Becket

Es gab jedoch auch jemandem, dem der Vorstoß Heinrich II. nach einem vereinheitlichten Recht gar nicht passte: die Kirche. Deren lokaler Einfluss nahm nämlich im gleichen Maße ab, wie die weltlichen Gerichte an Bedeutung gewannen. Insbesondere in der Frage, ob die weltlichen Gerichte denn auch über Geistliche richten dürfen, lieferte sich Heinrich II. einen erbitterten Streit mit Thomas Becket. Der war einmal Heinrichs treuer Lordkanzler gewesen, sah sich aber später als neu geweihter Erzbischof von Canterbury und Oberhaupt der englischen Kirche in der Situation, seinem ehemaligen Freund entgegentreten zu müssen.

Bei diesem Streit spielte auch einer von Heinrichs Söhnen, genannt Heinrich der Jüngere, eine bedeutende Rolle. Der war bis zu seinem siebten Lebensjahr sogar von Thomas Becket erzogen worden, sollte aber Zeit seines Lebens ein Spielball der Politik seines Vaters sein. Im Jahr 1170 erreichte der Streit zwischen Heinrich II. und Thomas Becket seinen Höhepunkt. Im Juni ließ Heinrich als Demonstration seiner Macht seinen Sohn offiziell zum "Nebenkönig" krönen. So etwas war bei den französischen Königen im Mittelalter recht üblich – mit einer Krönung des Thronfolgers noch zu ihren Lebzeiten vermieden die Könige etwaige Nachfolgestreitigkeiten. In der Geschichte Englands geschah dies mit Heinrich II. und seinem Nebenkönig Heinrich dem Jüngeren das letzte Mal. Die Krönung selbst war aber nicht die eigentliche Machtdemonstration, sondern dass sie in der Kathedrale von York stattfand, durchgeführt von drei englischen Bischöfen. Traditionell hat der Erzbischof von Canterbury das Krönungsprivileg. Als Reaktion auf die Krönung exkommunizierte Thomas Becket im November die drei abtrünnigen Bischöfe.

Das wiederum machte Heinrich II. sehr wütend. Über seine genauen Worte gibt es widersprüchliche Aussagen, aber in jedem Fall interpretierten vier Adelige, die bei Heinrichs Wutausbruch anwesend waren, diesen als Aufruf, Becket zu beseitigen. Sie trafen Ende Dezember in Canterbury ein und versuchten zunächst, Becket aus der Kathedrale zu führen. Als sich dieser weigerte, kehrten sie mit Schwertern bewaffnet zurück, erschlugen Becket mitten im Gotteshaus, und verwundeten andere anwesende Geistliche.

Der Zwischenfall sorgte für einen öffentlichen Aufschrei, in dessen Verlauf Heinrich II. sein Ansinnen, mit seinen Gerichten auch über Geistliche urteilen zu können, aufgeben musste. Thomas Becket wurde weniger als zwei

Jahre nach seinem Tod bereits von Papst Alexander III. heilig gesprochen. Vor dem gleichen Papst baten die vier Mörder von Becket um Vergebung. Sie wurden dazu verurteilt, der Kirche 14 Jahre lang als Kreuzritter im Heiligen Land zu dienen. Keiner der vier überlebte diese Aufgabe.

Ach ja – was wurde eigentlich aus Heinrich dem Jüngeren? Der war mit der undankbaren Rolle des Nebenkönigs gar nicht zufrieden. Er überwarf sich mit seinem Vater und starb mit nur 28 Jahren während eines Feldzuges in Frankreich. Seinem Willen entsprechend wurde er in der Normandie begraben. Da er vor seinem Vater starb, taucht Heinrich der Jüngere auch nicht in der offiziellen Zählung der englischen Könige auf. Stattdessen sollte wenige Jahre später sein jüngerer Bruder, Richard Löwenherz, den Thron besteigen, später gefolgt vom nächstjüngeren Bruder Johann Ohneland – von dem noch zu reden sein wird.

Statute Law

Dafür aber zurück zum englischen Rechtssystem. Das von Heinrich II. eingeführte *common law*, bei dem die Summe der einzelrichterlichen Entscheidungen die wesentliche Rechtsquelle ist, beherrschte für Jahrhunderte das Rechtssystem der Insel. Was ursprünglich in England entstand, gilt seit 1535 auch in Wales. Wie ich bereits in Kapitel 5 geschildert habe, verband Heinrich VIII. damals England und Wales zu einem gemeinsamen Rechtsgebiet. Über England und Wales hinaus bildet das Prinzip des *common law* auch die Grundlage des Rechtssystems der Vereinigten Staaten sowie vieler ehemaliger Commonwealth-Staaten. Das ist es, was wir meinen, wenn wir vom angloamerikanischen Rechtskreis sprechen.

Man muss sich klar machen, dass bei einem reinen *common law* zwei der drei Staatsgewalten zusammenfallen: die Gesetzgebung – die Legislative – und die Rechtsprechung – die Judikative; der Richter schafft durch seine Rechtsprechung neues Recht. Das steht zum Beispiel fast wörtlich auch in Artikel III der amerikanischen Verfassung. Ein reines *common law* gibt es meines Wissens in der Praxis aber nicht mehr. Daran ist eine weitere juristische Errungenschaft der Insel schuld: Die gesetzgebende Kraft eines Parlaments.

Wie ich bereits in im Zusammenhang mit Richard III. im ersten Buch erwähnte, war das Herrschergeschlecht der normannischen Plantagenets, dem auch Heinrich II. angehörte, nicht gerade mit innenpolitischer Stärke gesegnet. Unter der Herrschaft der Plantagenets wandelte sich die englische Regierung und die Rolle des Königs. 1215 kam es zu einem ersten Aufstand des englischen Adels, in dessen Verlauf Johann Ohneland der *Magna Carta* zustimmen musste – einer gesetzesartigen Vereinbarung, die dem Adel grundlegende politische Freiheiten einräumte. Die *Magna Carta* gilt als eines der wegweisendsten juristischen Schriftstücke. Ein weiterer Aufstand während der Herrschaft von Heinrich III. führte dann 1265 zur Konstituierung des ersten englischen Parlaments – einer Versammlung von Rittern und gewählten Vertretern aller anerkannten Gemeinden. Eine regelmäßige Einrichtung wurde das Parlament erst einige Jahrzehnte später.

Das englische Parlament verabschiedet bis heute sogenannte "Erlasse", im Englischen *Acts of Parlament*. Diese bilden neben dem *common law* oder *case law* der Richter eine weitere Rechtsquelle, auch *statute law* genannt. Vom Parlament erlassene Gesetze wiegen in der Regel schwerer als Präzedenzfälle. Und so gibt es bis heute auf der Insel ein Nebeneinander des klassischen Richter-gemachten Rechts und von Regierungserlassen; und in den anderen genannten Staaten des anglo-amerikanischen Rechtskreises ist das ähnlich. Darüber hinaus ist die Insel natürlich auch an europäisches und anderes internationales Recht gebunden.

Außerdem wurde im Laufe der Zeit die Präzedenzkraft einer Entscheidung im *common law* immer weiter eingeschränkt. So sind heute nur noch die Entscheidungen von Berufungsgerichten für ähnliche Fälle vor niedrigstehenderen Gerichten bindend. Entsprechend sind nur noch die Entscheidungen des obersten englischen Gerichtshofes wirklich grundsätzlich bindend.

Insgesamt bewahrheitet sich für die Insel dennoch das alte Vorurteil: Es gibt keine einzelne, in sich geschlossene, schriftlich niedergelegte Verfassung. Es gibt Dokumente wie die *Magna Carta* und die *Acts of Parliament*, sowie eine Jahrhunderte umfassende Dokumentation von Einzelentscheidungen. Aber sind wir mal ehrlich: So wirklich anders sieht das zumindest für einen Laien auch in Deutschland nicht aus, mit einem Grundgesetz, einem BGB, einem StGB, vielen anderen Gesetzen, ihren Kommentierungen und den vielen relevanten Aktenzeichen von Einzelverfahren, oder?

Nordirland und Schottland

Bisher habe ich immer vom Rechtssystem in England und Wales gesprochen. Schauen wir uns kurz an, was in Nordirland und Schottland jeweils anders ist.

Nordirland gehört auch zum angloamerikanischen Rechtskreis. Hier herrscht im Kern *common law*, mit übergeordneten Richtlinien aus dem *statute law*. Aber beides ist im Falle Nordirlands nicht ganz trivial. Kurz gesagt gilt in Nordirland eine Mischung von Bestimmungen des irischen Parlaments, des britischen Parlaments, der nordirischen Lokalregierung, und diverser Gesetzgebungsgremien, die es in der bewegten Geschichte der Region früher einmal gab. Kurzum: Es ist kompliziert.

In Schottland ist der Fall wieder anders. Das *Scots law* ist keinem Rechtskreis so richtig zuzuordnen – es ist ein echter Zwitter. Das dortige Rechtssystem entwickelte sich auf Basis der Gebräuche der zahlreichen Stämme und Völker, die Schottland über die Jahrhunderte prägten; das waren zwar *auch* die Engländer, aber eben nicht nur. So finden sich im schottischen Recht zum Beispiel auch Aspekte des römisch-germanischen Rechtskreises.

Besonders im schottischen Strafrecht erinnert vieles an das englische *common law* und ist nicht in Form von Gesetzten niedergelegt sondern folgt dem Präzedenzprinzip – bedeutende Straftaten wie Mord waren schon immer bekannt, so dass sich niemand bemüßigt sah, dagegen noch extra ein Gesetz zu erlassen.

Andere wesentliche Teile des schottischen Rechts sind hingegen von der Regierung erlassene Gesetze, oder man beruft sich auf die Werke bedeutender schottischer Rechtstheoretiker. Solche als Rechtsquellen anerkannten Schriften stammen vor allem aus dem 18. Jahrhundert und haben in etwa den Status einer Entscheidung eines Berufungsgerichts.

Gerichte

Apropos Gerichte: Die heißen in Schottland auch anders als in England oder Wales, wie sich auch sehr viele andere juristische Begriffe zwischen den beiden Jurisdiktionen unterscheiden.

In England und Wales landen Zivilfälle zunächst vor einem *County Court*, in dem meist ein Richter allein entscheidet. Kleinere Straffälle landen beim *Magistrates' Court* vor einer Gruppe von Laien oder einem ausgebildeten Richter. Eine Jury gibt es in beiden Fällen nicht.

Schlimmere Straffälle landen bei einem *Crown Court*. Davon gibt es gut 90 über England und Wales verteilt. Der bekannteste Crown Court ist sicherlich *Old Bailey*, der zentrale Strafgerichtshof in London. Heinrich II. hatte 1188 in einem alten römischen Stadttor, dem *Newgate*, ein Gefängnis errichten lassen. Das *Newgate Prison* wurde über Jahrhunderte zum bekanntesten Gefängnis der Insel. Der ach so bekannte *Tower of London* war ja mehr ein zeremonielles Gefängnis für in Ungnade gefallene Adelige. Die wahren Kriminellen saßen in Newgate ein, wenn auch häufig nur bis zu ihrer Hinrichtung oder Verschiffung nach Australien. Das Newgate Prison war über 700 Jahre lang in Benutzung, immer wieder erweitert, im Großen Feuer von London zerstört und wieder aufgebaut, abgerissen und neu errichtet. Neben den berüchtigtsten Kriminellen der Insel finden sich unter seinen ehemaligen Insassen auch so illustre Gestalten wie Giacomo Casanova, der hier wegen angeblicher Bigamie eine Weile verbrachte. Der Einfachheit halber wurden direkt am Newgate Prison Räumlichkeiten für ein Strafgericht geschaffen, und da dieses an der Straße Old Bailey lag, hatte es schnell seinen Namen weg. 1902 wurde Newgate Prison dann endgültig abgerissen, und an seiner Stelle errichtete man ein einzelnes, großes Gerichtsgebäude für Old Bailey, gekrönt von einer Kuppel mit einer goldenen Statue der Justizia.

Aber wir waren ja bei den Gerichten. Neben den Crown Courts gibt es an höheren Gerichten in England und Wales noch den *High Court of Justice* mit drei Kammern, den *Court of Appeal* als eigenes Berufungsgericht und dann natürlich noch den *Supreme Court of the United Kingdom*.

In Schottland ist wie beschrieben alles ein wenig anders. Da gibt es heute noch sogenannte regionale *Sheriff Courts*, in denen vor allem Zivilfälle und mittlere Straffälle verhandelt werden. Ganz einfache Straffälle können auch bei lokalen *Justice of Peace Courts* landen, und die besonders schweren Straffälle werden beim *High Court of Justiciary* gehört. Als weitere Berufungsinstanzen gibt es dann noch so illustre Gremien wie den *Sheriff Principal* sowie das *Outer House* und das *Inner House of the Court of Session*. Alles klar?

Anwälte

Zum Schluss möchte ich aber noch auf die Anwälte kommen, weil man über deren Begrifflichkeiten doch öfter stolpert. In Deutschland ist es normal, dass man zu einem Anwalt geht, sich von ihm beraten und vor Gericht vertreten lässt. Deutsche Anwälte können im Prinzip vor jeder Art von Gericht sprechen, mit Ausnahme des Bundesgerichtshofes, für den es einer speziellen Zulassung bedarf.

Auf der Insel gibt es traditionell eine Arbeitsteilung. Man geht zu einem Anwalt, der einen berät, und der einen in rechtlichen Dingen vertreten kann. Dieser Anwalt kann auch Briefe an Gerichte aufsetzen oder schriftlich mit der Gegenseite verkehren. Insbesondere vor höheren Gerichten tritt dieser Anwalt aber nicht selber auf, sondern übergibt den Fall einer anderen Person, deren einzige Aufgabe es ist, neutraler Repräsentant einer Seite im Gerichtssaal zu sein.

Die erste Gruppe von Anwälten – also diejenigen, mit denen man persönlich als Klient verkehrt – hieß in England und Wales früher *attorneys*, *proctors* oder *solicitors*. Heute ist nur noch der Begriff *solicitor* üblich, wenn es um ausgebildete Juristen geht. Den Begriff *attorney* findet man zwar auch noch, er steht aber eher für einen Vormund oder eine andere Art von Bevollmächtigtem. In Schottland heißt diese erste Gruppe von Anwälten auch *solicitors*, allerdings dürfen sie im Gegensatz zu ihren englisch Kollegen auch vor einigen Gerichten auftreten.

Die zweite Gruppe von Anwälten – also denjenigen, die fast ausschließlich im Gerichtssaal sind –, heißt in England und Wales *barristers* und in Schottland *advocates.* Juristen müssen eine spezielle Ausbildung durchlaufen, um diese Tätigkeit ausüben zu dürfen, und das schließt eine Trainingszeit unter einem erfahrenen *barrister* beziehungsweise *advocate* ein. Insbesondere in Schottland heißt ein solcher Tutor auch *devilmaster*, und die Ausbildung wird *devilling* genannt – offenbar eine sehr teuflische Erfahrung. Das ganze endet mit einer Prüfung vor und hoffentlich mit der Aufnahme in eine entsprechende Anwaltskammer. In Schottland ist das die *Faculty of Advocates*, und in England und Wales gibt es insgesamt vier sogenannte *Inns of Court*, die bereits seit dem 14. Jahrhundert existieren. Alles sehr traditionell und kompliziert.

Gerichtskleidung

Apropos traditionell: Da war ja noch die Sache mit den Roben und Perücken. Ähnlich kompliziert wie das Rechtssystem selbst sind die Vorschriften, wer in der britischen Gerichtsbarkeit bei welcher Gelegenheit welches Outfit zu tragen hat. Das einzige, das ich mir spontan immer merken kann, ist dass weiße oder dunkelrote Roben sowie Fliegen anstatt Halsbändern darauf hindeuten, dass es sich jeweils um schottische Juristen handelt.

In England und Wales war bis zum Jahr 2008 in den meisten Gerichten das Tragen dunkler Anzüge und Roben üblich, und alle Richter trugen je nach Gericht entweder kurze oder lange Perücken. Durch eine Reform wurden dann aber in den niedrigeren Gerichten die Vorschriften gelockert und zum Beispiel in Familiengerichten Roben ganz abgeschafft, auch um Kinder nicht unnötig einzuschüchtern. Das Tragen von Perücken ist seitdem in den meisten Verfahren auch nicht mehr üblich. Viele Richter und Anwälte waren mit den Reformen aber nicht wirklich einverstanden – zu stark sei die Identifikation der Öffentlichkeit mit dem traditionellen *court dress.* Dennoch: So ganz können sich auch die Rechtsprofessionen der Insel nicht dem Fortschritt verschließen, und nach und nach kommt mehr Flexibilität unter die gepuderten Perücken.

20 POPMUSIK*)

Vom Skiffle bis zum Dubstep

King Crimson statt King Henry VIII.: Mit Erik Wenk geht es durch 50 Jahre britische Popmusik. Warum seit den Beatles die British Invasion nie so richtig aufgehört hat, egal ob es psychedelisch, progressiv oder punkig zugeht – bis jetzt eigentlich alles erfunden ist. Von musikalischen Meilensteinen und technischem Fortschritt, mit über 100 Musikern und einem Dutzend Anspiel-Tipps.

In diesem Kapitel habe ich wieder einmal einen Gast. Ich wollte schon länger das Thema "Musik" behandeln, aber obwohl ich viel Musik höre, bin ich zu den Hintergründen nicht wirklich bewandert. Da passte es prima, dass mein Podcasting-Kollege Erik Wenk ein ausgesprochener Musik-Experte ist, und sich als Gesprächspartner anbot. Erik nimmt uns gleich mit auf eine Reise durch über 50 Jahre britische Musik-Geschichte – und darüber durfte das Kapitel auch mal ein wenig länger werden.

Erik und britische Musik

Sven: Bei *Viva Britannia* spreche ich heute mit Erik Wenk zum Thema Musik. Magst du dich vielleicht einmal kurz vorstellen? Wer ist Erik Wenk, und was macht er denn so, wenn er nicht mit mir spricht?

Erik: In meinem Brotberuf bin ich freier Journalist und schreibe über dieses und jenes, aber die wirklich interessanten Sachen mache ich natürlich im Podcast-Bereich: Ich bin seit vier Jahren Podcaster bei *funkUP*, dem Campusradio Potsdam. Außerdem verblogge ich meine Co-

---

*) Quelle: Folge "VB047 Popmusik (mit Erik Wenk)" vom 15.11.2014

mics und sonstigen Gedanken und Ergüsse auf *elfenbein-bungalow.de*. Soviel vielleicht dazu. Und ich höre sehr, sehr gerne Musik.

Sven: Ich hatte mir das Thema Musik eine ganze Weile schon vorgenommen, bin da aber nicht wirklich Experte, und irgendwann hattest du mal Kontakt aufgenommen und dich als Gesprächspartner für das Thema "britische Musikgeschichte" angeboten. Dem bin ich natürlich sehr gerne nachgekommen. Ich höre zwar gerne Musik, habe aber nicht wirklich viel Ahnung davon. Du hast in deinem erwähnten Blog kürzlich auch mal eine Liste deiner 100 Lieblingssongs veröffentlicht, und von etwas über der Hälfte kenne ich zumindest die Interpreten. Wie bist du zu dem Thema gekommen?

Erik: Ich bin in den 1990ern aufgewachsen, aber musikalisch gesehen in den 1960er Jahren sozialisiert worden. Ich habe irgendwann als Jugendlicher das Radio ausgemacht, weil ich es nicht mehr ertragen habe, und habe mich stattdessen komplett der Musiksammlung meines Vaters gewidmet – und das hieß in aller erster Linie *Beatles*, *Rolling Stones*, *The Kings*, *The Who*, *Led Zeppelin* und was da noch alles so war. Ich habe jetzt bewusst nur die britischen Bands genannt, denn um die soll es ja heute gehen. Und ich habe auch im Laufe meines weiteren musikalischen Werdegangs gemerkt, dass die meisten Bands, die ich mag, und auch die meisten Genres, die ich mag, irgendwie alle aus Großbritannien kommen, sie dort erfunden wurden, oder dass zumindest die wichtigsten Bands dieser Sparte dorther kommen. Also ich bin dann nicht bei den 1960ern geblieben, sondern über die 1970er, 1980er, 1990er bis heute habe ich schon einigermaßen den Überblick. Und von daher bin ich ein total "britannophiler" Musikhörer geworden und bin es bis heute.

Ganz schnell: Folk und Klassik

Sven: Wir hatten im Vorfeld kurz dazu gesprochen, worüber es sich denn wirklich zu reden lohnt, wenn man mal einen ersten Rundumschlag über die Bedeutung britischer Musik machen möchte, mit Stilen und Bands, die vielleicht jeder kennt oder auf jeden Fall kennen sollte. Wir haben uns dann entschieden, zwei wesentliche Themen außen vor zu lassen.

Worüber wir also jetzt erst mal *nicht* im Detail reden werden, ist zum einen echte "Volksmusik", also *folk music*. Seien es jetzt England, Wales, Schottland, Irland – alle britischen Nationen haben natürlich ihre eigene sehr lange Tradition, was eigene Musikinstrumente, Weisen und Tänze angeht. Darauf kommen wir vielleicht gleich mal im Vorübergehen zurück, denn *folk* hat natürlich an der einen oder anderen Stelle auch immer wieder die Populärmusik befruchtet. Aber *folk musik* soll jetzt erst mal kein eigenes Thema sein.

Das gleiche gilt auch für klassische Musik. Das habe ich mir im Vorfeld nur noch einmal kurz angeschaut. Dabei bin ich auch darüber gestolpert, dass sogar Heinrich VIII. angeblich Komponist war, aber eigentlich haben sich die Briten in der Klassik erst einmal sehr von Kontinentaleuropa bedient. Ein bedeutender Treiber war hierbei Georg Friedrich Händel. Der ist zwar in Deutschland geboren und aufgewachsen, ist dann aber auf die Insel ausgewandert und hat die klassische Musik dort bekannter gemacht. Erst dann kamen auch mehr britische Eigengewächse hinzu, so wie Edward Elgar, Gustav Holst und Benjamin Britten. Diese Namen sagten mir was. Unter den neueren war das leider nur Andrew Lloyd Webber, und ausgerechnet über den sollten wir vielleicht auch nicht zu lange sprechen.

Erik: Die britische Klassik ist auf jeden Fall ein Thema für eine eigene Sendung. Ich bin tatsächlich auch ein großer Fan von klassischen englischen Komponisten, insbesondere Ralph Vaughan Williams, aber auch von den erwähnten Holst und Elgar. Das ist irgendwie alles auch gar nicht so alte Musik, zum Teil noch im 20. Jahrhundert entstanden, aber trotzdem sehr faszinierend. Aber wir werden heute nur über Popmusik reden – über 50 Jahre Popmusik.

Beat Music

Sven: Auf geht's. Warum fangen wir erst nach dem Zweiten Weltkrieg an? Was änderte sich da, warum tauchen da plötzlich die Briten auf?

Erik: In den ersten 50 Jahren des 20. Jahrhunderts hat Großbritannien in der internationalen Popmusik nicht wirklich eine große Rolle gespielt. Eigentlich gar keine. Die Zeit war komplett beherrscht durch die musikalischen Exporte der USA wie Blues, Swing, Jazz, Rock'n'Roll und was da noch alles war. Mit den 1950er Jahren ging es dann aber langsam los. Da schwappte der Rock'n'Roll von den USA nach Großbritannien. Und man muss dazu sagen, was sich später noch mehrmals wiederholen wird: es gibt eine dialektische Wechselbeziehung zwischen UK und USA, was Musik angeht. Dabei kommt in aller Regel eine musikalische Innovation aus den USA und wird dann in UK irgendwie weiterentwickelt. Und das war beim Rock'n'Roll ganz stark der Fall, denn der hat sich zusammen mit einer britischen Musiktradition, nämlich dem *Skiffle,* zu etwas Neuem vermischt, was sich *Beat Music* nennt.

Aber vielleicht erst mal kurz zu *Skiffle* – das Wort kommt von Waschbrettern. Bei den "Waschbrett"-Bands war alles sehr spartanisch: Kleine Bands, die auf allen möglichen Dingen *percussion* gemacht haben, seien es nun Eimer oder Besenstile oder eben Waschbretter. Dazu eine Gitarre, und dazu wurde gesungen. Sehr rhythmisch, sehr simpel gehalten, das war aber in den 1950ern sehr populär in Großbritannien, und es gab unzählige von Skiffle-Bands. Das kombiniert mit Rock'n'Roll entwickelte sich wie gesagt zu *Beat Music*.

Beat darf man jetzt nicht mit der sogenannten "Beat-Generation" verwechseln, was ja die musikalische Avantgarde in den 1950er Jahren in Amerika war. Das hat beides nicht wirklich etwas miteinander zu tun. Der Name *Beat Music* stammt daher, dass diese Musik einen sehr starken 4/4-Takt hat, wo der Beat noch stärker betont wird als im Rock'n'Roll. *Beat* swingt auch nicht so wie Rock'n'Roll, er ist viel linearer und härter. Weitere Elemente waren der zwei- bis dreistimmige Satzgesang, eine Lead- und eine Rhythmusgitarre, ein elektrischer Bass und eben Schlagzeug. Das war so das normale *Beat*-Instrumentarium. Die wichtigsten Bands aus diesem Bereich waren natürlich die *Beatles*, die *Stones* (also die *Rolling Stones*), *The Who*, *The Kinks*, *The Troggs* und *The Animals* – nur um da mal die allerwichtigsten zu nennen. Als Hörbeispiel für die Beat-Zeit bietet sich „*A Hard Day's Night*" von den Beatles an.

Beatles und die British Invasion

Ein bisschen mehr über die *Beatles* zu sprechen macht viel Sinn, denn als Speerspitze der sogenannten *British Invation* hatten sie enormen musikalischen Einfluss auf die gesamte Popmusik nicht nur in Großbritannien, sondern eben weltweit. Und man kann sie durchaus zu Recht als Miterfinder oder Erfinder der modernen Popmusik bezeichnen.

Was heißt nun *British Invasion*? Wie gesagt, bis zu diesem Zeitpunkt war Popmusik amerikanisch beeinflusst, und in Amerika hörte man eigentlich keine britische Popmusik, insoweit es die vorher überhaupt gab – also so etwas wie den *Skiffle* oder *Music Hall*. Und plötzlich, insbesondere mit den Beatles, änderte sich das. Man weiß auch gar nicht genau, wieso, es lag vielleicht einfach daran, dass die Beatles und die Beat Music eine Lücke füllten, die der Rock'n'Roll gerissen hatte. Denn Anfang der 1960er war Rock'n'Roll quasi tot. Da hob die Beat Music ab, sie hatte ihre Hochzeit dann Mitte der 1960er bis Ende der 1960er.

An den Beatles kann man viele Sachen gut erklären. Mit den Beatles ist die Popmusik überhaupt erst zu dem Millionengeschäft geworden, was sie ja bis heute noch ist. Die Beatles haben bis heute mehr als 600 Millionen Tonträger verkauft, und plötzlich sahen viele Leute, dass man damit viel Geld verdienen kann, und da wollte man mitmischen. Auch so was wie die "*Beatlemania*", also diese Massenhysterie für eine Band, kannte man bis zu diesem Zeitpunkt in dem Maße noch nicht. Klar gab es Elvis Presley, aber das war jetzt einfach nochmal ein paar Stufen drüber. Das gipfelte in einer Situation am 31. März 1964, als die Beatles die ersten fünf Plätze der US-Single-Charts mit fünf verschiedenen Songs belegten. Das ist musikhistorisch einmalig, das ist nie wieder passiert seitdem.

Das ganze klassische Konzept der Rockband ist durch den Beat erst popularisiert worden. Ich habe ja vorhin gesagt, es gab Lead-Gitarre und Rhythmus-Gitarre, und man könnte heute denken, das ist doch ganz normal. Aber auch das war zu dieser Zeit noch gar nicht normal. Diese klassische Verteilung, die man heute von einer Rockband kennt, war damals etwas Neues, weil man vorher eher Einzelsänger hatte, wie eben Elvis, oder die ganzen anderen Künstler, die irgendeine *backing bands* hatten. Diese Künstler haben auch ihre Songs natürlich nicht selber geschrieben, das haben professionelle *songwriter* gemacht. Die Beat-Bands haben jetzt angefangen, ihre eigenen Songs zu schreiben. Der ganze Kunstanspruch von Popmusik wurde ebenfalls mit den Beatles erstmals formuliert. Das Format des Albums ist in den 1960ern erst so bedeutend geworden. Vorher lag das Augenmerk vollständig auf den Singles, und Alben waren so, naja – die gab es halt auch noch. Das war eher Zweitverwertung für die Singles, aber so wirklich viel Mühe hat sich keiner damit gegeben. Und jetzt plötzlich hatte man das Album als Kunstform. Es wurde Wert gelegt auf das *artwork*, auf die *lyrics*. Zu nennen ist da natürlich unbedingt "*Sgt. Pepper's Lonely Hearts Club Band*" von 1967, das bis heute vielleicht berühmteste Beatles-Album überhaupt. Auf dem waren das allererste Mal auf einem Popalbum überhaupt die *lyrics* abgedruckt. Es war auch das erste "Konzeptalbum", also ein Album, das einen roten Faden hat, und das immer wieder in der Popgeschichte zitiert wird. Immer wieder heißt es, wenn eine Band ein großes, ambitioniertes Album aufnimmt, "ja, da haben wir unser *Sgt. Pepper* gemacht".

Weiter kann man noch an den Beatles festmachen, dass sie sehr viele neue Aufnahmetechniken etabliert oder populär gemacht haben. Sie waren eine der ersten Bands, die angefangen haben, *samples* in der Popmusik zu nutzen, *overdubs*, oder klassische Instrumente wie Oboen und Cellos. Gitarrenfeedback. Rückwärts abgespielte Aufnahmen. Und so weiter. Sie haben einfach extrem viele Experimente gemacht, die sehr viele Türen geöffnet haben. Und nicht zuletzt haben sie sehr vielen britischen Bands die Türen geöffnet, denn danach ging es fröhlich weiter. Ich würde sagen, die *British Invasion* hat seitdem nie wieder wirklich aufgehört, wie ich vielleicht im weiteren Verlauf beweisen kann.

Psychedelic Rock

Als nächsten Punkt könnte man vielleicht mit dem *Psychedelic* oder *Psychedelic Rock* weitermachen, der sich etwa ab der Mitte der 1960er zu entwickeln begann und Ende der 1960er seine absolute Hochzeit hatte. *Psychedelic* ist mehr oder weniger zeitgleich in den USA und den UK entstanden. Witzigerweise war einer der wichtigsten britischen *Psychedelic*-Musiker ein Amerikaner, nämlich Jimi Hendrix, dessen Band *Jimi Hendrix Experience* in London gegründet wurde. Zu dem Zeitpunkt kannte man ihn in Amerika noch gar nicht wirklich, und erst von London aus eroberte Jimi Hendrix dann die USA.

Zum einen der Kunstanspruch der Popmusik, der durch die Beat Music entstanden war, und zum anderen Drogen öffneten die stilistischen Möglichkeiten für Musik. Deshalb änderten sich im Psychedelic viele Dinge, zuerst einmal die Song-Struktur. Songs konnten plötzlich nicht nur noch drei Minuten lang sein und hatten dann Refrain, Strophe, Refrain, Bridge, Strophe und so, sondern sie waren plötzlich zehnminütige *jams*, auch Solos waren plötzlich möglich, was auch in der Popmusik bis dahin eigentlich nicht verbreitet war. Aber jetzt spielten plötzlich Gitarristen und Drummer und Keyboarder unglaublich lange Solos. Das ging natürlich auch mit einer steigenden Virtuosität einher. Auch auf der textlichen Ebene tat sich einiges: Es kamen Texte über Politik, über die Gesellschaft, über Spiritualität dazu, und man begann, neuartige Instrumente zu benutzen und versuchte im Psychedelic Klänge zu erzeugen, die man so noch nie gehört hatte – irgendwie *spacige*, abgefahrene Klänge. Man entdeckte zum Beispiel auch die elektronischen Instrumente wie den Synthesizer. Und auch hier, was die Instrumente angeht, waren die Beatles wieder Vorreiter, denn die haben die indische Sitar in die Popmusik eingeführt; genauer gesagt, George Harrison hat das gemacht.

Und mit ihren letzten Alben ab „*Rubber Soul*“, also etwa ab Mitte bis Ende der 1960er – die Beatles haben sich ja dann 1970 aufgelöst – haben sie in ihrem Sound insbesondere auch den Psychedelic sehr maßgeblich geprägt.

Sven: Das bekannteste Beatles-Beispiel hierbei ist wohl “*Lucy in the Sky with Diamonds*”, mit der Theorie, das der Songtitel für LSD steht. Unabhängig davon, wie es zu diesem konkreten Titel kam, ist der Drogeneinfluss der *Flower-Power*-Generation auf die Popmusik dieser Zeit meiner Meinung nach sehr offensichtlich.

Erik: Ja definitiv. Man merkt, da verändert sich was. Mit den Musikern ist was los, die wollen was anderes erzählen. Neben den Beatles und Jimi Hendrix war natürlich *Pink Floyd* enorm wichtig und dann *Cream*, mit denen Eric Clapton berühmt geworden ist, und *The Pretty Things*. Als typisch für diese Zeit einfach mal sich „*Astronomy Domine*“ von *Pink Floyd* anhören.

Singer-Songwriter

All diese Bands kannten sich untereinander, sie waren alle zu diesem Zeitpunkt in London, saßen ganz dicht zusammen, gingen in die selben Clubs und sahen sich gegenseitig die Konzerte der anderen an, und das muss eine unglaublich interessante Stimmung gewesen sein. Ich muss jetzt auch mehrere Dinge parallel erzählen, weil zu dieser Zeit sehr viel passierte. Ende der 1960er erlebte nämlich auch die britische *Singer-Songwriter*-Szene eine große Popularität. Auch hier gab es wieder so eine Art dialektische Beziehung zu Amerika. Wo dort durch *Bob Dylan* und andere dieses Singer-Songwritertum sehr populär geworden war, gab es dann in Großbritannien Vertreter wie *Donovan* – aus Schottland übrigens – der quasi als britischer Bob Dylan gehypt wurde, was ein bisschen

Quatsch ist. Donovan war dann doch eher ein psychedelischer Hippie.

Sven: Von Donovan kenne ich, glaube ich, nur "*Atlantis*".

Erik: Er hat so Sachen gemacht wie „*Universal Soldier*", was ein ganz berühmter Antikriegssong ist. Deshalb hat man ihn gleich auf diese Schiene festgelegt. Man muss dazu sagen, von vielen Musikern wurde damals gesagt, dass sie ein "neuer Bob Dylan" sind, sowohl in den USA als auch in Großbritannien. Zum Beispiel *Paul Simon* oder *Bruce Springsteen.* Alle diese Musiker haben sehr unter diesem Vergleich gelitten, als dass er ihnen wirklich geholfen hätte. Aber egal, bleiben wir bei den britischen Singer-Songwritern. *Bert Jansch* ist da noch zu nennen, von dem mal gesagt wurde, er hätte für die akustische Gitarre das getan, was Jimi Hendrix für die elektrische Gitarre getan hat. Das lass ich einfach mal so stehen. Dann natürlich *Cat Stevens*, der auch sehr populär wurde, und natürlich *Nick Drake*, der früh verstorben ist und erst posthum Ruhm erlangt hat, durch eine VW-Werbung, wo sein Song "*Pink Moon*" verwendet wurde. Und vielleicht als Anspieltipp aus dieser Ecke „*Catch the Wind*" von Donovan, auch ein relativ bekannter Song von ihm, oder "*Atlantis*" kann man sich auch mal rein tun.

Blues Rock

Wie schon gesagt, es passierte unglaublich viel Ende der 1960er Jahre in der Popmusik, die ja auch viel stärker als heute eine wichtige gesellschaftliche Funktion hatte, die zum Sprachrohr von gesellschaftlichen Gruppen wurde und zum Fundament für verschiedene Jugendkulturen. Psychedelic war die Musik der Hippies und der Gegenkultur. Viele gesellschaftliche Umbrüche spiegelten sich in der Musik wieder – zum Beispiel, dass man viel ungezwungener über die sexuelle Revolution sang und über Drogenkonsum und *tune-in / drop-out* und so weiter. Natürlich änderte sich dadurch auch stilistisch sehr viel. Zum Beispiel gab es viele wichtige britische *Blues-Rock*-Bands Ende der 1960er, Anfang der 1970er. Insbesondere Bands wie *Fleetwood Mac*, die anfangs wirklich harten Blues spielten, auch wenn man die später in den 1970er Jahren eher als die große *Soft-Rock*-Band kannte, mit Alben wie "*Rumours*". Von diesem Album hat sicherlich der ein oder andere schon Songs im Radio gehört.

Aber zurück zum Blues. *Alexis Korner* war auch eine sehr wichtige Figur in der Szene, sowie *Jeff Beck* und *Rory Gallagher* aus Nordirland. Als Anspieltipp empfehle ich hier einfach mal „*Oh well*" von *Fleetwood Mac*.

Hard Rock

Warum erwähne ich das? *Blues Rock* ist vor allem wichtig gewesen für die Entwicklung des *Hard Rock*. Der Blues wurde von diesen Bands elektrifiziert, und sie kreierten einen sehr neuen, schweren Sound, durch den dann maßgeblich Hard Rock entstanden ist. Von etwa Ende der 1960er bis Ende der 1970er reicht die britische Hard-Rock-Ära. Hard Rock kann man durchaus als britische Erfindung betrachten, denn so ziemlich alle wichtigen-Bands kamen aus UK; in allererster Linie *Led Zeppelin*, *Black Sabbath*, *Deep Purple*, *The Who*, *Queen*, *Judas Priest*, *Uriah Heep*. Das sind einige der größten Rockbands aller Zeiten, die natürlich maßgeblich auch das Bild von Rockbands in späterer Zeit geprägt haben. Auch hier ein kleiner Anspieltipp: „*Whole lotta love*" von *Led Zeppelin*, das dürfte man vielleicht auch kennen.

Glam Rock

Wieder so eine Parallelgeschichte: Zeitgleich mit dem *Hard Rock* entstand der *Glam Rock*, der vor allem Anfang der 1970er Jahre in Großbritannien sehr präsent war. Stilistisch gesehen war das eigentlich, wie soll man sagen, eine etwas schwülstige Form von Hard Rock und Pop, oder eine Art poppiger Hard Rock, ich weiß auch nicht so genau. Die wesentlichen Vertreter sind da natürlich *David Bowie*...

Sven: ... mit seiner Kunstfigur und dem gleichnamigen Titel „*Ziggy Stardust*"...

Erik: Genau; das ist dann auch gleich der Anspieltipp – also der Song wie auch das gleichnamige Album. *Mark Bolan* mit *T-Rex*, aber auch *Roxy Music*, wo sich später *Brian Eno* ausgeklinkt hat, der Erfinder von *Ambient Music*, aber das nur am Rande. *Queen* kann man auch mehr oder weniger dazu zählen und natürlich *Elton John*. Die Glam-Bands haben, sage ich mal, weniger musikalisch, sondern vor allem die Optik der Popmusik sehr verändert. David Bowie ist halt mit Kajal-Stift und Make-up und irre metallic-gefärbten Haaren als Außerirdischer auf die Bühne gegangen...

Sven: ... und mit Glitter-Jackets und was weiß ich nicht allem auf der Bühne. Theatralisch wie auch *Freddy Mercury*, wo du gerade *Queen* erwähnt hast.

Erik: Genau. Durch die Glam-Ära haben dann Kostüme, Show und Bühnenaufbauten eine sehr viel größere Bedeutung in der Popmusik gewonnen, insbesondere natürlich dann auch im *Metal*-Bereich, das war auch ein ganz wichtiger Einfluss. Glam war auch ein fast ausschließlich britisches Phänomen, wenn man von späteren Bands wie vielleicht *Alice Cooper* und *Kiss* mal absieht.

Bühnenaufbauten und theatralische Shows und Kostüme gab es auch im *Progressive Rock*. Auch der hatte seine Hochzeit in der ersten Hälfte der 1970er Jahre. Da muss man jetzt ein bisschen mehr erklären, das kennen vielleicht nicht ganz so viele. Der *Progressive Rock* ist auch wieder ein ur-britisches Genre, das auf den Möglichkeiten des Psychedelic aufbaut und diesen Stil mit Klassik, Jazz und sehr viel instrumentaler Virtuosität verbindet. *Prog* – Prog ist die Kurzform für Progressive Rock –, hat noch stärker mit den Songstrukturen gebrochen als Psychedelic und dann wirklich über 20-minütige, hochkomplexe Kompositionen geschaffen, die es locker mit Sinfonien aufnehmen konnten. Gleichzeitig wurden die Texte und das Artwork zum Teil sehr merkwürdig, sehr surrealistisch, sehr philosophisch, also da wurden für Popmusik sehr große und ungewöhnliche Themen verhandelt.

Die wichtigste Band aus dem britischen Raum in dieser Hinsicht war *Genesis*, die man heute durch übermäßigen Radiokonsum eher als große Stadion-Popband kennt, die aber Anfang der 1970er Jahre einen komplett anderen Stil hatten. Weitere wichtige Bands sind *Yes* und *King Crimson* sowie *Emerson, Lake & Palmer* und *Jethro Tull*, auch durchaus nicht unbekannte Bands. Dann natürlich *Mike Oldfield* mit seinem Debut „*Tubular Bells*“, das nur aus zwei 20-minütigen Kompositionen bestand, die er dank Overdubs komplett selbst eingespielt hatte. Die Eingangsmelodie ist sehr bekannt, weil die im Film "Der Exorzist" als Filmmelodie verwendet wurde. *Alan Parsons Project* ist noch zu erwähnen und natürlich auch wieder *Pink Floyd*, die sich von der Psychedelic-Band zur *Art-Rock*-Band wandelten und mit dem Konzeptalbum „*Dark Side of the Moon*“ das am zweithäufigsten verkaufte Album aller Zeiten produziert haben, das angeblich in jedem fünften britischen Haushalt steht.

Wieder eine der unangefochten größten Rockbands, die es gibt. “*The Wall*” ist später dann natürlich auch noch ein extrem wichtiges Album von *Pink Floyd* und ebenso populär. Als Anspieltipp empfehle ich allerdings, wenn es um Progressive Rock geht, immer noch von *Genesis* „*The Musical Box*“.

Die Bedeutung von 1965 bis 1975

Die zehn Jahre von 1965 bis 1975 sind für mich die musikalisch mit die interessanteste Zeit, die es jemals in der Popmusik gab. Es ist so viel entstanden, auch an Technik, so viele wichtige Alben wurden aufgenommen. Das hat sich in dieser Form kaum in der Musik wiederholt.

Sven: Es ist zum einen ein Fundament, für vieles was später kam. Man kennt das ja auch von anderen Moden, dass viele Dinge immer wieder in Wellen passieren, und viele der heutigen Wellen haben damals ihren Ausgang genommen. Zum anderen, wie du eben sehr schön geschildert hast, hat sich das gesamte Musikgeschäft in dieser Zeit grundlegend geändert: Es gab plötzlich ganz andere Erwartungen daran, wie Musik produziert wird und wie Musik präsentiert wird – große Arenen gab es schon vorher, aber allein die Bühnenshows bekamen eine ganz andere Qualität.

Erik: Auch dazu kurz eine Anekdote von den Beatles. Die hatten damals in Amerika das *Shea Stadium* gefüllt. Das ist ein Konzert, das sehr gut zeigt, was für ein Umbruch damals in der Popmusik passiert ist. Denn die Beatles haben ein Millionen-Publikum angesprochen, was man bis dahin einfach noch nicht gewohnt war. Und deshalb hat man gesagt, okay, wir machen jetzt ein ganzes Baseballstadion voll. Voll wurde das Stadion auch, aber die Anlagen, die sie hatten, die Verstärker, waren dem überhaupt noch nicht gewachsen. Diese Tausende von kreischenden

Menschen waren einfach viel lauter als die Anlage. Und ich weiß nicht mehr, wer es erzählt hat, George Harrison oder John Lennon: "Immer wenn ich mich verspielt habe, dann brauchte ich bloß nur kurz mit dem Arsch zu wackeln, und das Publikum schrie, und meinen Fehler hat keiner mehr gehört." Da war man an den Grenzen des technisch Machbaren, und da hat man sich im Laufe der 1970er dann doch sehr professionalisiert.

Punk Rock

Wie ich jetzt so an diesen ganzen Genres beschrieben habe, haben sich die Rockmusik und die Popmusik Anfang der 1970er unglaublich ausdifferenziert und es wurden sehr viele Experimente gemacht. Aber einer jungen Generation von Musikern und Musikhörern wurde das irgendwann zu viel – oder beziehungsweise zu wenig. Vielen etablierten Bands wurde Mitte der 1970er langsam vorgeworfen, dass sie ja nur noch in großen Stadien spielen würden, dass sie saturiert und reich und langweilig geworden wären. Dass sie nur noch abgefahrene Kunst machen würden und sich von ihren Fans entfernt hätten – und das hätte ja alles mit ursprünglichem Rock'n'Roll gar nichts mehr zu tun. Dazu kam, dass sich auch gesellschaftlich ja Unmut breit machte. Insbesondere in Großbritannien, aber auch in anderen Ländern. Viele Jugendliche empfanden vor allem das britische Gesellschaftssystem als sehr bürgerlich. Das Klassensystem war damals noch sehr viel stärker ausgeprägt als heute. Dazu kam eine Wirtschaftskrise, die bei vielen Zukunftsängste weckte.

Auf diesem Boden entstand dann das, was wir *Punk* nennen. Stilistisch gesehen kommt der Punk zwar aus den USA, genauer gesagt aus New York, und eigentlich gab es den auch schon in den 1960ern, in Form von *Iggy Pop* und *The Stooges* oder den *MC5*; richtig bekannt wurde er erst in den 1970ern durch die *Ramones*. Doch eine echte Jugendsubkultur etablierte sich hierzu erst in London. Dort wurde diese Musik sehr dankbar aufgegriffen, weil sie genau diese Ängste und ganze Unzufriedenheit perfekt kanalisierte.

Stilistisch kehrte man im Punk zum Rock'n'Roll zurück, spielte allerdings sehr viel – wie soll ich sagen – dilettantischer, dreckiger und viel schneller. Viele Bands beherrschten wirklich nur drei Akkorde, haben damit aber sehr viel ausgelöst, wie man an einer bis heute sehr lebendigen Punk-Jugendsubkultur-Szene sehen kann. Die wichtigsten Bands damals waren natürlich die *Sex Pistols* und *The Clash* und *The Damned.* Als Anspieltipp geht eigentlich immer wieder gut „*God Save the Queen*" von den *Sex Pistols*, wo man doch sehr gut den Unterschied zu so etwas wie der eben erwähnten "*Musical Box*" von *Genesis* hört.

New Wave of British Heavy Metal

Kurz nach dem Punk entstand Ende der 1970er gleich die nächste große Subkultur, nämlich die *New Wave of British Heavy Metal.* "*Heavy Metal*" hat man damals durchaus auch schon Hard Rock genannt. Ich persönlich benutze diesen Begriff *Metal* wirklich erst ab Ende der 1970er, mit Bands wie *Iron Maiden*, weil mit der *New Wave of British Heavy Metal* das, was man sich heute unter *Metal* vorstellt, eigentlich erst entstanden ist. Was war das stilistisch gesehen? Hard Rock kombiniert mit der Geschwindigkeit von Punk, allerdings musikalisch sehr viel virtuoser als Punk und auch nicht ganz so politisch, aber ähnlich anziehend für viele desillusionierte Jugendliche. *Iron Maiden* habe ich schon genannt, bis heute eine der einflussreichsten Bands aus diesem Bereich. *Judas Priest, Motörhead* – die sich noch vor *Iron Maiden* gegründet hatten –, und *Saxon* ist auch noch eine wichtige

Band. Und aus dieser *New Wave of Britisch Heavy Metal* haben sich dann auch erst die ganzen Metal-Subgenres wie *Thrash Metal*, *Speed Metal* und *Power Metal* entwickelt, die sich dann in den 1980ern weiter ausdifferenziert haben. Anspieltipp ist hier vielleicht ein früher *Iron-Maiden*-Song, nämlich „*Running Free*".

Post-Punk / New Wave

Damit sind wir dann in den 1980ern. Anfang der 1980er war Punk gewissermaßen schon wieder tot, zumindest in UK, nur in den USA passierten da noch sehr viele interessante Sachen, auch mit dem ganzen *Hardcore*-Bereich. In UK allerdings entstand der sogenannten *Post-Punk*, der versuchte, die Ansätze des Punk irgendwie weiter zu entwickeln, und sich dann zum Teil sehr avantgardistisch und düster ausformte. Wichtige Bands aus diesem Bereich natürlich *Joy Division*, *The Wire* und *The Fall*. Als Anspieltipp hier vielleicht „*She Lost Control*" von *Joy Division*.

Stilistisch fällt es mir ehrlich gesagt ziemlich schwer, Post-Punk zu beschreiben. Es ist irgendwie nicht so rockig wie Punk, und es ist irgendwie noch desillusionierter und kühler, weshalb Post-Punk unter anderem auch unter dem Sammelbegriff *New Wave* lief. Unter diesem Begriff begannen sich eine Menge neuer Bands zu formieren, zum Beispiel *Gothic*-Bands wie *The Cure* oder *Siouxsie and the Banshees*. Aber auch so Sachen wie *The Police*, die ja dann unglaublich erfolgreich wurden mit *Sting*, oder auch *Ultravox*. Man könnte sagen, dieser ganze New-Wave-Bereich war der Ursprung von dem, was man später *Indie Rock* nannte. Tatsächlich war eine der wichtigsten britischen Bands der 1980er Jahre einer der Haupteinflüsse für die Entstehung von Indie Rock: *The Smiths* mit *Morrissey*.

Synthie Pop

Aber Gitarren sind ja jetzt nicht unbedingt das erste, was einem einfällt, wenn man an die 1980er denkt: Keyboards und Synthesizer spielten eine immer wichtigere Rolle im Sound, weshalb in den 1980ern der *Synthie Pop* entstand – auch wieder eine relativ britische Erfindung mit Bands wie *Depeche Mode*, *Visage*, *New Order*, *Talk Talk*, den *Eurythmics*, den *Buggles* oder den *Pet Shop Boys*. Anspieltipp wäre hier „*People are People*" von *Depeche Mode*.

Second British Invasion

Lustigerweise wird mit Beginn der 1980er gerne eine *Second British Invasion* verzeichnet – diesmal von den ganzen *New-Wave*-Bands, aber auch von anderen Bands aus anderen Stilbereichen. Zum Beispiel *Dire Straits*, die eigentlich einen total konservativen Rockstil spielten, aber gerade auch so was wie *The Police* oder *Duran Duran*. Diese Bands errangen plötzlich hohe Positionen in den amerikanischen Charts, und man wundert sich ein bisschen darüber. Das lag aber mit an MTV und dem Umstand, dass britische Bands viele Musikvideos produzierten, während amerikanische Bands das merkwürdigerweise nicht so taten. So gab es zum Beginn von MTV von amerikanischen Bands nur Live-Aufnahmen, und deshalb hat man sich bei MTV gesagt: "Na, dann spielen wir halt eher die britischen Bands". Man erinnere sich: das erste Musikvideo, was auf MTV lief, war „*Video Killed The Radiostar*" von den *Buggles* – also einer britischen Band.

Ganz schnell: Die 1980er

Diese *Second British Invasion*, die dann so genannt wird, hielt aber nicht so lange an, denn in den 1980ern ist ja in Amerika dann poptechnisch doch mehr passiert. Ich sage nur *Madonna*, *Prince*, *Michael Jackson* und so weiter; die haben das dann doch nochmal etwas größer und noch kommerziell erfolgreicher gemacht. Und natürlich entstanden auch noch andere Dinge wie *Hip-Hop* und *House* als spannende Entwicklungen in den USA. Die 1980er waren für mich persönlich immer so eine Art blinder Fleck, damit konnte ich lange Zeit gar nicht so viel anfangen, deshalb werde ich es jetzt auch erst mal bei den 1980ern belassen – und auch weil es noch einige wichtige Sachen zu besprechen gibt.

Britpop

Denn was jetzt in den USA auch Ende der 1980er entstand, war *Grunge*. Und eine Art Gegenbewegung zu Grunge war *Britpop*, mit Bands wie *Oasis*, *Blur* oder *Radiohead*. Auch *The Verve*, *Pulp*, *Suede* und *Supergrass* sind da noch zu nennen. Anspieltipp ist hier vielleicht „*Girls and Boys*" von *Blur*. Britpop ging so bis Ende der 1990er Jahre, dann hörte das auch wieder ein wenig auf.

Drum'n'Bass und Trip-Hop

Macht aber nichts, es gab ja auch im elektronischen Bereich sehr viele interessante Sachen aus UK in den 1990er Jahren. Anfang der 1990er entstand *Drum'n'Bass*. Drum'n'Bass hat die ganzen *Breakbeats*, die man aus dem *Funk* kannte, genommen und elektronisch nochmal sehr viel beschleunigter abgespielt.

Was daneben vor allem in Bristol entstanden ist, weshalb es auch manchmal als "*Bristol Sound*" beschrieben wird, ist *Trip-Hop*, mit Bands wie *Massive Attack* und *Portishead*. Auch *Trip-Hop* ist ziemlich schwierig zu beschreiben: Sehr, sehr langsame Hip-Hop-Beats, aber ohne Rap, dafür mit Samples und Gesang – ein sehr eigener Stil, und auch wieder sehr britisch. Ganz allgemein für die elektronische Tanzmusik sind noch zu nennen *Underworld*, *Orbital*, natürlich *The Prodigy* und die *Chemical Brothers*. Als Anspieltipp hierzu „*Firestarter*" von *The Prodigy*; die haben ja doch ganz schön was gerockt in den 1990ern, was die ganze Welt gehört hat.

Indie Rock

Zurückkommend zur Gitarrenmusik zeigt sich wieder die US-UK-Dialektik. In den USA gab es Anfang der 2000er die *Strokes*, die im Prinzip als Retter der Rockmusik gefeiert wurden – lustigerweise auch mit Rückgriffen auf die Vergangenheit, auf Surfmusik, auf Bands wie *Joy Division* und auf die Beat-Bands. Das wurde dann wieder dankbar in UK aufgegriffen, und trat etwa ab 2005 eine neue große Indie-Rock-Welle los, mit Bands wie *Muse*, *Franz Ferdinand*, *Maximo Park*, *Arctic Monkeys*, *The Kooks*, *Kaiser Chiefs*, *Editors* oder *Bloc Party*. Das ist alles auch ein bisschen "retro", und dieser Trend hält ja auch bis heute immer noch ein wenig an.

British / Neo Soul

Was ich jetzt ein bisschen unterschlagen habe in diesen gesamten 50 Jahren Popmusik ist der Bereich *British Soul* – da kenne ich mich ehrlich gesagt auch nicht ganz so aus. Das hat auch international nicht ganz so viel Feedback erhalten wie die anderen Sachen, die ich genannt habe. Erst in den letzten Jahren hat durch *Amy Winehouse* und *Adele* ein ziemliches *Neo-Soul*-Revival eingesetzt.

Dubstep

Als jüngster Stil, der in Großbritannien entwickelt wurde, kann man schließlich noch den *Dubstep* nennen, also wieder elektronische Tanzmusik. Bei der sehe ich mich jetzt allerdings auch wirklich außer Stande, das so richtig stilistisch zu beschreiben. Da kann ich ehrlich gesagt auch nicht so viel mit anfangen. Wie auch immer, es ist der aktuelle "neue heiße Scheiß".

Und die Zukunft?

Damit wären wir im Schnelldurchlauf einmal durch 50 Jahre Popmusik durch.

Sven: Wow. Hast du irgendwelche Vorhersagen, was die nächsten Jahre so passiert? Irgendwelchen "neuen heißen Scheiß", den du schon am Horizont siehst von der Insel?

Erik: Ich bin natürlich immer ganz hoffnungsfroh, aber gerade in den letzten Jahren ist es mir sehr schwer gefallen, überhaupt zu sagen, in welche Richtung sich Popmusik weiterentwickelt, egal ob sie jetzt aus UK oder sonst woher kommt, weil sich die Stile so weit ausdifferenziert haben und eigentlich auch keine wirklich neuen Genres mehr entstehen. Ich habe mal eine Theorie aufgestellt, dass seit den 2000ern eigentlich kein wirkliches neues Genre mehr entstanden ist. Wir haben dazu auch bei funkUP mal eine eigene Sendung gemacht mit dem Titel „Die Musik der 2000er-Jahre", wo wir über diese Situation gesprochen haben, und wie sich die Popmusik vielleicht weiter entwickeln könnte. Eine Theorie von mir war, dass vielleicht nur wenn es neue Instrumente gibt oder neue Drogen, man durch die auf neue Musik kommt. Ohne LSD wäre wie gesagt Psychedelic in dieser Form nicht möglich gewesen, und auch ohne diese ganzen exotischen Instrumente, die man damals neu für sich entdeckt hat. Aber das sind jetzt reine Spekulationen.

Fazit

Was mir vielleicht nochmal wichtig ist: Wir erinnern uns ja wahrscheinlich alle noch an die Eröffnung der Olympischen Spiele 2012 in London, wo einem auch nochmal in Erinnerung gerufen wurde: Hier treten Leute wie *Paul McCartney* auf, *Mike Oldfield*, die *Arctic Monkeys*. Es waren Mitglieder von *Genesis*, *Pink Floyd*, *The Who*, *The Kinks*, *Oasis*, *Cream*, *Muse* und so weiter dabei. Die Popmusik ist der wohl stärkste kulturelle Export der Insel, das kann man, glaube ich, so sagen. Und seit über 50 Jahren sind eigentlich ununterbrochen viele wichtige musikalische Beiträge und Innovationen aus Großbritannien gekommen – und es ist eigentlich kein Ende in Sicht.

Sven: Das war ein Ritt durch 50 Jahre Popgeschichte. Den Ritt durch wie viele hundert Jahre klassischer englischer Musik machen wir dann mal bei anderer Gelegenheit. An dieser Stelle erst mal vielen herzlichen Dank für diesen tollen Überblick – danke Erik!

Erik: Ja, ich danke, ciao!

21 LONDON (VOR ORT)*)

Eindrücke von vier Tagen in der Hauptstadt

Auf an die Themse, in Flügen, Zügen und der Röhre! Von Museen mit Beutekunst, Comic-Figuren aus Walross-Zähnen, nächtlichen Parties und überraschenden Warteschlangen. Wo überall Schauspieler lauern, unzählige Biersorten locken und man sich herzhaft überfressen kann. Zu Gast in einer der gemütlichsten Großstädte der Welt, mit praktischen Tipps zum Wie und Wohin.

Dieses Kapitel ist wieder einmal eine kleine Premiere. Im neuen Format "Vor Ort" werde ich immer mal von meinen aktuellen Erlebnissen auf der Insel berichten und sie zum Anlass nehmen, Wissenswertes zu einem Ort oder einem Thema zu behandeln. In der entsprechenden Podcast-Episode gibt es dazu auch Originaltöne aus dem jeweiligen Ort – darauf müssen wir hier im Buch natürlich leider verzichten.

Den Anfang macht die britische Hauptstadt London. Dort habe ich Ende Oktober 2014 ein paar nette Tage mit meiner Liebsten verbracht. Dann machen wir uns mal auf den Weg.

Anreise

Wie ich bereits in Kapitel 18 zur Reiseplanung erwähnt hatte, sollte man sich auf einen Kurztrip nach London nicht unbedingt mit dem eigenen Auto aufmachen. Das Verkehrsaufkommen in der britischen Hauptstadt ist legendär, Parkplätze sind rar und teuer, und in der Innenstadt muss man mit der *Congestion Charge* auch noch eine Sondergebühr für die Straßenbenutzung bezahlen.

---

*) Quelle: Folge "VB048 London (vor Ort)" vom 29.11.2014

Der bequemste Weg nach London führt daher entweder über Zug oder Flugzeug. Der *Eurostar*-Zug bringt einen vom Festland durch den Kanaltunnel bequem bis zum Bahnhof *St. Pancras* mitten in London. Von Brüssel oder Paris dauert das insgesamt gerade mal 2 Stunden. Wer von Köln aus startet und in Brüssel umsteigt, kann die Reise in 4½ Stunden schaffen, von Frankfurt am Main dauert es 5½ Stunden.

Mit dem Flugzeug braucht man von Deutschland nach London etwa anderthalb Stunden – reine Flugzeit, versteht sich. London wird von insgesamt sechs internationalen Flughäfen bedient. Der größte davon ist *Heathrow* im Westen der Stadt. Das heißt auch, dass man als Kontinentaleuropäer beim Anflug auf oder beim Abflug von Heathrow in der Regel die Stadt überfliegt – ein wirklich lohnenswertes Panorama. Heathrow ist der größte Flughafen Europas und der drittgrößte weltweit. Lange Zeit hatte er einen schlechten Ruf, aber seit diversen Erweiterungen und Modernisierungen kann ich nichts Schlechtes über Heathrow sagen. Natürlich sind einige Wege auf Grund der Größe der Anlage recht weit, aber die Beschilderung und die Einrichtungen des Flughafens sind meines Erachtens sehr gut.

Heathrow verfügt über insgesamt fünf Terminals, wobei Terminal 5 fast ausschließlich von British Airways genutzt wird. Wenn man also nicht gerade mit dieser Airline auf die Insel reist, ist die Wahrscheinlichkeit groß, dass man im zentralen Bereich der Terminals 1-3 ankommt. Diese Unterscheidung wird später noch wichtig, nämlich dann, wenn man mit öffentlichen Verkehrsmitteln zurück an den Flughafen will – dafür muss man sich schon merken, von welchem Terminal man abfliegt, da die Terminals 1-3 beziehungsweise 4 und 5 jeweils eigene U-Bahn- und Bahnstationen haben.

Bis auf einen liegen auch die anderen internationalen Flughäfen Londons deutlich außerhalb der Stadt. Im Uhrzeigersinn von Heathrow im Westen um London herum sind das *Luton* im Nordwesten, *Stansted* im Nordosten, *Southend* im Osten und *Gatwick* im Süden. Alle diese Flughäfen sind zwischen 40 und 60 Kilometer von der Londoner Innenstadt entfernt, entsprechend muss man einen längeren Transfer einplanen.

Nur der Flughafen *London-City* liegt, wie der Name schon nahelegt, im Stadtgebiet, wenn auch am östlichen Rand. London-City ein recht kleiner Flughafen, und von Deutschland wird er derzeit nur von Düsseldorf, Frankfurt am Main und Dresden aus angeflogen. Wer ohnehin im Osten der Stadt oder in der Stadtmitte unterkommt, für den kann sich der kürzere Transfer von und nach London-City lohnen; vom Westen der Stadt ist man aber genauso schnell in Heathrow.

Und damit kommen wir schon zum nächsten, unvermeidlichen Thema: Der Londoner U-Bahn.

London Underground

Offiziell heißt sie *London Underground*, aber jeder nennt sie nur *the Tube* – "die Röhre". Sie ist die älteste U-Bahn der Welt – die ersten Strecken, die damals noch von Dampflokomotiven bedient wurden, gingen 1863 in Betrieb. So wie Heathrow der größte Flughafen Europas und der drittgrößte der Welt ist, ist die Londoner U-Bahn ebenfalls die größte Europas und die drittgrößte der Welt. Die Tube hat ein Streckennetz von 400 Kilometern – nur die U-Bahnen in Shanghai und Peking sind größer. Die *Subway* in New York kommt übrigens mit 340 Kilometern Strecke auf Platz 4.

Die Londoner U-Bahn besteht aus elf Linien, jede mit einer charakteristischen Farbe. Auch als Tourist merkt man sich zum Beispiel schnell die gelbe *Circle Line*, die durch die Innenstadt im Kreis fährt, oder die rote *Central Line*, die die Stadt einmal von West nach Ost schneidet. Die U-Bahn ist in London neben einem Taxi – oder dem Laufen – oft die praktischste Wahl zur Fortbewegung; zumindest, wenn man nördlich der Themse unterwegs ist, da der Süden der Stadt historisch von der U-Bahn so gut wir gar nicht versorgt wird. Für den Normaltouristen ist das aber selten ein Thema.

Als Nutzer der U-Bahn kommt man um den legendären Netzplan von Harry Beck nicht herum. Jeder hat ihn schon gesehen: Die bunte, schematische Darstellung des U-Bahn-Netzes, die weniger darauf ausgelegt ist, die geographische Lage jeder Station darzustellen, sondern vor allem möglichst einfach die Vernetzung der Stationen untereinander. Harry Beck war Angestellter von *London Transport*, der Betreibergesellschaft der Tube, aber dieser Netzplan war sein Privatprojekt. Sein Arbeitgeber reagierte erst skeptisch, aber die kundenfreundliche Darstellung der U-Bahn-Linien fand reißenden Absatz – und so hielt sich dieses Design nicht nur bis heute, sondern wurde auch zur Grundlage der Netzpläne vieler anderer Verkehrsbetriebe auf der ganzen Welt.

Den Netzplan sollte man am besten immer bei sich führen, oder eine der unzähligen Smartphone-Apps, mit denen man sich jederzeit die aktuell schnellste Verbindung von A nach B anzeigen lassen kann. Ich persönlich habe gute Erfahrungen mit der App *Citymapper* gemacht. Die Londoner U-Bahn verkehrt mindestens ab 5 Uhr morgens bis 1 Uhr nachts, und auf immer mehr Linien führt man einen 24-Stunden-Betrieb ein. Nur zu Weihnachten muss man aufpassen: Am Heiligabend, der bei den Briten ja nicht als Feiertag gilt, ist noch alles in Ordnung, aber am 25. Dezember ruhen so gut wie alle öffentlichen Verkehrsmittel in London, und auch zwischen dem 26. und 30. Dezember ist mit Einschränkungen zu rechnen.

Apropos Einschränkungen: Die U-Bahn wird in einem millardenschweren und jahrzehntelangen Programm immer weiter modernisiert. Das bedeutet aber auch, dass einzelne Linien und Stationen zeitweise geschlossen sind oder ihr Betrieb stark eingeschränkt ist. So kann es neben dauerhaften Schließungen insbesondere an den Wochenenden zu Bauarbeiten auf einzelnen Abschnitten kommen. So geschah es auch uns: Wenn man möchte, kann man vom Flughafen Heathrow den Schnellzug *Heathrow Express* bis in die Innenstadt nehmen. Wir sind stattdessen in die dunkelblaue *Picadilly Line* gestiegen, die Heathrow mit der Stadt verbindet. Eigentlich hätte uns diese Linie direkt zu unserem Hotel nach Kensington gebracht, aber wegen der erwähnten Modernisierungen wird die Station *Gloucester Road* bis auf weiteres nicht von der Picadilly Line bedient; das wussten wir sogar. Allerdings kamen wir Sonntag Abend in London an, und zusätzliche Wochenendbaustellen auf der Tube sorgten dafür, dass wir einige Male mehr umsteigen mussten, um schließlich "von hinten durch die Brust ins Auge" beziehungsweise in Gloucester Road anzukommen.

Die U-Bahn-Karten für unseren mehrtägigen London-Aufenthalt hatte ich im übrigen im Vorfeld bestellt. Man kann zwar auch Einzeltickets vor Ort ziehen, aber deutlich praktischer und kostengünstiger ist die Nutzung der berührungslosen Bezahlkarte *Oyster Card*. Die kann man natürlich auch vor Ort am Schalter kaufen und dann mit Geld aufladen, aber das wollte ich mir bei unserer späten Ankunft in London nicht auch noch antun – also habe ich mir zwei vor-aufgeladene Karten zuschicken lassen. Insgesamt haben wir pro Person in vier Tagen London jeweils 40 Pfund mit der U-Bahn verfahren. Davon geht aber allein die Hälfte auf die Fahrten von und zum Flughafen, und wir haben die *Oyster Card* weidlich genutzt. 20 Pfund ist man auch schon mal schnell bei einer einzigen Taxifahrt quer durch die Innenstadt los.

Unterkunft

Apropos Geld: Zum Thema Unterkunft möchte ich gar nicht viele Worte verlieren. Ebenfalls in Kapitel 18 habe ich schon erwähnt, dass die Unterkunft bei jedem London-Trip vermutlich der teuerste Posten sein wird. Wir haben in einem guten aber günstigen Hotel in Kensington übernachtet, einem pittoresken Stadtteil im Westen der Stadt.

Die Übernachtung haben wir wie fast immer ohne Frühstück gebucht, denn erfahrungsgemäß lohnt das Hotelfrühstück den hohen Aufpreis bei weitem nicht. Und wir haben wieder recht behalten: In direkter Umgebung des Hotels gab es mehrere Cafés, die für einen deutlich niedrigeren Preis sowohl ein ordentliches englisches Frühstück mit allem Drum und Dran als auch einfach nur einen Kaffee, einen Obstsalat und ein Croissant geboten haben.

So sind wir gleich am ersten Morgen durch die typisch viktorianischen Wohngebiete Kensingtons gelaufen bis zur *Kensington High Street*, wo wir im Café *Balans* ein wirklich schönes Frühstück eingenommen haben. Direkt daneben liegt bereits eine große Filiale der Buchhandelskette *Waterstones*, wo man vortrefflich schmökern und sich mit englischen Büchern eindecken kann. Kensington High Street ist aber auch reich an weiteren Einkaufsmöglichkeiten, und ist dabei nicht so überlaufen wie die weltweit berühmte *Oxford Street*. Auf der sollten wir aber auch bald landen: Mit unseren vollen Mägen spazierten wir erst an den Schaufenstern der Kensington High Street entlang, dann durch den *Hyde Park*, und schließlich bis zur Oxford Street – und das alles bei schönstem Wetter. London zeigte sich in diesen Tagen Ende Oktober von seiner besten Seite: Zwei Tage war es sonnig und trocken, und die nächsten zwei Tage zwar grau und gelegentlich nieselnd, aber immer noch angenehm warm. Im Hyde Park, der größten Parkanlage der Stadt mit über 2½ Quadratkilometern Fläche, war mal sofort den hektischen Straßen entkommen, und am Teich tummelten sich Scharen von Wasservögeln, und Kinder spielten im Laub. Im Rückblick hätten wir schon da skeptisch werden müssen, warum an einem Montag Vormittag so viele Familien in der Stadt unterwegs waren – aber dazu komme ich später.

British Museum

Vor unserem London-Trip hatte ich auf Twitter nach Empfehlungen für Aktivitäten in der Hauptstadt gefragt. So kam ich über einen englischen Bekannten auf die *London Walks*, einen der zahlreichen Anbieter von Stadtrundgängen – offenbar aber auch einen der besten. Auf der Website *walks.com* finden sich über einhundert unterschiedlicher Touren. Jede davon kostet 9 Pfund, dauert etwa 2 Stunden, und man muss sich nicht vorher anmelden, sondern kommt einfach zur entsprechenden Zeit zum angegebenen Treffpunkt. Inhaltlich ist wohl für jeden etwas dabei, ob es nun um die Highlights von London, um einzelne Stadtbezirke, um Jack the Ripper, Harry Potter oder Sherlock Holmes, oder um alte Pubs, oder – wie in unserem Fall – das Britische Museum gehen soll. Die Führer kennen sich in ihren Themen jeweils sehr gut aus und haben oft auch eine offizielle *blue badge*, die geprüfte Fremdenführer auszeichnet.

Und so zeigte uns Fedora, im Hauptberuf eigentlich Schauspielerin, drei Stunden lang die Höhepunkte des Britischen Museums. Das Museum ist jeden Tag von 10

Uhr morgens bis bis halb sechs abends geöffnet, freitags sogar bis halb neun. Wie bei den meisten Museen auf der Insel ist der Zutritt in die riesige Dauerausstellung kostenfrei, nur für Sonderausstellungen muss man manchmal Eintritt zahlen.

Zum Beispiel gab es anlässlich des 25jährigen Jubiläums des Mauerfalls eine Sonderausstellung "*Memories of a Nation*" – "Erinnerungen einer Nation" – zu 600 Jahren deutscher Geschichte, mit Ausstellungsstücken zu Künstlern wie Dürer oder der Bauhaus-Bewegung, zu Erfindungen wie Gutenbergs Druckmaschine oder dem VW Käfer, und natürlich politischen Entwicklungen wie der Wiedervereinigung. Das ganze wurde begleitet von einem Buch und einer BBC-Radio-4-Serie, beides geschrieben von Neil MacGregor, einem weltweit anerkannten Kunsthistoriker und dem derzeitigen Direktor des British Museums.

Diese Sonderausstellung war aber nicht Teil unserer dreistündigen Tour mit Fedora. Die waren gefüllt mit den Höhepunkten der Dauerausstellung des Museums, also Kunstgegenständen verschiedenster Kulturen und Jahrtausende.

Fedora erklärte uns vor dem Betreten des Gebäudes auch erst einmal, wie das Museum überhaupt entstand: Das verdanken wir vor allem Hans Sloane, einem irischen Arzt und Wissenschaftler mit deutschem Vornamen. Sloane war ein Zeitgenosse von Isaac Newton und wurde sogar dessen Nachfolger als Präsident der *Royal Society*. Hans Sloane unternahm viele Reisen und war ein leidenschaftlicher Sammler. Nach seinem Tod vermachte er seine umfangreichen Sammlungen dem britischen Volk – unter der Bedingung, dass seine Nachlassverwalter 20.000 Pfund dafür erhalten sollten. Das war zwar bei weitem weniger als die Sammlung wert war, aber dennoch musste die Regierung diesen Kauf erst einmal finanzieren – und rief hierzu eine staatliche Lotterie ins Leben. Noch heute geht ein wesentlicher Teil der Einnahmen der britischen Lotterie in die Erhaltung von Kunst- und Kultureinrichtungen der Insel. Die Sammlung von Sloane bildete nicht nur den Grundstock des British Museums, sondern auch der *British Library* und des Londoner Naturkundemuseums, auf das ich später noch zu sprechen komme.

Zu den Höhepunkten des British Museums, die wir an diesem Nachmittag besichtigt haben, gehört zum Beispiel der Stein von Rosetta, nach dem auch die ESA-Mission zum Kometen Tschuri*) benannt ist. Dieser in ägyptischen Hieroglyphen, ägyptischer Alltagsschrift und Griechisch dreifach beschriftete Stein war der Schlüssel zur Entzifferung der Hieroglyphen – so wie die aktuelle Rosetta-Mission wesentlich zu unserem Verständnis von Kometen beitragen soll.

Unter den bekanntesten Artefakten des Museums sind weiterhin Teile des Marmorfrieses und der Statuen vom Parthenon-Tempel in Athen. Diese Kunstwerke wurden Anfang des 19. Jahrhunderts von Lord Elgin unter recht fragwürdigen Umständen von Athen nach London gebracht. Der Streit um eine mögliche Rückgabe dieser *Elgin marbles* an Griechenland dauert bis heute an. Etwas ruhiger ist es da um die zahlreichen ägyptischen Mumien oder die alten assyrischen Wandfriese, die eindrucksvoll eine königliche Löwenjagd darstellen.

Natürlich kann man im Britischen Museum auch bedeutende Überreste britischer Geschichte besichtigen. Da wäre zum Beispiel der “Schatz von Sutton Hoo”. Im 7. Jahrhundert hatten Angelsachsen einen ihrer Anführer mit viel Gold und Silber sowie einem fast 30 Meter

---

*) Der offizielle Name des Kometen ist 67P/Churyumov-Gerasimenko

langen Boot fernab der Küste in Sussex beigesetzt. 1939 wurde das alles erstaunlich gut erhalten wieder entdeckt, und kann heute in London besichtigt werden.

Deutlich kleiner und jünger sind da noch die Schachfiguren von der Insel Lewis. Die Wikinger haben im 12. Jahrhundert regen Handel mit der arabischen Welt unterhalten und dabei offenbar auch das Schachspiel kennengelernt. Aus Walross-Elfenbein stellten sie Schachfiguren her, die man schließlich auf der schottischen Insel Lewis wiederfand. 78 Figuren sind erhalten, darunter zwei vollständige Spielsätze. Die detaillierten und schon etwas comicartig anmutenden Darstellungen gelten als die besterhaltenen mittelalterlichen Spielsteine.

Im British Museum kann man gut und gerne mehrere unterhaltsame Tage verbringen, und in dem großen Gebäude verlaufen sich auch die insgesamt 6 Millionen jährlichen Besucher etwas. Kommt am besten nicht direkt am Morgen, sondern vielleicht eher nachmittags – dann sind die meisten Schülergruppen schon durch.

Kensington-Museen

Bei unserem Kurzaufenthalt sind wir wie gesagt in Kensington untergekommen, und dort befinden sich in direkter Nachbarschaft unter anderem das *Science Museum*, das *National History Museum*, und das *Victoria & Albert-Museum*, spezialisert auf Kunst und Design. Man kann also allein hier leicht einen oder zwei Tage nur in Museen zubringen – wenn man sich nicht gerade die Schulferien aussucht.

Und das war unser Planungsfehler, den ich eingangs meinte. Wie hatten uns so schön vorgenommen, am Donnerstag vor unserer Abreise vor allem noch das *National History Museum* zu besuchen, nur um morgens von sagenhaft langen Warteschlangen überrascht zu werden. Ich hatte keine Ahnung gehabt, dass in der letzten Oktoberwoche in England Schulferien sind, und da sind Besuche in den öffentlichen Parks und besonders im Naturkundemuseum natürlich ein idealer Familienausflug. Wir haben unseren Besuch im National History Museum dann einfach auf den nächsten Urlaub verschoben und werden zusehen, dass der dann nicht nur außerhalb der deutschen sondern auch der englischen Ferien liegt.

Zum Glück hatten wir das *Science Museum* schon am Abend vorher besucht, und da war der Eintritt für Minderjährige untersagt. Am jeweils letzten Mittwoch im Monat öffnet das Museum abends noch einmal seine Pforten nur für Erwachsene. Die sogenannten *Science Museum Lates* kann man mit *drinking and thinking* umreißen, also mit "Trinken und Denken". Kostenlos steht einem das ganze Museum offen, auf allen drei Etagen gibt es DJs und Bars, kurze Vorträge und Demonstrationen. Dazu gibt es ein *pub quiz*, bei dem zahlreiche Besuchergruppen gegeneinander antreten, sowie eine Handvoll kostenpflichtiger Shows. Jeden Monat finden gut 3.000 Besucher ihren Weg zu den *Science Museum Lates* – wie ich finde, ein tolles Konzept, um ein Museum für die breite Öffentlichkeit noch zugänglicher zu machen. Und das funktioniert sogar während der Schulferien.

Borough Market

Jetzt aber genug von Museen. Was kann man noch gut in London? Essen und Trinken. Also rauf auf den *Borough Market*. Einen Markt gibt es im Stadtteil Southwark am südlichen Themse-Ufer angeblich schon seit 1.000 Jahren. Aber erst in den letzten Jahren hat sich der Borough Market – nicht zuletzt durch den Fernsehkoch Jamie Oliver – zu einem Magneten für *foodies* gemausert. Von Mittwoch bis Samstag bieten hier Dutzende Stände nicht nur Obst, Gemüse, Fisch, Fleisch, Käse und Gewürze an, sondern gerade zur Mittagszeit kann man sich hier an frisch zubereiteten Salaten, Spanferkel-Sandwiches oder *Scotch eggs* mit Süßkartoffel-Pommes satt essen, direkt gefolgt von Kuchen und Süßigkeiten.

Der Borough Market liegt direkt neben der U-Bahn-Station *London Bridge*, und über den Markt verlaufen gleich zwei Bahntrassen. Ein oder zwei Stündchen kann man hier gut zubringen, und in direkter Nachbarschaft gibt es auch diverse Bars, Cafés und einen Weinhandel.

Craft Beer Pubs

Meine absolute Empfehlung in dieser Gegend für Bierliebhaber ist jedoch die Bar *The Rake*. Die findet man direkt am Markt versteckt in der Nähe der Toiletten. Dieser Pub öffnet bereits mittags und ist vielleicht nicht groß, verfügt aber über ein großartiges und ständig wechselndes Angebot an Bieren aus aller Welt. Mit denen kennen sich die Herrschaften hinter der Theke bestens aus, und immer wieder haben mich die Jungs aus der *Rake* Bar mit absolut passenden Empfehlungen beglückt. Ob mal eben auf einen Frühschoppen zu Marktzeiten oder für eine kleine Bierreise abends – hier finden *Craft-Beer*-Liebhaber ein kleines Zuhause in der Ferne.

Wer sich für ordentliches Bier interessiert, kann in London mittlerweile ohnehin an vielen Stellen fündig werden. Deutlich größer als *The Rake* und mit einem sagenhaften Angebot von 45 wechselnden Fassbieren ausgestattet ist der Pub der *Craft Beer Company* in Covent Garden. Die Craft Beer Company hat mehrere Etablissements in London, und das hier ist das größte. Mein Tipp: Bestellt lieber halbe Pints statt ganze, dann könnt Ihr mehr Sorten probieren. Prost!

Drei Mal Essen

Zum Thema Essen möchte ich noch drei konkrete Empfehlungen loswerden – jede in einer eigenen Kategorie.

London ist bekanntermaßen ein geschäftiges Pflaster, und die Arbeitnehmer haben nicht viel Zeit für eine ausgedehnte Mittagspause. Daher gibt es viele Ecken, an denen man schnell, gut und günstig essen kann. Eine Ladenkette mit frischer asiatisch angehauchter Küche, die ich bisher noch nicht kannte, ist *ITSU*. Einer der Gründer von ITSU war auch schon bei der bekannten Restaurantkette *Pret-a-manger* beteiligt. ITSU konzentriert sich auf fettarme Kost: hier bekommt man Suppen, Salate, Sushi und andere Reisgerichte. Allein in London hat ITSU mittlerweile 50 Niederlassungen, und für einen gesunden Snack zwischendurch sind sie prima.

Wer ein wenig mehr Zeit hat, dem sei das indische Restaurant *Roti Chai* in der Nähe der Oxford Street empfohlen. Im Erdgeschoss gibt es indisches Street Food, und im Untergeschoss gibt es ein modernes indisches Restaurant. An dieser Stelle muss ich dem bekannten Podcaster Holger Klein*) danken, der das *Roti Chai* nach einem Londonaufenthalt weiterempfohlen hat – absolut zu recht, wie ich finde!

Und wer es schließlich ein wenig legerer und klassischer britisch mag, dem empfehle ich einen Abstecher zu dem Gastro-Pub, der direkt in der Nähe unseres Hotels in Kensington lag. Das *Hereford Arms* ist ein Pub, in dem man viele Stunden einfach gemütlich sitzen kann, und dazu gibt es eine gute Auswahl an Bieren, Wein und Essen. Ordentliche *Fish & Chips* bekommt man hier genauso wie gebratene Täubchen. Bei der entspannten Atmo-

*) http://www.wrint.de

sphäre fühlt man sich fast wie in einem britischen Landgasthof, und nicht wie mitten in der größten Stadt der EU.

Ausklang

Soviel zu meinem Trip nach London. Natürlich war das bei weitem nicht alles, was wir dort in vier Tagen gemacht haben – wir waren am *Tower*, um uns die Kunstinstallation zur Erinnerung an den Beginn des Ersten Weltkrieges anzusehen. Wir haben in unzähligen Läden nach Klamotten gestöbert und einiges mit nach Deutschland gebracht. Wir haben uns das Musical *The Book of Mormon* in einer Nachmittagsvorstellung angesehen. Wir waren in einem nicht wirklich erwähnenswerten Restaurant in Chinatown. Wir haben von Ferne den Schauspieler Michael Caine bei der Premiere des Films *Interstellar* auf dem Leicester Square gesehen. Und so weiter, und so fort. Und ich bin sicher: Unser nächster Trip auf die Insel wird bestimmt wieder genauso bunt und entspannt.

22 ESSEN 2*)

Mehr britisches Essen und vor allem Gebäck

Backe-backe-Kuchen. Gestärkt mit schottischen Eiern und einem reichhaltigen Frühstück geht es direkt zum Nachmittagstee. Wo das Krümelmonster grundlos nervös wird, über den großen Teich auch große kulinarische Sprachverwirrung herrscht, und selbst ein Back-Wettbewerb ein Quotenhit wird. Wenn vom deutschen Adel gerade mal ein Kuchen übrig bleibt und manchmal nichts über Kondensmilch geht. Wohl bekomms!

In diesem letzten Themenkapitel dieses Buches möchte ich mich noch einmal einem der wirklich wichtigen Themen im Leben zuwenden – dem Essen. Im ersten Buch hatte ich den Gaumenfreuden von der Insel schon ein ganzes Kapitel gewidmet, aber es gibt es hierzu noch einiges zu sagen.

Scotch Eggs

Zum Beispiel hatte ich im letzten Kapitel erwähnt, dass man auf dem Borough Market *Scotch eggs* essen kann – ohne aber zu erklären, was diese "schottischen Eier" eigentlich ist.

Scotch eggs sind gekochte Eier, die mit Wurstbrät und Panade umhüllt sind, um dann frittiert zu werden. Auf dem Borough Market bekommt man das ganze warm und noch mit leicht flüssigem Eidotter. *Scotch eggs* sind aber vor allem als kalter Snack und bei Picknicks beliebt. Man bekommt sie in vielen britischen Supermärkten und Autobahnraststätten im Kühlregal.

---

*) Quellen: Folge "VB049 Essen 2" vom 14.12.2014

Das Londoner Warenhaus *Fortnum & Mason*, die heute noch für ihre luxuriösen Fresskörbe bekannt sind, nehmen für sich in Anspruch, die *Scotch eggs* im Jahr 1738 erfunden zu haben. Mittlerweile gibt es viele unterschiedliche Varianten, je nachdem, welche Art von Ei und Fleischmasse zu ihrer Herstellung verwendet wird. Zum Beispiel nimmt man in Manchester sauer eingelegte Eier, die in eine Masse aus Schweinefleisch und Blutwurst gehüllt sind.

In Belgien und den Niederlanden kennt man die *Scotch eggs* übrigens auch – dort heißen sie jedoch "vogelnestje" – "Vogelnester", eben weil sie ein Ei beherbergen.

English Breakfast Society

Über das typisch englische – oder schottische oder irische – Frühstück hatte ich in der Vergangenheit ja bereits ausgiebig berichtet. Was mir bis zu meinem jüngsten London-Besuch aber nicht klar war, ist dass es seit 2012 sogar eine *English Breakfast Society* gibt – eine eigene Gelehrtengesellschaft, die sich mit der Geschichte und den Traditionen rund um das englische Frühstück und seine Varianten befasst. Die EBS – so ihre Abkürzung – fordert sogar einen eigenen *English Breakfast Day*, und hat den ersten Sonntag im April vorgeschlagen, um die tolle Tradition des umfangreichen englischen Frühstücks zu begehen.

Wie man auf der Internetseite der EBS nachlesen kann, entstand das *English breakfast* in den Häusern des englischen Landadels, der seinen Gästen am Morgen nach einer feierlichen Nacht oder vor einer Jagd gern zeigte, was die eigenen Ländereien so an Produkten hergaben – Eier, Schinken, Wurst, Blutwurst, Pilze, Brot, und so weiter. Mit dem Niedergang des Adels wollte auch die neue Mittelschicht zeigen, was sie sich leisten kann, und so wanderte dieses Frühstück mit sich leicht wandelnden Zutaten schließlich bis hin zur Arbeiterklasse, die sich damit für einen anstrengenden Tag stärkte. In den frühen 1950ern erlebte das *English breakfast* seinen Höhepunkt, als mehr als die Hälfte der britischen Bevölkerung ihren Tag damit einläutete. Mittlerweile ist ein einfacher Toast oder eine Schale Getreideflocken in Privathaushalten üblicher, aber in fast jedem Café und insbesondere in Hotels und Bed&Breakfasts gehört die Option, ein *full English breakfast* bestellen zu können, noch immer zum guten Ton.

Afternoon Tea vs. High Tea

Und wo wir schon bei britischen Traditionsmahlzeiten sind: Kommen wir doch noch einmal genauer auf die *tea time*. Und da beginnt die Begriffsverwirrung schon, denn je nach Gegend und Tradition kennt man zwei unterschiedliche *tea times*.

Der *afternoon tea* ist ein leichter Nachmittags-Snack, der sich wirklich hauptsächlich um den Tee als Getränk dreht und zu dem eine Gebäckvariation gereicht wird. Der *afternoon tea* ist also gewissermaßen am ehesten mit unserem "Kaffeetrinken" vergleichbar. Er war – wie ursprünglich das umfangreiche Frühstück – eine Erfindung des Adels und wird heute vor allem noch in Hotels und eigenen *tea shops* zelebriert. Hier werden dann ganze Etageren aufgefahren, auf denen sich traditionell Sandwiches befinden, *scones* mit Streichrahm und Konfitüre, sowie kleine Stücken Kuchen.

Neben – oder besser gesagt "nach" – dem *afternoon tea* gibt es dann noch den *high tea*. Das *high* bezieht sich hier aber nicht etwa auf die Güte des Essens, sondern je nach Theorie entweder auf die weiter fortgeschrittene Tageszeit oder die Tatsache, dass es am *high table* – am normal hohen Esstisch – eingenommen wird, und nicht an einem niedrigen Beistelltisch wie häufig beim *afternoon tea*. Der *high tea* bezeichnet das Abendessen, und der Begriff wird vor allem im Norden Englands und in Schottland verwendet. Auch in Irland und Australien bezeichnet das Wort *tea* meist das Abendessen.

Cookies vs. Biscuits vs. Cakes vs. Scones

Aber zurück zum Kaffeetrinken – da habe ich schon wieder *scones* als ein Gebäck erwähnt. Bekanntermaßen gibt es zahlreiche Unterschiede zwischen dem britischen und dem amerikanischen Englisch, und die Bezeichnungen für Gebäckstücke machen da keine Ausnahme.

Vor kurzem machte eine schöne Szene aus der amerikanischen *Sesamstraße* die Runde, in der der Brite John Oliver dem amerikanischen Krümelmonster einen furchtbaren Schrecken einjagt. Das Krümelmonster – das im Amerikanischen *Cookie Monster* heißt – will mit John nach England auswandern. Alles ist geklärt, nur nennt John das Krümelmonster ständig *Biscuit Monster*. Der Grund ist für das Krümelmonster schnell klar: Diese Briten kennen keine *cookies* – undenkbar! Aber dann erklärt John, dass die Briten die vom Krümelmonster so geliebten Kekse durchaus kennen, aber eben nicht *cookies* nennen sondern *biscuits*.

Für die Briten gibt es zwei große Gruppen an Gebäck, und welches konkrete Produkt zu welcher Kategorie gehört, ist immer gerne einen Streit wert. Die einfache Regel lautet: Alles, was frisch eher hart ist, aber mit zunehmendem Alter weich und labbrig wird, ist ein *biscuit*. Und alles, was frisch eher weich und fluffig ist, aber mit zunehmendem Alter hart und trocken wird, ist ein *cake*.

Für Amerikaner ist das insbesondere deswegen so schwer zu verstehen, weil dort das Wort *biscuit* auch im Gebrauch ist, und zwar für eine Art von Brot, das mit Bratensoße zusammen gerne als herzhaftes Frühstück verzehrt wird. Das ganze nennt sich dann *biscuits and gravy*. Das was die Amerikaner da als *biscuit* bezeichnet, ist für die Briten eher ein *scone* und damit ein *cake*. Alles klar?

Aussprache von scone

Ach ja, wo wie gerade bei *scones* sind: Gerne wird gestritten, wie sich diese Gebäck, das man gern mit Schlagrahm und Konfitüre verzehrt, nun ausspricht. Tatsächlich gibt es zwei "richtige" Aussprachen. Im amerikanischen Englisch, im Süden Englands und in der englischen Mittelschicht herrscht die Aussprache *scone* (skouhn) vor. Die etwas härtere Aussprache *scone* (skonn) wird eher mit dem Norden Englands und der Arbeiterklasse in Verbindung gebracht. Hierzu gibt es auch ein schönes Gedicht:

I asked the maid in dulcet tone
To order me a buttered scone;
The silly girl has been and gone
And ordered me a buttered scone.

The Great British Bake Off

Wer einmal so richtig in die Welt des Insel-Gebäcks einsteigen und sich dabei typisch britisch unterhalten möchte, dem sei die BBC-Sendung *The Great British Bake Off* empfohlen. Kurz gesagt ist dies einfach ein Backwettbewerb, bei dem ein Dutzend Amateure gegeneinander antritt. Jede Woche bekommen sie drei neue Aufgaben gestellt und der schlechteste Bäcker muss ausscheiden, bis schließlich der Gewinner gekürt werden kann.

Was relativ banal klingt, sprüht vor typisch britischem Charme: Der gesamte Wettbewerb findet seit der zweiten Staffel in einem eigens errichteten Pavillon auf einem typisch englischen Landanwesen statt, und es wird im Sommer gedreht. Als Juroren treten die fast 80jährige Kochbuchautorin Mary Berry und der Berufsbäcker Paul Hollywood auf – ja, so heißen die beiden wirklich. Moderiert wird das ganze wunderbar ironisch und anzüglich mit vielen schlechten Wortspielen von den beiden Komikerinnen Mel Giedroyc und Sue Perkins. Die Stimmung unter den Amateuer-Bäckern ist keineswegs aggressiv, sondern britisch zurückhaltend und kameradschaftlich. Zwischendurch lernt man als Zuschauer viel übers Backen und unterschiedliche Backwaren aus aller Welt, und in jeder thematischen Folge gibt es sogar einen eigenen Teil, in dem näher auf die Geschichte des Backens eingegangen wird.

Mittlerweile gibt es – wie bei so vielen Fernsehformaten – auch in anderen Ländern eigene Ableger von *The Great British Bake Off*. In Deutschland ist das die Sendung *Das Große Backen* auf Sat.1 – unter anderem mit Enie van de Meiklokjes. Gesehen habe ich das noch nicht, aber ich kann mir nicht recht vorstellen, dass diese Sendung an das britische Original herankommt. Jedenfalls läuft *The Great British Bake Off* mittlerweile sogar im Hauptsender BBC One und erreicht neue Zuschauerrekorde[*)], während *Das Große Backen* von einem Tiefstwert zum nächsten dümpelt.

*) Das Finale der jüngsten Staffel im Oktober 2015 war mit bis zu 14,5 Millionen Zuschauern die meistgesehene TV-Sendung der Insel seit dem Finale der Fußballweltmeisterschaft 2014.

Bakewell Tart

Jedenfalls habe ich dank des *Great British Bake Off* einige der Backwaren kennengelernt, die auf der Insel eigentlich jeder kennt. Sprechen wir mal kurz über drei davon.

Eine *Bakewell Tart* ist ein flacher Kuchen aus Mürbeteig mit einer Schicht Konfitüre und einer Biskuit-Füllung, die gemahlene Mandeln enthält. Manchmal werden Bakewell Tarts auch noch mit Zuckerguss überzogen. Eine mit Mandeln hergestellte Füllung wird im Englischen und den romanischen Sprachen auch als *frangipane* bezeichnet. Die Mandelcreme ist vor allem bei französischem Weihnachtsgebäck eine beliebte Zutat, findet sich aber auch bei vielen britischen Rezepten. Die *Bakewell Tart* unterscheidet sich übrigens etwas vom *Bakewell Pudding* – der hat ähnliche Zutaten, ist aber ein Dessert mit einer eher labbrigen Basis. Der Pudding ist älter als das Kuchenrezept, und beider Name soll auf den Ort Bakewell in der Grafschaft Derbyshire zurückgehen. Es hat also nichts damit zu tun, dass der Kuchen "gut zu backen" sei.

Battenberg Cake

Machen wir gleich weiter mit tollen Namen: Der *Battenberg Cake* klingt eindrucksvoll und sieht auch so aus – zumindest wenn man ihn anschneidet. Er besteht eigentlich nur aus Biskuit, das gelb und pink eingefärbt ist, und so zusammengelegt wird, dass es beim Anschneiden in einem bunten Schachbrettmuster erscheint. Die Biskuit-Teile sind mit Aprikosen-Konfitüre zusammengeklebt, und der ganze Kuchen ist von Marzipan umhüllt.

Die Herkunft des *Battenberg Cake* ist unbekannt. Angeblich wurde er zu Ehren der Hochzeit von Königin Victorias Enkelin mit Prinz Ludwig von Battenberg im Jahr 1884 so genannt. Das ursprüngliche hessische

Geschlecht der Battenbergs war eigentlich 1310 ausgestorben. Als dann im Jahr 1851 Alexander von Hessen-Darmstadt eine Bürgerliche heiratete, verlieh Alexanders Bruder seiner Schwägerin den verwaisten Titel der Battenbergs quasi als Hochzeitsgeschenk. Aus dieser Ehe ging dann unter anderem der erwähnte Prinz Ludwig hervor, der in die britische Marine eintrat und schließlich Königin Victorias Enkelin heiratete.

Die britischen Nachkommen dieser Linie haben den deutschen Namen Battenberg im Jahr 1917 anglisiert, um sich angesichts des Ersten Weltkrieges von ihren deutschen Vorfahren zu distanzieren. Seitdem heißt diese Familie *Mountbatten*. Kommt Euch diese Geschichte bekannt vor? Genau, da war was im ersten Buch zum britischen Königshaus. Da gab es die britische Linie des deutschen Adelsgeschlechts Sachsen-Coburg und Gotha, die sich ebenfalls im Jahr 1917 aus politischen Gründen umbenannte, und seitdem den Namen ihres Wohnsitzes führt; das wären dann die *Windsors*.

Und jetzt wird es ganz wild: Eine Dame aus dem Haus Mountbatten heiratete einen Herren aus der griechischen Linie des Hauses Schleswig-Holstein-Sonderburg-Glücksburg – das ist mal ein Name. Der gemeinsame Sohn führt dennoch den Namen seiner Mutter. Dieser Sohn ist niemand geringeres als Prinz Philip, der Prinzgemahl von Königin Elisabeth II. aus dem Hause Windsor. Damit ist der ganz offizielle legale Nachname vieler Nachfahren von Philip und Elisabeth *Mountbatten-Windsor* – und steht es auch in ihren Pässen. Warum dieser Nachname nicht für alle ihre Nachfahren gilt, ist wieder eine königliche Besonderheit – und das würde jetzt wirklich zu weit führen.

Wo waren wir? Ach ja, Kuchen.

Banoffee Pie

Mein letzter Kuchen ist eigentlich kein so rechter, aber ich muss ihn beim Thema Essen einfach erwähnen. Der *Banoffee Pie* ist eines meiner liebsten englischen Desserts. Sein Name weist schon auf zwei wesentliche Zutaten hin: *Banoffee* ist ein Kofferwort aus Bananen und Toffee. Diese beiden Ingredienzen finden sich auf einer Teigbasis zusammen mit Sahne.

Im Gegensatz zur Bakewell Tart und dem Battenberg Cake weiß man beim Banoffee Pie ganz genau, wo er herkommt. 1971 hatte Nigel Mackenzie, der Besitzer des Restaurants *The Hungry Monk* in Sussex die Idee, aus Kondensmilch hergestellten Toffee mit Bananen und Sahne zu verbinden. Sein Koch, Ian Dowding, entwickelte daraufhin das Rezept. Es wurde ein absoluter Hit.

In den 1980ern begannen plötzlich einige Supermärkte, den Banoffee Pie als ein amerikanisches Rezept zu vermarkten. Nigel Mackenzie lobte daraufhin ein Preisgeld von 10.000 Pfund für denjenigen aus, der beweisen könne, dass er und sein Koch nicht die Erfinder seien – zum Beispiel durch ein veröffentlichtes Rezept von vor 1971. Niemandem gelang dies, und in der Folge prangte eine Denkmalsplakette am Restaurant, um es deutlich als Herkunftsort des Banoffee Pie auszuzeichnen. Geholfen hat das den Besitzern nur bedingt – nach über 40 Jahren bleibt seit 2012 im *Hungry Monk* der Ofen kalt. Was bleibt ist eines der beliebtesten englischen Desserts, ein Eintrag im *Oxford Dictionary*, und das Rezept auf vielen Kondensmilchdosen.

23 Bits & Bobs*)

Was zum ersten Buch noch zu sagen ist

Hier wird noch einmal fleißig ergänzt. Von cleveren Steckern und Bierdosen-Kugeln, von unsportlichen Schriftstellern, geraubten Raubvögeln und digitalen Himbeerkuchen.

Beim Podcast bespreche ich in jeder elften Folge nicht ein einzelnes Thema, sondern ich halte kurz inne, um früher Gesagtes zu kommentieren, Vergessenes nachzuliefern und Fehler zu beichten. Der englische Ausdruck für „Dies & Das" ist *bits & bobs*. Wenn ich dann später das Buch zu den Folgen des vergangenen Jahres erstelle, arbeite ich solche Korrekturen und Ergänzungen gleich in die entsprechenden Kapitel mit ein.

Nun kommt es natürlich vor, dass ich Nachträge zu Themen habe, die ich im ersten Buch behandelt habe – und diese findet Ihr nun gesammelt hier. Herzlich willkommen zu den *Bits & Bobs* zum ersten *Viva-Britannia*-Buch!

Wohnen: Netzstecker und Verkabelung

Meine erste Ergänzung reicht fast bis an den Anfang von *Viva Britannia* zurück, und zwar zu Kapitel 2 im ersten Buch. Dort habe ich von den klobigen Netzsteckern berichtet, die jeder, der auf die Insel kommt, sicher kennt, aber auch von den Sicherheitsgedanken, die in die elektrische Ausstattung britischer Häuser eingeflossen sind. An gleicher Stelle habe ich mich auch über die seltsame Ringverkabelung von Stromkreisen ausgelassen.

---

*) Quellen: Folgen "VB033 Bits & Bobs 3" vom 21.04.2014, "VB044 Bits & Bobs 4" vom 04.10.2014

Inzwischen wurde ich auf ein wunderbares Erklärvideo von Tom Scott aufmerksam gemacht. In einer Folge*) seiner YouTube-Reihe *Things you may not know* erklärt Tom, warum das Design britischer Netzstecker allen anderen überlegen ist:

Britische Steckdosen weisen drei eckige Öffnungen auf. Die obere ist dabei für die Erdung. Die beiden unteren Öffnungen für die stromführenden Pole sind bei nicht eingestecktem Stecker durch einen Schiebemechanismus in der Steckdose verschlossen. Entsprechend ist bei einem britischen Netzstecker der obere Dorn für die Erdung länger als die unteren beiden. Erst wenn man den Stecker einsteckt, sorgt dieser längere Dorn dafür, dass die Kontakte für die beiden stromführenden Pole freigelegt werden, und Strom fließen kann. Ein Kind kann also nicht einfach so mit einem Schraubenzieher im stromführenden Teil einer offenen Steckdose herumstochern – diese Kontakte liegen einfach nicht frei. Und selbst wenn ein Stecker nur halb in einer Steckdose steckt, ist die Gefahr, einen stromführenden Teil zu berühren gering – die beiden unteren Dorne eines Netzsteckers sind auf der Steckerseite noch bis zur Hälfte isoliert.

Auch die interne Verkabelung eines britischen Netzsteckers ist clever gelöst. Dazu muss man wissen, dass es bis 1992 auf der Insel nicht vorgeschrieben war, dass Haushaltsgeräte mit Netzsteckern verkauft wurden – bis dahin bekam man die Geräte mit einem einfachen Stromkabel, und es wurde erwartet, dass man zu Hause selbst einen Stecker montiert. Deshalb gehörte eine entsprechende Einweisung zum richtigen Anbringen eines Netzsteckern lange Zeit fest zur britischen Schulausbildung. In einem britischen Netzstecker sind die drei relevanten Anschlüsse nun so angeordnet, dass wenn man übermäßig an einem Kabel zieht, sich zuerst die beiden stromführenden

---

*) https://www.youtube.com/watch?v=UEfP1OKKz_Q

Anschlüsse lösen, und erst zuletzt die Erdung. Wieder so ein Sicherheitsgedanke.

Außerdem enthält jeder britische Netzstecker eine eigene kleine Sicherung gegen Überspannung. Warum das so ist, und warum die Briten ihre Häuser mit einer ringförmigen Verkabelung mit Strom versorgen, das erklärt Tom auch nebenbei: Nach dem Zweiten Weltkrieg war das für Kabel notwendige Kupfer so rar, dass man versuchte, an Kabeln zu sparen, wo man konnte. Und anstatt in einem Haus Dutzende einzelne Kabelstränge vom Hauanschluss weg zu legen und jeden einzelnen Strang mit einer Sicherung zu versehen, verlegte man eine einzelne Ringleitung durch das Haus, und packte kleine Sicherungen in die Geräte selbst. Mittlerweile ist dieses Prinzip zwar in weiten Teilen überholt, und in den Wohnungen, in denen ich auf der Insel gewohnt habe, gibt es durchaus einen zentralen Sicherungskasten und mehrere Kabelstränge, aber selbst dort waren noch viele davon ringförmig angelegt, und die kleinen austauschbaren Sicherungen in den Netzsteckern und Steckdosen gibt es nach wie vor.

Pubs: Bierdosen-Widget

Im Zusammenhang mit dem Thema Pubs schickte mir der treue *Viva-Britannia*-Fan Thomas Schmidt aus Köln folgende Frage: "Wenn man in Großbritannien Bierdosen kauft, zum Beispiel von den Marken *Boddington's* oder *John Smith's*, befindet sich in der Dose ein loses Plastikteil, das auf der Dose nur beschrieben wird als *floating widget* (in Deutsch: 'schwimmendes Dingsie'). Haben Sie eine Ahnung, wofür das Ding da ist, und warum man es nicht in deutschen Bierdosen findet?"

Ganz ehrlich: Die Antwort wusste ich nicht. Aber die Frage machte mich neugierig, denn diese Plastikschwimmer in Bierdosen kannte ich auch von der Insel. Hier ist das Ergebnis meiner Recherche: Diese Plastikschwimmer setzen beim Öffnen der Dose Stickstoff frei, was den Schaum cremiger macht als durch Kohlendioxid alleine. Die irische *Guinness*-Brauerei hat solche Teile bereits in den 1960ern in Bierdosen eingesetzt. Durch den Kniff mit dem Stickstoff sollen die entsprechenden Biere auch aus der Dose an die Konsistenz herankommen, die im Pub traditionell durch das händische Hochpumpen fassgereifter Biere entsteht. Die Fermentation in den Fässern produziert zwar auch nur Kohlendioxid, aber die Handpumpe führt dem Bier zusätzlich Luft und damit Stickstoff zu, bevor es im Glas landet, und der Stickstoff ergibt kleinere Bläschen und damit einen weicheren Geschmack.

Einen zum Handpumpen vergleichbaren Prozess gibt es bei den meisten kontinentalen Bieren nicht, und damit ist auch kein "schwimmendes Dingsie" in Bierdosen notwendig, um den physikalischen Effekt der Handpumpe auf Schaum und Bier nachzubilden. Somit bleibt das Plastikteilchen den Dosenvarianten vor allem insularischer Biersorten vorbehalten.

Pubs: Altersgrenzen für Alkohol

Apropos Alkohol: Beim Korrekturlesen des ersten *Viva-Britannia*-Buches wies mich meine Liebste darauf hin, dass ich im Zusammenhang mit Pubs zwar erwähne, dass Alkohol in der Regel nur an Erwachsene abgegeben werden darf, ich aber das tatsächliche Alter nirgendwo erwähne. Ich habe dann mal schnell nachgeschaut, wie die Altersgrenzen für den Konsum und Erwerb von Alkohol auf der Insel konkret aussehen – und mich dann entschieden, das Thema nicht in einer mehrseitigen Fußnote im Buch unterzubringen, sondern erst hier anzusprechen.

In Deutschland sind die Regeln vergleichsweise einfach: Das sogenannte "Alkoholersterwerbsalter" ist 16 Jahre für Bier, Wein und Sekt, und 18 Jahre für Hochprozentiges. Allerdings darf man in Begleitung eines Erziehungsberechtigten bereits mit 14 Jahren Bier, Wein und Sekt konsumieren.

Auf der Insel ist der Erwerb und Konsum von Alkohol in der Öffentlichkeit grundsätzlich erst ab 18 gestattet – aber es gibt zahlreiche Sonderregelungen, Ausnahmen und Zusätze, von denen sich einige wieder je nach Region unterscheiden. So darf man bereits mit 16 Jahren Bier, Wein oder Cider in Restaurants und Pubs gemeinsam mit einer Mahlzeit zu sich nehmen. In England und Wales muss hierbei aber ein Erwachsener die Bestellung aufgeben – nur in Schottland dürfen 16jährige auch selbst ein alkoholisches Getränk zum Essen ordern.

Regionale Unterschiede gibt es auch bei der *Challenge-21-* und *Challenge-25*-Praxis, die ich schon einmal erwähnt hatte. Ursprünglich hatte einmal der britische Gaststättenverband eine Selbstverpflichtung angeregt, alle Kunden nach einem Altersnachweis zu fragen, die jünger als 21 aussehen. Damit soll vermieden werden, dass Alkohol an Minderjährige verkauft wird, nur weil sie etwas älter aussehen. Diese Praxis wurde bald von allen großen Gaststättenketten und Supermärkten aufgegriffen und erweitert. Heute sind die meisten Verkäufer angehalten, bereits nach einem Altersnachweis zu fragen, wenn ein Kunde jünger als 25 aussieht. Diese *Challenge-25*-Praxis ist in Schottland seit 2010 auch keine Selbstverpflichtung mehr sondern Gesetz.

Großbritannien ist im übrigen das einzige Land der Welt, in dem es auch ein gesetzliches Mindestalter für *privaten* Alkoholkonsum gibt. Demnach ist es verboten, Kindern unter 5 Jahren Alkohol zu geben, es sei denn, es handelt sich um einen medizinischen Notfall, der das Einnehmen einer alkoholhaltigen Lösung notwendig macht. Zwischen 5 und 16 Jahren gibt es dann allerdings keine gesetzlichen Einschränkungen zum privaten Alkoholkonsum.

Sport: Rugby

Kommen wir als nächstes zu drei sportlichen Notizen. Kapitel 11 im ersten Buch hatte ich unter anderem den typisch britischen Sportarten Rugby, Cricket und Tennis gewidmet.

Hörer Marcel Kösling hatte einmal geschäftlich in Rugby zu tun – *dem* Ort, in dem William Webb Ellis der Legende nach den Sport begründete, der fortan unter dem Namen der kleinen Stadt bekannt sein sollte. Marcel schickte mir nicht nur Fotos von dem Denkmal, dass man William Webb Ellis dort gesetzt hat, sondern merkte auch an, dass die Einheimischen ihren Ort mehr "Ruggbie" aussprechen. Nach dem, was ich herausfinden konnte, ist die offizielle britische und amerikanische Aussprache für die Sportart "Rackbie", aber ich möchte nicht ausschließen, dass örtliche Aussprachen je nach Dialekt davon abweichen.

Sport: Das Allahakhbarries Cricket-Team

Dass Cricket eine besonders eigentümliche britische Sportart ist, hatte ich ja bereits zur Genüge berichtet. So dachte ich. Dann stieß ich jedoch auf eine weitere bemerkenswerte Anekdote aus der Cricket-Geschichte: Der Autor James Matthew Barrie ist vor allem für sein Werk *Peter Pan* bekannt. Barrie war aber auch ein großer Cricket-Fan. Und so vereinte er gegen Ende des 19. Jahrhunderts eine ganze Reihe befreundeter Schriftsteller und Gelehrter zu einer ungewöhnlichen privaten Cricket-Mannschaft. Barrie selbst war kein besonders guter Cricket-Spieler, und sportliches Können stellte er auch bei der Auswahl seiner Mannschaftskameraden nicht an erste Stelle. Er sagte selbst einmal: "Wenn ich verheiratete Männer ansprach, dann weil ich ihre Frauen mochte, und wenn ich Junggesellen ansprach, dann wegen ihres seltsamen Aussehens."

Und so kam es dann auch, dass Barrie Männer wie den Naturforscher Joseph Thomson in seinem Team hatte, der anstelle weißer Cricket-Kleidung beim Spiel einfach einen Schlafanzug trug. Zu Barries Team gehörten aber auch so bekannte Autoren wie Rudyard Kipling, H. G. Wells, Arthur Conan Doyle, P. G. Wodehouse und G. K. Chesterton. Der Überlieferung nach war der arme Arthur Conan Doyle der einzige fähige Spieler des gesamten Teams. In Anlehnung an seine bekannteste Schöpfung, Sherlock Holms, sagte Barrie einmal über Doyle: "Er ist ein hervorragender Werfer. Er erkennt die Schwächen jedes Schlagmanns anhand des Drecks an dessen Schuhen."

Der Name des Teams war *The Allahakhbarries* – eine Verbindung des arabischen "allahu akbar"mit Barries Namen. Dieser politisch nicht sonderlich korrekte Name geht noch dazu auf einen Fehler zurück: Die beiden Forscher, die die Idee zum Namen hatten, dachten, "allahu akbar" hieße nicht "Gott ist groß", sondern "Gott, hilf uns" – ein Ausspruch, den das Team wohl sehr häufig beim Spiel verwendete.

Mit dem Ersten Weltkrieg kam das Treiben der *Allahakhbarries* zu einem jähen Ende. Wer mehr über diesen skurrilen Männerclub erfahren möchte, dem sei Kevin Telfers Buch *Peter Pan's First XI* aus dem Jahr 2011 empfohlen.

Sport: Rufus the Hawk

Die dritte Anekdote zum britischem Sport ist ein Bussard namens Rufus. *Rufus the Hawk*, wie er allgemein bekannt ist, sorgt jedes Jahr während der zwei Wochen des Tennisturniers in Wimbledon dafür, dass Spieler und Zuschauer nicht von vorwitzigen Tauben gestört werden. Die haben es insbesondere auf das Dach des Centre Court abgesehen. Durch tägliche Patrouillenflüge verscheucht Rufus die Plagegeister. Wenn er nicht gerade bei Wimbledon beschäftigt ist, dreht Rufus auch regelmäßig bei Westminster Abbey und verschiedenen Krankenhäusern auf der Insel seine Runden.

Im Sommer 2012 wurde Rufus aus dem Auto seines Pflegers gestohlen, was für einen öffentlichen Aufschrei auf der Insel sorgte. Drei Tage später wurde er wohlbehalten auf dem Wimbledon-Gelände wiedergefunden. Rufus ist eine nationale Institution, mit einem eigenen Twitter-Profil, und einem eigenen Sicherheitsausweis für das Wimbledon-Gelände. Wenn Ihr mal während des Turniers vor Ort seid, könnt Ihr Euch auch mit Rufus fotografieren lassen.

Richard III.: Buchempfehlung

Kommen wir vom Alkohol zu etwas ganz anderem: Rufmord. Ich habe ja schon ein zwei Stellen versucht, die Ehre von Richard III. ein wenig zu retten: Einmal im gleichnamigen Kapitel 12 im ersten Buch, und dann noch einmal hier in Kapitel 7 zu William Shakespeare. Unser heutiges Bild von Richard als hässlichem Bösewicht ist maßgeblich durch das Stück von Shakespeare geprägt, und das ist wiederum zu weiten Teilen politische Propaganda der Tudor-Dynastie. Dieser Meinung ist auch mein langjähriger Bekannter Tim Rust, der hierzu das Buch "Alibi für einen König" von Josephine Tey empfiehlt.

Tatsächlich ist dieses Buch, das ursprünglich 1951 unter dem Titel *The Daughter of Time* erschien, ein Klassiker der britischen Krimi-Literatur. Die Schottin Elizabeth Mackintosh hat unter dem Pseudonym Josephine Tey mehrere Bücher über den fiktiven Scotland-Yard-Inspektor Alan Grant geschrieben. In "Alibi für einen König" ist Inspektor Grant wegen einem gebrochenen Bein ans Bett gefesselt und nutzt aus Langeweile historische Dokumente, um die vermeintliche Ermordung der beiden "Prinzen im Tower" durch ihren Onkel Richard III. aufzuklären. Grant kommt zu dem Schluss, dass es zu wenige Belege für den seit 400 Jahren propagierten Tathergang gibt, und Richard III. auch deutlich weniger von einer Beseitigung seiner Neffen gehabt hätte als sein Tudor-Nachfolger Heinrich VII.

Einige der Argumente für Richards Unschuld wurden im Laufe der Zeit durch neuere historische Forschungen widerlegt, aber dennoch bleibt das Verschwinden der beiden Prinzen ein Rätsel, und Josephine Teys "Alibi für einen König" wurde 1990 von der Gesellschaft der britischen Krimiautoren zum besten Krimi aller Zeiten gewählt – noch vor Raymond Chandlers "Tote schlafen fest" und John le Carrés "Der Spion der aus der Kälte kam".

Computerpioniere: Raspberry Pi

In Kapitel 21 des ersten Buches hatte ich mich britischen Computerpionieren gewidmet. Hörer "Tux" kommentierte dazu: "Eine sehr schöne Folge! Das einzige, was mir zum Schluss gefehlt hat, war eine Erwähnung des *Raspberry Pi*, da es sich quasi um den Nachfolger des *Sinclair ZX81* 'im Geiste' handelt und seine Verkaufszahlen inzwischen erreicht wenn nicht sogar überboten haben sollte :)."

Tatsächlich versucht der Scheckkarten-Computer *Raspberry Pi* an die frühe Geschichte der Heimcomputer anzuschließen. Die gleichnamige Stiftung wurde im Jahr 2009 ins Leben gerufen, um die Förderung von Informatik bereits in den Schulen zu fördern. Dozenten an der Universität Cambridge war aufgefallen, dass das Interesse an Informatik und das Vorwissen der Studienanfänger deutlich rückläufig war. Ein einfacher Mikrocomputer – wie der *BBC Micro* von Acorn oder der *ZX* von Sinclair in den 1980ern – soll zum Lernen und Experimentieren mit Hardware und Software anregen.

Seit 2012 ist der *Raspberry Pi* nun auf dem Markt. Die zwei bisherigen Varianten kosten 25 beziehungsweise 35 Dollar, und bis heute wurden mehr als 2,5 Millionen Exemplare verkauft. Es gibt ein großes Angebot an Hardware und Software für verschiedenste Anwendungsbereiche. Besonders beliebt ist die Verwendung des *Raspberry Pi* als kostengünstiger Media Server, da er Videos in voller HD-Auflösung verarbeiten kann, und über eine HDMI-Schnittstelle verfügt.

Der *Sinclair ZX Spectrum* ist mit 5 Millionen verkauften Exemplare noch immer der erfolgreichste britische Microcomputer – aber der *Raspberry Pi* könnte ihm diese Stellung in den nächsten Jahren streitig machen. Ich drücke dem Projekt die Daumen.

DANKSAGUNG

Wie ich es in der letzten Podcast-Folge jedes Jahres tue, möchte und muss ich an dieser Stelle all jenen danken, ohne die weder der Podcast noch dieses Buch möglich wären.

Für die technische Unterstützung in der Podcast-Produktion noch einmal herzlichen Dank an Ralf Stockmann und das *Ultraschall*-Team für die Aufnahme-Umgebung, an das *Auphonic*-Team für die Sound-Optimierung und an das *Podlove*-Team um Tim Pritlove für die einfache Veröffentlichung von Podcasts über *Wordpress*. Wie immer auch einen herzlichen Dank an meinen zuverlässigen Hosting-Service *Uberspace*.

Für Inspirationen und Unterstützung aus meiner eigenen Podcast-Filterblase möchte ich danken meinem Verleger Jens Bolm, den *Hoaxillas* – also Alexa und Alexander Waschkau –, Sebastian Bartoschek (meinem anderen Kollegen vom *Psychotalk*), dem "Buddler" Mirko Gutjahr (mit dem *Angegraben*-Podcast und seinem tollen neuen Projekt *Das geheime Kabinett*), Holger Klein für seine diversen *WRINT*-Produktionen – unter anderem zusammen mit Chris Marquardt von *Tips from the Top Floor* zum Thema Photographie, mit Sven Mencke vom *Culinaricast* zum Thema Kochen, mit Christoph Raffelt von *Originalverkorkt* zum Thema Wein, mit Florian Freistetter von den *Sternengeschichten* zum Thema Wissenschaft, mit Andrea Diener von der FAZ zum Thema Reisen, und mit Toby Baier vom *Einschlafen-Podcast* zum Tagesgeschehen. Unbedingt erwähnen muss ich auch *Schall und Rauch* mit Alexander Waschkau und dem Hörsuppen-Kasper Christian Bednarek, *Skeptics with a K* mit Mike, Marsh und Alice, *Little Atoms* mit Neil Denny, und *Science for the People* aus Kanada. Last but not least – viele Grüße an Nicolas und Reinhard vom Wissenschafts-

Podcast *Methodisch Inkorrekt.* Vielen Dank für alle Eure Projekte, die mir sehr viel Freude bereiten.

Im Zusammenhang mit der Realisierung dieses Buches herzlichen Dank an Daniel Winter vom Podcast *This Week in Germany* für das Vorwort, an Jasmina Grosic für die Übersetzung des selbigen aus dem Englischen ins Deutsche, an Evita Bley für die Transkription der drei Interview-Folgen, und noch einmal an meinen Verleger Jens Bolm, dass er dieses deutlich gewichtigere Zweitlingswerks unter die Leute bringt.

Danke an alle meine Freunde und Kollegen, die meine gelegentlichen Insel-Auschweifungen im *real life* so tapfer ertragen, und ein ganz besonderes Dankeschön an meine Partnerin Anja, die immer zusehen muss, wie ich mehrere Stunden in der Woche für Recherchen oder Aufnahmen in meiner Kemenate verschwinde – und das, wo wir jetzt sogar unter einem Dach wohnen.

Mein Dank gilt natürlich auch Euch allen, meinen Hörerinnen und Hörern, Leserinnen und Lesern dort draußen. Ich finde es immer noch unglaublich, wie viel Zuspruch mein kleines Projekt erfährt! Namentlich möchte ich mich bei allen bedanken, die auf den diversen Kanälen – sei es per Twitter, ADN, Facebook, iTunes-Rezension, Blog-Kommentar, E-Mail oder persönlich bei Hörertreffen – ihre Unterstützung für *Viva Britannia* zum Ausdruck gebracht haben, oder mir Korrekturen, Hinweise oder Ideen für neue Folgen haben zukommen lassen. Ohne Anspruch aber mit der Hoffnung auf annähernde Vollständigkeit möchte ich hier nennen:

18zehn, 40ub, Aarkon Peng (u.a. vom *Todescast*), Aaron Klute, aColdDayInHell, ajuvo, Alexander Müller, Alexander Shendi, Alexander Singer, Alostrael Venenbaum, AltairMiles, André Sebastiani, Andrea

Breuer, Andreas Brauner, Andreas Rinke, Andreas Schmidt, Andreas Schneider, Andrey Henneke, Ánna "Schnatteriene", annemariecd, Annett "Nettchen", Annette Jost, Armin Senger, ArneB, arnestev, ashcatch, Astrid Hebecker, B@tze, Bab Sie, Barbara "next_85", Bella Cat, Bene Frenz, Benjamin "Viermalbe" Behnke (u.a. von *Trick 17*), BigMcIntosh, Björn "Dingsda", Björn Lischer, bopacasi, BuddyOli, Burnus, Caroline Maria Brix, Catharina Wolff, Chris "Massive C", Chris Marquardt (u.a. von *Tips from the Top Floor*), ChrisCritixs, Christian Bednarek (u.a. von der *Hörsuppe*), Christian Büttner, Christiane Terlinden, Christina Jaki, Christine Braun, Christoph Staffl, Christopher "VanillaChief" van der Meyden (u.a von den *Kulturpessimisten*), chs_sch, Colin Silcox, Crys_AKI, csagner, Daniel Biallas (u.a. vom *Brombeerfalter*), das A&O, David Westphal, Dennis Daum, Der Jeck, *Der Modellansatz*, Der Raubfriese, Der Schim, Detlef Breitenbach, Diana Menschig, Dirk Flörchinger, DirkMZ, djschneider, Dominik Bucheli, Egmont Müller, Erik Buhre, Erik Danielski, Erik Wenk, Erin Kush, EyeOfThe5torm, Felix Lee, filid, Flo "Master Schnief", Florian Burger, fozzybear77, Frank J. "coantis" Dürring, Franz Kolb, Frau mit Katze, Frau Nett, gamasche, Geekmaedchen, Gerda Frei, Gerhard Schindzielorz, *Geschichte und Gespräche*, Glen Wang, gms, Guido Bockamp, Gunnar Auth, Gwenyfhar Vrouwelin, Hammerhead2206, Haris Trgo, Heike Meyburg, Henning Rolapp, Herr Engedeck, Herr Lohmann, Herr Martinsen (u.a. von den *Quasselstrippen),* Herr Preis, Holger "Holgi" Klein (u.a. von *WRINT*), Hören!, Housetier84, i_martinw, immnski, iomf42, IRRelefant, j.an.onymous, Jaloux, Jan Gießmann, Jan Paul Stich, Jens Lindemann, jimbohne, Jochen Otte, Joel Meyer Hamme, Johannes Boryd, Johannes Knoop, Johannes Ritz, John Ireland, Johnny Germanic, Jounathaen, Julia "Nithiel", Julime, Jürgen K., Kai Daniel "Glanzwurst" Du (u.a. vom *Hobbykoch-Podcast*),

Kalkspazz, Kathrin Kovacs, Kim Franken, Kirberg, Kirmesboxer, Kristian Dillenburger, *kulturimweb.net*, Lars Brukker, Lars Klawitter, Lars Reineke, laurentius, Lebkuchenhex, Linda Borrmann, Lisa Kruger, Loqui, Ludren, Ludwig Thomae, Lutz Neumann, Manu "Mr Groom", Manuela Enghardt, Marc Biskup, Marc Klein-Budde, Marcel Kösling, Margit Fischer, Mario P., Markus "Germanstudent" Schapdiek (von *ReliveRadio*), Markus Fuchs, Markus Halmetschlager, Markus Ober, Martin "Elektrobier" Kruse (u.a. von *Radio Fnordwind*), Martin Fischer (u.a. von *Staatsbürgerkunde*), Martin Kurzanowski, Martin Steiger, Martina "Matzeschatz" Luzar, Matthias Bauer, Matthias L., Max Klein, Max Rebo "Starwarsinsider", MaximumCrash, memagokx, Messfehler, Michael Förster, Michael Kaufmann, Michael Lauterbach, Michael Schmidt, Michael Sonnen, Michael von Block, michst, Mike_00007, Miriam Williams, Mirko "Der Buddler" Gutjahr (u.a. vom *Angegraben*-Podcast), Momosnyx, Moni "Momika", Monsieur Jacques H., Monty Edwards, Nadine "Queen Amlaruil" Krüger, nebelthau, Nex Carter, Nils B., Nils Lange, Nina "Ninsen", noch'n nordlicht, Noir8, Nullnummern, Oetschi, Oliver "Srelivo", Oliver Bechtoldt (u.a. vom *Heißluftdampfer*), Oliver Kramer, Ophelia "Lillytobe", Otto Egon, Pandorica, Patrick Köhler, Paul Aner, Pehaus, *Penetranz Saarland,* Peter Pahn, Peter Zeintl, Philipp "Pu3pp", Philipp Schneider, pluke, Punirus, Radar_7520, Ralf Zwanziger, Ralph Harrer, Ralph Meyer, René Fischer, Renegade, Rhein-Ruhr-Skeptiker, Richard Bley, Rico Valtin (u.a. von *Außer der Reihe*), Riotburnz, Rob Schulze, Robert Giebel, Robert Nixdorf, Rüdiger Paschold, Sally Houben, Salocin, Sammy Jankis, Sandra Stuy, Sebastian "Der Dackel" Jackel, Sebastian "saumselig" Fiebrig (u.a. vom *Textilvergehen*), Sebastian Breit, Sebastian Simon, Sebastian Wasl, Seltsame Menschen, Sexy Podcasts, Silvan Walker, StadtrandRockerin, Stefan "Hirnbloggade" Thesing (u.a.

vom *Trojaalert*), Stefan "Leuchtie" Katzur, Stefan Fürst, Stefan Kirsch, Stefanie "Nordkomplott" Norden, Steffen "Bluestorm", Stephan Mescher, Stephan Meyer, Stephan Schramm, stoneyboney, strelizie, Sunny "Melonendrops" Melone, Susanne Schäfer, Sven Linnartz, Sven Mencke (u.a. vom *Culinaricast*), Sylvia Rehn, Sylvia Wolf, ted. striker, teiserma, Thomas Albrecht, Thomas Schindler, Thomas Schmidt, thomie.ch, Thorsten Weß, Thorsten39, threestars, Tim S., Tobias Reinwald, Toby Baier (u.a. vom *Einschlafen-Podcast*), Tom Weber, triwag, Uli Buchholz, Ulrich Guestav, Ute "Pulsalila" R., Uwe "USimo" Simons, Valentin S., Volker Michael, Wolfgang Unglaub, Wortscheune und Zettelkasten.

Und schließlich möchte ich meinen offiziellen Patronen bei *Patreon* danken, die jede meiner Folgen mit einer Spende unterstützen. Diesen Dienst nutze ich zwar erst seit 2015, aber weil das Jahr schon so weit fortgeschritten ist, habt Ihr Euch die namentliche Nennung mehr als verdient: Alexander Lehanka, Andreas Steinhaus, Anke Peter, Bruno van de Casteele, Cornelia W., Christian Ziegler, Christoph Smaul, David Steinkopff, Florian "Bugie" Bugiel, Florian H., Josh Harrow, Kirsten Roelleke, Magnus Köhler, "ploppy", Ralf Neugebauer, Siegfried Tschom, "sherm", Tobias Wißmann, Toni Müller, Uwe Schultheiß und York Möller.

Thanks for listening and reading.
Thanks for caring and sharing.
Cheers. Bye-bye.